21世纪高等职业教育信息技术类规划教材

21 Shiji Gaodeng Zhiye Jiaoyu Xinxi Jishulei Guihua Jiaocai

会计电算化应用教程——用友ERP-U8.50版

KUAIJI DIANSUANHUA YINGYONG JIAOCHENG

湫建红 主编　王菊 梁静 副主编

人 民 邮 电 出 版 社

北 京

图书在版编目（CIP）数据

会计电算化应用教程 : 用友ERP-U8.50版 / 洑建红主编. -- 北京 : 人民邮电出版社，2010.4（2011.5 重印）
21世纪高等职业教育信息技术类规划教材
ISBN 978-7-115-21946-6

Ⅰ. ①会… Ⅱ. ①洑… Ⅲ. ①会计－应用软件，用友ERP-U8.50－高等学校：技术学校－教材 Ⅳ. ①F232

中国版本图书馆CIP数据核字(2010)第027540号

内 容 提 要

本书本着理论够用、强化应用、培养技能的原则，以用友 ERP-U8.50 软件为平台，以企业经济业务活动为主线，系统讲解会计电算化软件的基本工作原理、会计电算化操作方法和工作流程。

本书既有用于各章任务驱动的实务案例，又有提高学生综合应用能力的综合案例，案例设计科学合理，针对性和可操作性强，并且附有案例利用和教学组织的规划设计。

本书共分 8 章，内容包括会计电算化概述、系统管理、基础档案设置、账务核算处理、会计报表编制、应收应付款管理、固定资产管理和职工薪酬管理。除第 1 章外，其余各章均配有上机实训案例。

本书可作为高等职业教育财经类专业相关课程的教材，也可作为会计人员岗位培训教材，还可作为相关财务工作者和经营管理人员的参考用书。

21 世纪高等职业教育信息技术类规划教材

会计电算化应用教程——用友 ERP-U8.50 版

◆ 主　　编　洑建红
副 主 编　王　菊　梁　静
责任编辑　潘春燕
执行编辑　王　威

◆ 人民邮电出版社出版发行　北京市崇文区夕照寺街 14 号
邮编　100061　　电子邮件　315@ptpress.com.cn
网址　http://www.ptpress.com.cn
三河市海波印务有限公司印刷

◆ 开本：787×1092　1/16
印张：14　　　　2010 年 4 月第 1 版
字数：357 千字　　　　2011 年 5 月河北第 2 次印刷

ISBN 978-7-115-21946-6

定价：24.00 元

读者服务热线：(010) 67170985　印装质量热线：(010) 67129223
反盗版热线：(010) 67171154

前　言

随着我国会计电算化的快速发展，企业对会计电算化人才的需求量不断增多，标准也在不断提高。目前，各高职院校的会计专业已普遍开设了会计电算化课程，但许多走上会计工作岗位的高职会计专业毕业生，仍需相当长时间的工作实践才能真正掌握本单位会计软件操作技能，这说明会计电算化教学中理论与实践脱节的问题仍较为突出。究其原因，与会计电算化教学中人才培养定位不明确和实训环节薄弱是密切相关的。具体的表现是在高职会计电算化课程中，片面强调理论知识的全面性，实训课时不足，在实训环节中普遍缺乏适用于课堂教学的实训案例，其结果是学生对会计电算化理解不深，动手操作能力不强。

本书针对当前高职教育人才培养目标、教学特点和教学中存在的问题，本着理论知识够用，强化应用、培养技能的原则，将会计电算化课程定位于培养会计电算化系统运行的应用型人才，在教学设计上侧重于实务操作，在教学方法上以任务驱动和案例教学为主，先通过模块化教学使学生掌握会计电算化软件的基本操作技能，再通过综合实训使学生依托实训案例，在典型业务处理过程中，能够从整体上把握会计电算化软件各模块的内在联系和业务处理的流程，在此基础上形成对会计电算化更为直观深刻的认识，并具备一定的动手操作能力。

在教材内容设计上，本书采用模块化的编写思路，各章内容具有相对的独立性，有利于学生结合教材内容掌握会计电算化软件各个模块的功能和操作方法，各模块均配有上机实训案例和实训要求，学生可通过实训操作培养动手能力和应用能力。

在教材案例设计上，本书针对高职会计电算化教学的特点，既强调案例的真实性，又兼顾学习和教学阶段简化的需要，可操作性强。案例的设计既能够应用于模块式学习，也能够应用于综合实训，便于学生在两种不同的业务处理模式中理解各模块的功能、内在联系和业务处理关系。各章的实训均有明确的任务内容，教师可以通过查阅每位学生各自独立且不可抄袭的账套备份数据，对学生的任务完成情况进行考核和点评。

在教材内容编排上，为便于学生自学和提高在操作中解决问题的能力，各章上机实训资料中均有操作步骤提示，且操作步骤提示的内容与教材目录是高度吻合的，学生在实训中如果对操作内容存在疑惑，可以便捷地通过查阅目录在教材中寻找解决方法，有利于促进学生自学能力的提高。

在对案例经济业务的处理上，本书采用新会计准则、新企业所得税法和个人所得税法的有关规定。经济业务以工业企业为背景，所选业务具有典型性和可操作性。在学习基础会计课程后，学生能够处理案例中绝大多数的经济业务，对于一些特殊或有一定难度的经济业务，在书中均已做了适当的提示说明。

本教材采用教学中运用较多的用友 ERP-U8.50 版软件，为便于教学，配备有全套 PPT 课件、视频课件和实训备份数据，这些资源既可用于教学，也适用于学生自学，可以为教师教学和学生学习提供极大的便利。

本书的参考学时为 64 学时，其中实践环节为 32～40 学时，各章的参考学时参见下面的学时分配表。

章　节	课 程 内 容	学 时 分 配	
		讲　授	实　训
第 1 章	会计电算化概述	2	
第 2 章	系统管理	2	2
第 3 章	基础档案设置	3	4
第 4 章	账务核算处理	6	8
第 5 章	会计报表编制	3	3
第 6 章	应收应付款管理	2	6
第 7 章	固定资产管理	2	3
第 8 章	职工薪酬管理	3	4
	综合实训	1	10
课时总计		24	40

本书由洑建红任主编，王菊、梁静任副主编，其中王菊负责编写第 2 章和第 3 章，梁静负责编写第 6 章，其余章节由洑建红负责编写。李昆益、姬忠莉、王利改等为本书编写提供了很多宝贵意见和建议；在本书的编写过程中，得到了用友软件股份有限公司的大力支持，在此深表感谢。

由于时间仓促，加之水平有限，书中难免存在错误和不妥之处，敬请广大读者批评指正。

作　者

2009 年 12 月

目录

第1章 会计电算化概述

学习目标

知识目标：

- 了解会计电算化系统常用的基本概念
- 了解会计电算化系统的构成要素和功能结构
- 了解会计电算化系统的实施过程
- 了解会计电算化的岗位设置
- 了解会计电算化的制度建设

能力目标：

- 能够根据企业情况判断其适宜的会计电算化形式
- 能够为企业会计电算化提供简单的实施方案

1.1 会计电算化系统的基本概念

根据中华人民共和国财政部会计司 1997 年编《基层单位会计电算化》一书的定义：会计电算化是指由专业人员编制会计软件，由会计人员及有关的操作人员操作会计数据，指挥计算机替代人工来完成会计工作的活动。会计电算化的过程，用一句话来说就是一个用计算机替代人工的记账、算账、报账，以及部分由人脑完成的对会计信息进行分析、判断和利用的过程。

会计电算化是会计发展史上的又一次重大革命，它不仅仅是会计发展的需要，而且是经济和科技发展对会计工作提出的要求，是一门融计算机科学、管理科学、会计学和信息科学于一体的新兴边缘学科。

1.1.1 数据与信息

数据（data）和信息（information）都是会计电算化信息系统的基本概念和处理的基

本对象，它们是两个既有联系又有区别的概念。

数据是人们对客观事物观察时记录下来的可鉴别的符号，是用于表示客观事物而未经加工的原始素材，是反映客观事物的性质、形态、结构和特征的符号，并能对客观事物的属性进行描述，如数字、字母、图形等。

信息是用某种方式对数据进行加工、解释后的结果，它表示数据的含义，而且能对信息的使用者产生直接的影响，也就是说信息是加工后的数据。信息必然是数据，但是数据并不一定是信息，数据包含信息，经过加工后有用的数据才成为信息。

会计数据是描述企业经济业务属性的数据，从不同来源、渠道取得的各种原始资料、原始凭证、记账凭证等会计载体上存在的大量描述经济业务属性的数据，都属于会计数据。

会计信息是指利用货币价值形式反映的企业生产经营活动中有关资金及其运动过程的情况，如资产、负债、所有者权益、收入、费用、利润情况等，它是按一定要求通过加工处理后形成的会计数据。会计信息是企业管理信息的重要组成部分，并具有特殊的地位，它能连续、系统地反映企业的经营过程。

1.1.2 会计电算化系统与 ERP 系统

会计电算化是以计算机为主的信息技术在会计实务中的应用，它依托于计算机和电算化会计信息系统软件。随着信息技术的发展，会计电算化已紧密地融入到整个企业的信息化进程中，在发展进程中形成了多种会计电算化系统。

1. 会计电算化系统的种类

会计电算化系统有多种分类方法，按系统功能多少以及与整个企业信息管理系统的关系可分为以下类型。

（1）计算机辅助计算。这种形式的电算化仅仅用计算机进行会计数据的汇总、打印以及输出等简单工作。这是会计电算化最简单的形式。

（2）简单的账务报表系统。这种形式的电算化只能进行记账凭证、总分类账、主要明细分类账和会计报表等会计业务的处理，可以进行简单的会计核算业务处理。

（3）会计核算系统。这种形式的电算化基本具备了进行完整会计核算的功能，能够处理复杂的会计核算业务。

（4）财务管理系统。这种形式的电算化是指在进行会计业务核算之外，还能够进行各种财务分析并能为预测和决策提供有效方案的信息系统。

（5）企业资源管理系统（即 ERP 系统）。该会计电算化系统已经成为整个企业信息管理系统的子系统，信息高度共享。

可见，会计电算化系统发展到现代高级阶段的形态就是 ERP 系统。但会计电算化系统不等同于 ERP 系统，会计电算化系统是 ERP 系统众多子系统中的重要组成部分。

2. ERP 系统

ERP 系统是一种整合了企业管理理念、业务流程、基础数据、人力物力、计算机硬件和软件于一体的企业资源管理系统。ERP 系统将企业供应链上所有环节（如订单、采购、库存、计划、

生产、发货、财务等）所需要的所有资源进行统一计划和管理，从而使企业能更加灵活、更加"柔性"地开展各项业务活动。

以用友 ERP-U8.50 为例，用友 ERP-U8.50 主要包括下述模块（或子系统）。

（1）财务会计。该模块主要包括总账、应收款管理、应付款管理、工资管理、固定资产、UFO 报表、财务分析等子模块。

（2）管理会计。该模块包括了成本管理、项目管理、专家财务分析等子模块。

（3）供应链。该模块包括了物料需求计划、采购管理、销售管理、库存管理、存货核算、GSP 质量管理等子模块。

（4）生产制造。

（5）人力资源。

在此基础上，用友 ERP-U8.50 还有一些扩展应用模块，如集团应用、商业智能、Web 应用、企业应用集成等。

由此可见，ERP 系统是一个庞大的资源管理系统，涉及子系统众多。在 ERP 系统中，会计电算化系统属于财务会计模块，它与其他众多业务处理系统有着信息传递和共享的关系，是业务数据汇总的中心。

1.1.3　电算化会计与手工会计

在会计漫长的发展历程中，手工会计一直占据着主导地位，即会计人员靠算盘等运算工具运算，用笔墨登记账簿。随着技术的进步，计算机技术在会计领域得到了广泛应用，使得会计数据处理技术从手工会计阶段发展到电算化会计阶段。

1. 共同点

电算化会计与手工会计在本质上都属于会计信息系统，它们具有一些共同的特征。

（1）数据量大。会计信息系统以货币为主要计量单位，是对企业经济活动的连续、全面、完整的反映。因而，无论是手工会计还是电算化会计所处理的数据量都比其他部门或其他管理子系统要大得多。

（2）数据结构复杂。会计核算过程既涉及某一核算科目的明细核算，也涉及核算科目之间的对应关系，在数据的内部关系上表现为树状与网状的交叉结构，因而会计数据处理流程比较复杂。

（3）数据加工处理方法要求严格。会计数据的加工处理方法必须严格遵守会计准则、会计制度和有关财经法规的规定。

（4）数据处理的要求高。会计数据必须全面、完整、真实、准确、及时地反映企业经济活动，不允许数据处理出现任何差错。

（5）安全性、可验性要求高。会计信息系统的数据是反映企业财务状况和经营业绩的重要依据，不允许泄露、破坏和遗失。此外，会计信息系统中的数据不仅在处理过程中要经过层层复核，而且在事后任何条件下都要求能够进行检查和校验，为审核工作的开展提供必要的条件。

2. 不同点

电算化会计虽然与手工会计有许多共同点，但计算机在会计中的应用是其发展史上的革命。

电算化会计与手工会计相比，不仅仅在核算工具和数据处理方法上有变化，而且在会计数据处理流程内部控制和组织机构等方面也有不同之处。

（1）信息处理的工具不同。手工会计的主要工具是纸、笔、算盘、计算器等，电算化会计的主要工具是计算机系统，在工作环境上有了根本的改变。

（2）会计信息的存储形式不同。手工会计的信息是存储在纸介质的凭证、账簿和报表中的；电算化会计处理的各种会计信息，除打印输出的凭证、账簿和报表文件外，常以数据文件的形式集中存储在计算机的硬盘中。这些磁性介质所记录的数据，很容易被删除或篡改，因此电算化会计在数据存储方面必然有更高的要求。

（3）会计信息的表现形式不同。为了使信息更便于计算机处理，应尽可能减少汉字的输入，在电算化会计中大量的会计信息是用代码表示的。

（4）会计信息处理流程和人员分工不同。在手工会计中，会计业务处理一般按业务分工，信息存储由多人负责，年终结账后汇总保管；而在电算化会计中，信息的处理和存储比较集中，会计人员通常按系统功能进行分工，如将会计人员分为账套主管、操作员、系统分析员等，但业务数据由计算机系统统一进行处理，系统形成的信息也集中存储。

（5）内部控制方式不同。手工会计中，内部控制主要是通过人员间适当的职责分离和相互牵制，同时由人工完成各种检验和核对来实现的；在电算化会计中，会计业务处理均由计算机自动完成，内部控制在很大程度上取决于计算机会计应用程序设计得是否合理和是否在硬件和软件两方面采用了有效的控制措施。

1.2 会计电算化系统的总体结构

会计电算化系统是一个人-机系统，它以计算机技术为基础，以会计信息为整个系统运行的对象，实现对会计信息的收集、加工、传递、存储和利用，要完成如此复杂的系统功能，会计电算化系统必须具备完善的系统结构，在此基础上才能保证系统正常运行。

1.2.1 会计电算化系统的构成要素

会计电算化系统与其他人机系统类似，可以分为 5 个部分：硬件、软件、数据、掌握一定技能的人员和必要的管理制度。

1. 硬件

硬件是指计算机设备及其外部设备。计算机硬件设备是会计电算化的基石，计算机硬件设备选择的好坏直接影响到今后会计电算化工作的质量和效率。计算机硬件设备有多种构成模式，要合理选择硬件配置，首先必须合理选择硬件的构成模式。

（1）单机系统。单机系统是指整个系统中只配置一台计算机和相应的外部设备，所有的数据集中输入/输出，同一时刻只能供一个用户使用。其优点是投资小，见效快；缺点是可靠性差，一台机器发生故障，会使整个工作中断，不利于设备和数据共享，容易造成资源的浪费。单机系统一般适用于经济和技术力量比较薄弱的小单位。

（2）多用户系统。多用户系统是指整个系统配置一台计算机主机和多个终端输入，即分散输

入，各个终端可同时输入数据，主机对数据集中处理。其优点是能够实现数据共享，提高系统效率和安全性；缺点是系统比较庞大，系统维护要求较高。多用户系统适用于会计业务量大、地理分布较集中、资金雄厚且具有一定系统维护能力的单位。

（3）网络系统。网络系统主要是指用通信线路连接多台计算机，这些计算机不仅具有信息处理能力，而且可以通过网络系统共享网络服务器上的硬件资源和软件资源，可以与其他计算机通信和交换信息。其优点是能够在网络范围内实现硬件、软件和数据的共享，以较低的费用，方便地实现一座办公楼、一个建筑群内部或异地数据通信，具有较高的传输速度和可靠性，使用简单方便，结构灵活，具有可扩展性；缺点是安全性不如多用户系统，工作站易被病毒感染等。网络系统的局域网适用于大多数用户，广域网更适用于具有异地财务信息交换需求的单位（如集团企业）。

在确定了硬件构成模式后，硬件配置的下一步是选择具体的硬件设备。

计算机是电算化系统硬件中最关键的部分，选购时主要考虑 CPU、内存和硬盘。在选择计算机时要注意能满足所选会计软件的要求，还要注意考虑到电算化系统的升级，应选择 CPU、内存和硬盘档次较高的机型，以便系统升级后计算机能继续使用。

除计算机外，会计电算化系统要选配的其他硬件包括打印机、不间断电源（UPS）、空气调节器、网络设置、电源设备等。

2. 软件

软件通常是指控制和管理计算机完成各项工作的程序的集合。会计电算化系统的软件包括系统软件、汉字系统和会计核算软件。

（1）系统软件。会计软件必须在系统软件的把持下才能运行。支持会计软件运行的系统软件主要包括操作系统、数据库管理系统、用来编程的计算机语言等。

（2）汉字系统。汉字系统主要提供对汉字的处理功能，一般应用软件的运行都需要汉字环境的支持。

（3）会计核算软件。会计核算软件的取得一般有两种方式：定点开发和购置商品化会计软件。一般单位都采取后一种方式。购置商品化会计软件时主要从会计软件的合法性、通用性、安全可靠性、操作方便性、今后服务可靠性、可扩展性等方面进行评价。

3. 数据

在将手工核算的基础数据输入计算机前，为保证数据的正确性及以后电算化系统的正常运行，需对手工会计数据进行整理。主要有以下几个方面的工作。

（1）建立规范完整的会计科目体系。该体系包括会计科目名称、会计科目编码、科目类型、科目性质、各级科目编码长度、对辅助核算会计科目的要求等。

（2）编制基础档案代码。对核算中涉及的基础档案数据可通过编制代码减少后续系统运行中输入汉字的工作量。这些代码包括部门代码、人员代码、资产代码、项目代码、往来单位代码等。

（3）重新确定本单位凭证种类。这不仅要考虑手工会计习惯，还要考虑计算机处理的方法。应把凭证分类设得细一点，尽量利用计算机强大的逻辑判断功能和系统帮助，减少手工输入量和手工差错。

（4）整理本单位报表。确定对外报表和对内报表的格式、运算公式、勾稽关系等。

（5）整理所有会计核算资料。对所有手工单据、凭证、卡片、账簿、报表进行核对，保证账

单相符、账证相符、账卡相符、账账相符、账实相符，保证单位内部、本单位与外单位之间账项核对无误。

4. 人员

会计电算化是一项系统工程，不仅需要会计、计算机专门人才，也需要既懂会计、又懂计算机的复合型人才。会计电算化系统的人员组成按层次可分为系统设计人员、核算软件开发人员、系统维护人员和系统操作使用人员等。在会计电算化实施过程中，人员的培训是不可忽视的重要环节。

5. 管理制度

制定良好的会计电算化组织管理制度，是会计电算化工作成功的基础。我国会计电算化的管理体制是财政部管理全国的会计电算化工作，地方各级财政部门管理本地区的会计电算化工作，各单位在遵循国家统一的会计制度和财政部门会计电算化发展规划的前提下，结合本单位具体情况，具体组织实施本单位的会计电算化工作。

国家有关会计电算化的法规制度和要求主要包括以下几种。

（1）《中华人民共和国会计法》中有关会计电算化的条款。

（2）《会计电算化管理办法》。

（3）《会计核算软件基本功能规范》。

（4）《会计电算化工作规范》。

1.2.2 会计电算化系统的功能结构

会计电算化系统的功能结构是指会计核算软件中具备相对独立的完成会计数据输入、处理和输出功能的各个部分。主要功能包括如下功能模块。

（1）总账。总账系统是每个会计软件的核心，对会计软件是必不可少的，总账的工作量也是最大的，一般包括凭证的输入、审核、记账，账簿的查询和输出等。

（2）出纳管理。出纳是会计工作中十分重要的岗位，它担负着现金和银行存款的收付。出纳管理包括资金账簿与报表的查询、支票登记簿管理、银行对账等。

（3）应收、应付款管理。应收、应付款管理系统用于管理企业的往来账款。在市场经济条件下，企业往来账管理的工作量越来越大，也越来越重要。应收、应付款管理包括往来单位管理、应收应付单据的录入、核销、转账及账龄分析等。

（4）报表管理。报表管理主要用于进行报表的编制、公式定义和数据生成、输出等。

（5）工资管理。工资管理用于进行职工薪酬的核算与分析管理，一般包括工资的编辑和计算、工资的发放、工资费用的分摊和计提、工资数据的输出等。

（6）固定资产管理。固定资产管理用于管理和核算企业的固定资产，包括固定资产增减变化、折旧计提、固定资产信息管理等。

（7）销售核算。销售核算用来进行销售业务的管理，主要包括销售商品的管理，销售中开票、收款、发货的管理，销售毛利的计算等。

（8）存货管理。存货管理主要用来管理企业的存货，包括存货代码的管理，存货的收、发、

存管理，存货出库计价管理，存货核算等。

（9）成本核算。成本核算主要用来核算企业的生产成本，主要包括直接成本的处理、间接成本的分摊、成本的计算等。

1.3 会计电算化系统的实施

随着信息化进程的加速，企业面临着激烈的市场竞争，越来越多的企业家深刻意识到，要想使企业在市场上具有竞争力，就必须建立电算化会计信息系统和现代企业管理系统。那么，怎样才能建立电算化会计信息系统？如何组织和实施会计电算化？本节重点阐述这方面的问题。

1.3.1　会计电算化的实施过程

会计电算化工作的开展是一项长期的系统工程。为了保证整个工作的顺利开展，应该采用系统工程的方法逐步进行。一般企业会计电算化工作的开展大致分为准备阶段、模拟业务、新流程建设、平行运行与验收甩账、深入发展等阶段。

1. 准备阶段

准备阶段的工作是会计电算化实施的基础，主要包括可行性分析、投资准备、人员准备、系统安装调试等工作。

（1）可行性分析。这是会计电算化的第一步，目的是提出适合本单位的会计电算化系统建设方案。该工作主要由系统规划建设人员完成，需要全面考虑系统的适用性和发展性、投资规模等。

（2）投资准备。这是在确定系统建设方案后进行的准备工作。投资包括场地投资、硬件投资、软件投资、人员培训投资及试运行阶段的各项开支等。

（3）人员准备。人员准备是指为保证会计电算化系统的开发和运行，应配备相应的人员，并且应结合会计电算化对不同人员的知识和技能要求，对原有会计人员和其他相关人员进行不同程度的培训。

（4）系统安装调试。系统的安装调试包括操作系统的安装、汉字环境的安装和会计核算软件的安装以及整个系统的适配等工作，它决定了系统运行的基础环境。

2. 模拟业务和新流程建设

在开始使用或改变使用新的会计核算软件时，应认真理解并掌握软件提供的每一个功能的含义及其操作使用方法。为确保系统运行的准确性和可靠性，应预先准备好一个会计期间的数据，在系统内模拟运行，并将其运行结果与人工系统处理结果对比，以便及时发现问题并进行调整。

在实施会计电算化后，会计电算化系统对业务数据的处理方式发生了根本性的变化，为了适应这种转变，需要重新研究和建立会计基础工作的规范化并确定实施会计电算化后的业务流程。这项工作主要包括以下内容。

（1）分析现有会计业务情况及未来的发展情况，为确定会计电算化系统的规模和要求提供参考数据。

（2）针对本单位的具体情况，委派专人配合技术人员重新制定出新的工作流程和工作管理制度。

（3）会计人员职能岗位的重新划分。

（4）根据本单位的会计核算要求，整理和调整会计科目体系。

3. 平行运行与验收甩账

为了保证新使用的会计电算化系统运行无误，现行制度规定“用电子计算机进行会计核算与手工会计核算同时运行三个月以上，取得相一致的结果”才能通过验收甩掉手工账。

当企业自己根据财政部《会计电算化管理办法》和主管部门的有关规定认为本单位的会计电算化工作已经达到要求时，就可以向主管部门正式提出书面申请。主管部门接到申请后，组织验收工作组，对企业的会计电算化工作进行全面审核，并形成书面审核意见，上报主管部门。主管部门根据验收工作组的审核意见做出审批，签发通过验收的证书。

4. 深入发展

通过验收并不是企业会计电算化工作的结束，会计电算化的实施是一个从低级到高级逐步发展的过程，随着企业业务的发展和会计电算化的进行，对会计电算化系统从功能到内容都会有进一步完善和丰富的要求。会计电算化系统每前进一步，都应该按照上述实施过程循环进行，只有逐步深入和展开，会计电算化才能收到实效。

1.3.2 会计电算化的岗位设置

随着财务软件的运用，建立在原有的手工会计核算管理模式下的岗位分工与职权划分方法也将随之改变，新的岗位设置应结合企业规模、业务特点及所选择的财务软件模块等因素综合考虑。一般来说，企业的财务软件运用分为单机、多机和网络化等类型，网络化模式一般适用于大型企业，财务管理软件功能运用得较为充分，但对相应的计算机硬件、管理水平要求较高，在这种模式下的岗位设置较为复杂；单机模式一般适用于中小企业，由于企业的经营业务相对较为简单，对财务软件的功能要求侧重于会计核算，而对管理决策功能要求不高，因此中小企业的业务管理系统模块相对较少，企业的财务软件运用所要求的岗位设置也相对较为简单。

无论是大型企业还是中小型企业，电算化会计的工作岗位可分为基本会计岗位和电算化会计岗位两大类。基本会计岗位可分为会计主管、出纳、核算、稽核、档案管理等；电算化会计岗位主要有系统管理、操作、维护，软件开发等。两者可以在必要的职责分离的前提下进行交叉设置。

1. 岗位设置时须遵循的职责分离原则

职责分离是企业内部控制的重要内容，职责分离的主要目的是要预防和及时发现工作中所产生的错误或舞弊行为。对不同的企业来说，由于企业规模和经营业务的不同，职责的划分是有差别的，比如在小公司，由于员工人数较少，难以对工作做细致的分工，一个员工会兼有多种职责。即便如此，企业在岗位设置时，同样也要遵循一般的职责分离原则。以下是电算化会计岗位设置时应注意的主要职责分离的具体内容。

（1）业务活动与电算活动的职责分离。系统管理员、操作员、审核员等电算部门人员不得拥有企业日常业务活动的决定和执行权限，不能插手企业的业务活动。

（2）系统开发与数据处理的职责分离。软件开发人员、维护人员不能兼任操作员、审核员和

稽核员。

（3）计算机数据处理过程各环节的职责分离。操作员、审核员和稽核员之间不能兼任。

（4）出纳员与计算机数据处理的职责分离。出纳员不准实施数据录入、记账、审核等会计数据处理的操作。

2. 常设岗位及其主要职责

如前所述，由于企业规模和业务的不同，岗位的设置会有很大的差别，以下是常设置的岗位及其职责，企业可以根据实际需要进行增加或简化。

（1）电算主管：在财务软件开发运用的前期阶段，负责制定企业财务管理、会计核算的各项制度，做好软件运用的准备工作，完成系统的各项初始化工作；在财务软件的运行阶段，负责财务软件运行的管理工作，检查系统操作员的日常工作，保证财务核算管理系统运行的可靠性、安全性，一般由会计主管担任。

（2）出纳员：负责有关现金、银行存款的收支工作。

（3）会计员：负责处理在电算化条件下需要进行必要的手工核算。其主要职责是按分管的内容汇集各类业务的原始单据，并根据各种原始凭证正确编制会计记账凭证。一般根据业务需要可设置多个专职会计员。

（4）操作员：负责将审核过的有关原始凭证、记账凭证及其相关数据输入计算机，根据审核过的凭证进行记账处理，在机内登记账簿，并负责打印输出记账凭证、账簿、报表和数据的备份工作。一般根据业务需要设置多个操作员，操作员可由会计员担任。

（5）审核员：负责对操作员输入的会计数据、输出的凭证、账簿、报表进行审核，检查其数据和凭证的合法性、完整性和准确性，一般由会计主管担任。

（6）系统开发维护员：负责计算机硬件、软件的日常维护，管理机内会计数据，培训相关人员上机操作和维护，并结合企业实际业务需要进行适当的软件二次开发。系统开发维护员应由专职的技术人员担任。

（7）档案管理员：负责会计档案资料的保管，可以由系统维护员兼任。

1.3.3 会计电算化的制度建设

计算机处理会计业务与手工会计的最大区别在于：计算机系统无法处理不规则、不规范的会计数据，因而对会计账务处理方法的规范化、标准化要求相当高。同时，会计核算方式的改变使企业原有的一些内部控制手段失去了制约和防范的作用，加大了企业风险，因此企业在花高价购买了财务软件后，不能急于求成，在启用财务软件之前，必须踏踏实实地做好制度建设的准备工作，为财务软件正常、高效地运行打下良好的制度基础。管理制度的建设包括两大方面：一是会计核算制度的建设；二是会计电算化管理制度的建设。

1. 会计核算制度的建设

会计核算制度的建设，主要是通过制定合理的会计分工，通过核算流程的规范化，以保证基础数据的准确完整，以及会计处理方法的标准统一。在手工会计向电算化会计过渡的前期阶段，会计核算制度的建设应重点做好以下两方面的工作。

（1）数据收集和传递方式的设计。在手工会计下，会计数据的收集多以纵向流动为主，往往造成数据的遗漏，核算的重复劳动，信息难以在部门间共享等问题。使用财务软件后，财务人员的核算强度大大降低，数据的流动性和共享性大大提高，相应地，对数据的处理要求也大大提高了，数据收集不及时，或数据传递不恰当，都会影响软件的实际效能。因此，企业必须结合自身的业务特点以及软件的功能，设计制定具体的、明晰的数据收集和传递方式，在保证安全性的前提下提高数据的共享性。

（2）会计核算方法的规范化。《企业会计制度》、《企业会计准则》和有关的行业会计制度对企业会计业务的核算方法都有原则性的规定，企业使用财务软件同样必须遵守其中的基本原则。可以说，财务软件的运用，是促进企业自觉遵守财务管理的有关法律法规、实现会计业务核算规范化十分有效的途径，两者是相辅相承的。会计核算的规范化包括会计数据收集的规范化、会计业务核算方法的规范化以及会计信息输出的规范化等内容。在使用软件的前期阶段，企业一般应从以下方面着手提高会计核算的规范化水平。

一是对手工会计核算的具体方法进行分析，衡量其在电算化条件下的适应性。按照现行会计制度的规定，每个企业都有条件根据企业的业务特点，在几种可选方案中进行取舍，企业可根据软件功能进行适当的调整。如在使用成本核算模块的条件下，可以对成本核算制定更为科学的计算方法，提高成本核算的科学性和时效性。即使不使用成本核算模块，也可以通过细化明细核算，或者通过辅助核算，使成本核算由原来的大类核算细化到单品种核算，提高成本核算的准确性。

二是对财务核算的基础工作进行必要的整理。在电算化条件下，财务核算的标准化要求很高，为此企业必须对原来使用的业务单据、凭证、账簿以及企业报表，从格式和内容上进行全面的清理，从有利于发挥软件功能的角度出发制定标准化的填制要求，同时要按照新的业务核算流程制定具体的岗位责任制度，实现岗位的合理分工和相互制衡。

2. 会计电算化管理制度的建设

会计核算手段的更新，必然要求在管理制度上有所创新，只有通过及时建立起严格的会计电算化管理制度，才能加强内部防范，保证企业在电算化条件下会计资料的安全性、可靠性，实现财务软件的正常运行，以充分发挥软件的设计功能。我国目前有关会计电算化的法律文件主要有《关于大力发展我国会计电算化事业的意见》、《会计电算化管理办法》、《商品化会计核算软件评审规则》、《会计核算软件基本功能规范》等。在实施会计电算化前期阶段，首先要让会计人员学习国家对会计电算化的基本管理要求，而不能仅限于学会操作软件本身，以避免在实际操作过程中的违规行为。各企业在实施会计电算化时，要结合企业的业务特点制定出更为详细更具操作性的管理制度。一般来说，会计电算化管理制度主要包括以下 4 个方面。

（1）会计电算化操作使用管理制度。该制度主要有机房管理和日常计算机操作使用管理两方面内容。机房管理方面应注意的事项有机房应严格禁止非工作人员入内，注意保持机房的环境卫生，严禁吸烟和随意安装电器，以防止意外事故的发生，并要制定处理意外事故的紧急措施规范。日常操作使用方面应注意的事项有上机操作人员要严格限制，并按照各自的权限进行操作，操作完毕要及时退出系统，注意操作口令的保密，不能由一个会计人员用不同的密码去完成两项不兼容的工作；不得擅自安装或运行游戏软件，不能使用格式化和删除等非法命令，采取有效措施防范病毒和“黑客”的侵入。

（2）会计电算化操作记录制度。制定会计电算化操作记录制度，主要目的是要通过对上机人

员的操作记录管理，及时发现操作上存在的问题，分清责任，以利于系统的正常运行。应注意的事项有上机人员必须以自己的口令操作，不得窃取他人口令，系统维护员应每天检查上机的运行记录，及时发现隐患，发生重大故障应及时向系统管理员汇报等。

（3）会计电算化系统维护制度。该制度包括硬件设备的维护和软件系统的维护。硬件设备应由电算部门统一管理和使用，专门用于财务核算和管理，一般不用于其他用途；软件系统的维护主要是参数的调整、数据的更正与恢复、会计科目的维护和软件的升级等。软件的维护必须在严格的权限条件下才能进行，并形成档案材料的保存。

（4）会计电算化档案管理制度。会计电算化的档案管理包括会计凭证、会计账簿、会计报表的收集和整理，会计电算化系统开发文档资料的收集和整理，以及磁盘数据的收集和整理等内容。应注意的事项有会计资料只有经过会计主管和系统管理员的签字或盖章，才能作为正式的档案保存；办理存档手续时必须登记造册，尤其要加强对硬盘或光盘的档案管理工作，应坚持每天备份会计资料，并且备份盘上要注明形成档案时的时间和操作员姓名。在实际工作中常出现一些单位对数据备份工作不重视而造成损失的现象，如一些单位未能坚持每天备份，导致机器一旦出现故障，账务数据无法恢复；不少单位对备份的数据盘不能做到定期检查，一旦发生问题就没有相应的补救措施；另外备份数据最好不要选择软盘，而应使用保存期较长、容量更大的移动硬盘或U盘。另外，会计档案最好采用激光打印机打印，或用电子账簿备份存档，以避免打印的文档字迹褪色，达不到规定的保存期限要求。

第2章 系统管理

学习目标

知识目标：

- 了解用友系统管理的主要功能及其与其他业务模块之间的关系
- 了解 ERP 系统安全管理的基本内容和方法
- 掌握建立账套、修改账套、备份账套、引入账套等账套管理方法
- 掌握设置操作员及其权限的方法

能力目标：

- 能够根据业务要求建立账套、修改账套、备份账套和引入账套
- 能够根据业务要求设置操作员及其权限

2.1 系统管理概述

用友 ERP-U8 软件是一个功能强大的企业资源管理平台。依托于用友 ERP-U8 软件，可以实现对企业财务、业务一体化的管理。由于其功能的多样性，因此用友 ERP-U8 软件是由多个模块产品组合而成的，各个产品之间既相互独立，又相互联系，数据共享，从而在对不同业务进行分别管理的同时，实现对企业的资金流、物流、信息流这“三流”实时反映和统一管理。这就要求 ERP 软件必须在统一的平台上对各个业务模块产品进行有效的集中管理，系统管理模块就是专门为此设置的管理操作平台。

系统管理模块主要能够实现如下功能。

（1）对账套的统一管理，包括建立、修改、引入和输出（恢复备份和备份）。

（2）对操作员及其功能权限实行统一管理，包括对用户、角色和操作权限的设置。

（3）设置自动备份计划，系统根据这些设置定期进行自动备份处理。

（4）对年度账的管理，包括建立、引入、输出年度账和结转上年数据，清空年度数据（用友的教学版限制了建立年度账和结转上年数据的功能，这两个菜单命令不能执行）。

（5）对系统运行进行实时监控，并生成上机日志，随时掌握系统的运行状况。

（6）对系统运行的异常状况进行及时的清除，实现系统运行的顺利平稳。

作为企业 ERP 系统的重要集中管理工具，系统管理的使用者为企业的信息管理人员（即系统管理软件中的操作员 Admin）或账套主管，其他的操作人员是不能登录使用系统管理的。

系统管理员与账套主管虽然都能够登录系统管理，但两者的分工是明确的，因而权限也有所不同。系统管理员负责整个系统的管理和维护工作，是由系统既定的，以“admin”的身份登录系统，主要承担账套管理、用户管理和系统维护的工作。系统管理员只能登录系统管理模块，不能登录总账等业务模块进行操作。账套主管必须由系统管理员设置。账套主管不能建立、输出账套，但可以修改账套，同时，账套主管还可以建立年度账，以便对账套分年度进行管理，并且可以对年度账进行输出、引入和结转，账套主管还具有其所属账套的所有业务操作权限，能够登录相应的业务模块进行业务操作。

2.2 启动注册系统管理

系统管理是系统管理员和账套主管进行账套管理、操作员管理和系统安全管理的专用工具。企业用户第一次启动用友 ERP-U8 系统，首先应以系统管理员“admin”的身份进入到【系统管理】模块，进行建立账套和增设操作员的工作，在设置了账套主管后，账套主管也可以进入系统管理进行修改账套、设置和管理年度账、管理操作员权限等操作。

【例 2-1】　以系统管理员的身份注册登录系统管理。

（1）单击桌面上的开始按钮，在弹出的开始菜单中选择【程序】/【用友 ERP-U8】/【系统服务】/【系统管理】命令，如图 2-1 所示。

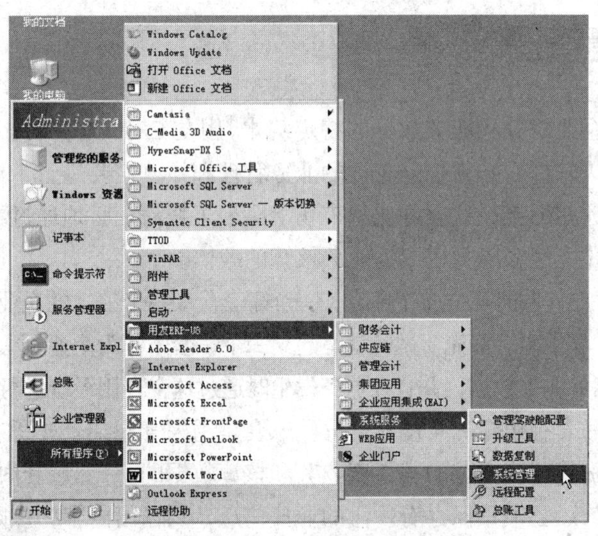

图 2-1　启动系统管理

（2）在【系统管理】窗口中，选择菜单栏中的【系统】/【注册】命令，弹出【注册〖系统管理〗】对话框，默认密码为空，直接单击 确定(O) 按钮，在【系统管理】窗口中即可看到系统管理

员 admin 的操作情况，如图 2-2 所示。

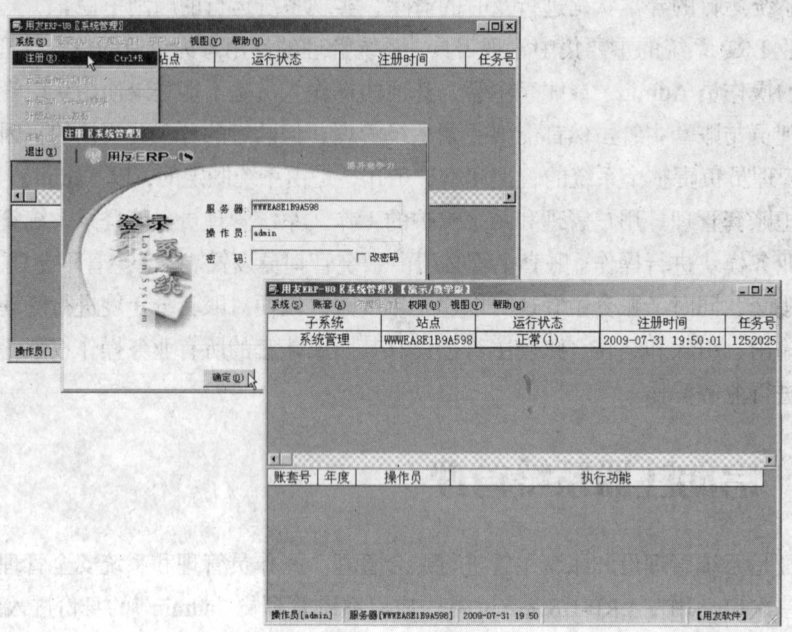

图 2-2　系统管理员 admin 注册系统管理

注 意

- 系统管理员可以在【系统管理员登录】窗口中选择【改密码】，对密码进行重新设置。但在学习阶段最好不要设置系统管理员密码。
- 在以后的系统操作中，系统管理员和账套主管都可以注册登录系统管理。但若要修改账套，则必须以账套主管的身份登录。

2.3 账套管理

账套是用于存放企业财务和业务数据的特定载体。用友 ERP 软件所提供的是管理平台和管理工具，企业用户在购买软件后必须根据企业的业务管理和核算需要进行个性化的设置，以使软件功能与企业的具体业务相衔接，这就好比从市场上买来了账簿，必须通过立账，在账簿中定义账簿的具体记录内容，才能使账簿真正成为业务核算的载体。

用友 ERP-U8 软件允许同时建立多个账套，一个账套代表一个独立的企业资源管理系统，所以当企业使用用友 ERP-U8 软件时，首先要做的就是建立一个账套来作为企业资源管理的专用系统，依托这个专用系统存放自己的业务数据，并且在业务发生时通过这个专用系统进行操作和数据处理。

用友 ERP-U8 的账套有账套和年度账之分。账套是用来管理某企业所有业务和核算数据的，而年度账是分年度分别管理该企业的某年度业务和核算数据的。一个账套内可以建立多个年度账。在账套输出时，如果该账套中只保存有一年的业务信息，则输出内容为该账套的账套信息和该年度的业务和核算信息；如果该账套中保存有多年的业务信息，则输出内容为该账套的账套信息和所有年度的业务信息。

对账套的管理也分为账套管理和年度账管理，功能包括建立账套、修改账套、输出账套（即

备份账套)、引入账套等。其中年度账管理由账套主管承担，系统的账套管理除了修改账套必须由账套主管承担外，其他的账套管理操作均由系统管理员执行。

2.3.1　建立账套

如前所述，建立账套就是要利用 ERP 软件在计算机上建立一套独立完整的企业资源管理系统，账套的建立标志着企业在软件上已有了专门为企业服务的企业资源管理系统。一般的商业性 ERP 软件允许使用多个账套。在用友 ERP-U8 软件中，每个账套用一个账套号和一个账套名称来表示，账套号不能重复，账套号和账套名称是相互对应的。账套号可以由用户自由选择，系统也可以按顺序自动排序编号。

【例 2-2】　按以下资料创建一个企业账套。

账套号：001。

账套名称：上海市 AAA 服装有限公司(简称：上海 AAA)。

启用日期：2009 年 9 月。

会计期间：01 月 01 日～12 月 31 日。

行业类型：工业。

行业性质：新会计制度科目(建账时按行业性质预留会计科目)。

账套主管：demo。

进行经济业务处理时，需要对存货、客户、供应商进行分类，有外币核算。

编码级次采用系统的默认设置。

存货数量、存货单价、开票单价、件数及换算率的小数位均为 2。

操作步骤

(1) 系统管理员注册进入系统管理后，选择菜单栏中的【账套】/【建立】命令，进入【创建账套】对话框。依次输入新建账套的账套号、账套名称等相关内容，如图 2-3 所示，然后单击 下一步(>) 按钮。

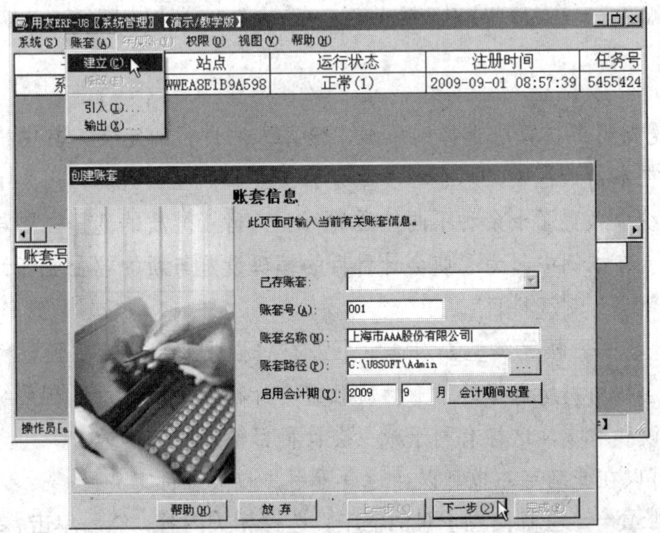

图 2-3　【创建账套——账套信息】对话框

说明

- 已存账套：单击▼按钮，打开下拉框，可以看到系统已存的账套情况。
- 账套号：输入新账套的编号。新建账套时，系统自动从“001”号开始编号，账套号不能重复。
- 账套名称：用于输入本单位的名称。
- 账套路径：即新建账套的数据库文件在计算机中存放的相对位置。系统默认的路径是“C:\U8SOFT\Admin”，用户可以单击 ... 按钮，重新选择账套路径，或者直接进行手工输入。
- 启用会计期：即新设置的账套将被启用的时间。规定启用会计期是为了确定计算机核算方式下总账系统核算的起始点。一般会计期具体到月份，软件默认的日期为计算机系统的时间。会计期设定后将不能再修改，因此必须谨慎设置。
- 会计期间设置：是指会计月份核算的起始和结账时间，一些企业由于业务的需要，会计期间的设定与自然月份不同。可以单击 会计期间设置 按钮，进入到对话框中进行修改。

（2）在【创建账套——单位信息】对话框中，输入相关的企业信息。其中【单位名称】必须输入，其他内容可根据实际情况进行取舍，如图 2-4 所示。输入完毕后单击 下一步(N) 按钮。

（3）在【创建账套——核算类型】对话框中，主要是对本位币、企业类型、行业性质和账套主管进行设置，如图 2-5 所示。然后单击 下一步(N) 按钮。

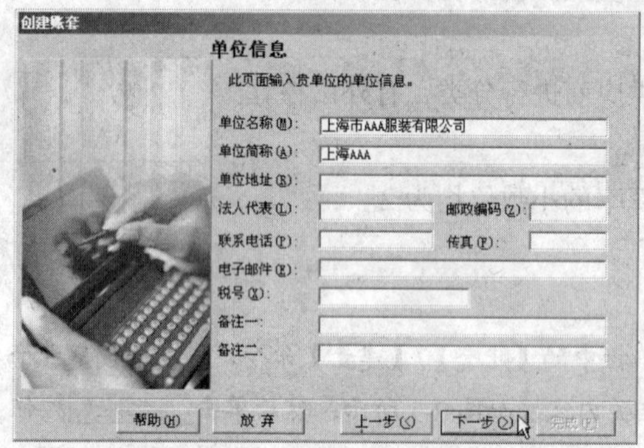

图 2-4 【创建账套——单位信息】对话框

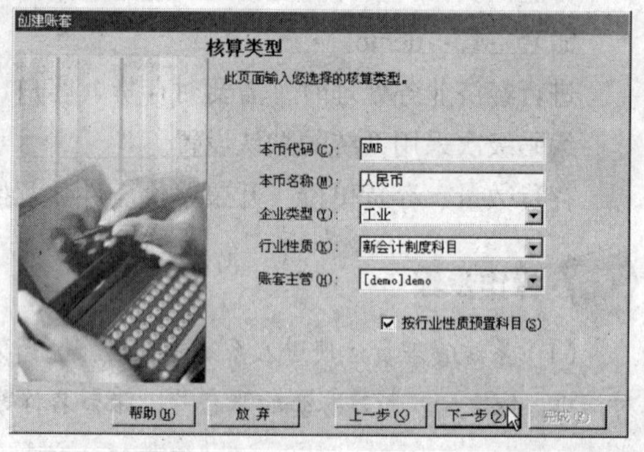

图 2-5 【创建账套——核算类型】对话框

说明

- 核算类型是对财务核算所选择的币别、核算方法进行的定义。其中核算方法主要与企业所处的行业相关。在本对话框中，将企业类型分为工业和商业两大类，用友 ERP-U8 根据用户所选的企业类型在系统中预置了十余种不同性质的行业，行业性质的选择主要与会计科目、核算方法和编码方案有关。在本例中，为了使会计科目的编码设置与新的《企业会计制度》相一致，行业性质选择的是“新会计制度科目”。
- 在【创建账套——核算类型】对话框下方有一栏【按行业性质预置科目】单选框，如果选择该项，则系统会按用户所选择的行业性质预置会计科目，用户可以在系统预置科目的基础上对会计科目进行修改和增减，这样有利于减少会计科目输入的工作量。
- 账套主管可以在此确定，也可以通过设置用户权限进行定义。

（4）在【创建账套——基础信息】对话框中，选择相关内容，然后单击 完成(F) 按钮，在弹出的【创建账套】提示框中，单击 是(Y) 按钮，如图 2-6 所示。系统开始创建账套。

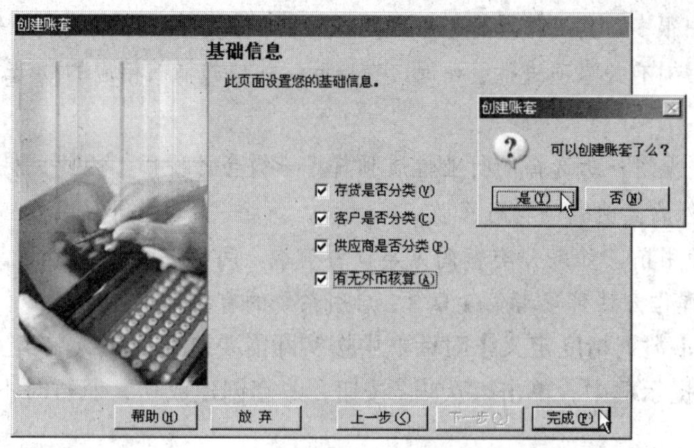

图 2-6　【创建账套——基础信息】对话框

注意

如果实际业务中存货较多，需要分类，那么在进行基础信息设置时，必须先设置存货分类，然后才能在账套中设置存货档案。同样的，如果实际业务中客户或供应商较多，需要分类，也必须先在基础信息设置中勾选分类，然后才能在账套中设置相应的档案。

（5）账套创建运行完成后，在弹出的【分类编码方案】对话框中，根据事先确定的编码方案进行修改，然后单击 确认 按钮，如图 2-7 所示。

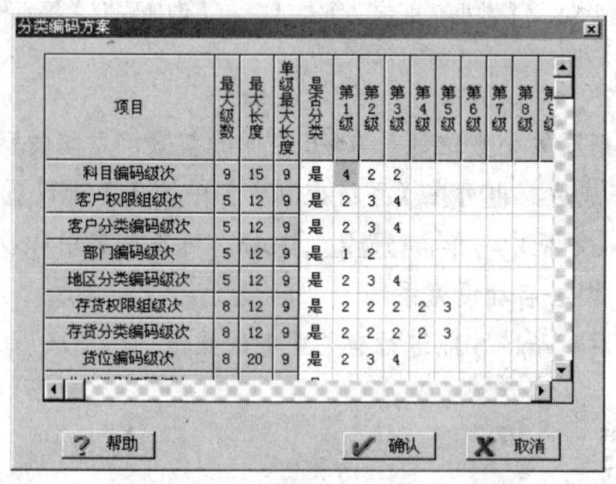

项目	最大级数	最大长度	单级最大长度	是否分类	第1级	第2级	第3级	第4级	第5级	第6级	第7级	第8级	第9级
科目编码级次	9	15	9	是	4	2	2						
客户权限组级次	5	12	9	是	2	3	4						
客户分类编码级次	5	12	9	是	2	3	4						
部门编码级次	5	12	9	是	1	2							
地区分类编码级次	5	12	9	是	2	3	4						
存货权限组级次	8	12	9	是	2	2	2	2	3				
存货分类编码级次	8	12	9	是	2	2	2	2	3				
货位编码级次	8	20	9	是	2	3	4						

图 2-7　【分类编码方案】对话框

说明

分类编码是指为了便于有关文字资料的输入，以数字的形式对有关对象进行编号。编码一般分为几段，每段有固定的几位数。编码的分段数称为级数，每段的固定位数称为级长，编码的总长度等于各段级长的总和。编码方案是以各级的级长来表示的，如 2-3-4，即表示该编码分为 3 级，第 1 级是 2 位数，第 2 级是 3 位数，第 3 级是 4 位数，用数字表示即“** *** ****”，*代表 0～9 之间的数。编码的设计，必须根据企业的实际需要，并留有一定余地，例如，在对客户进行编码设计时，要求第 1 级是按商品品种进行分类，第 2 级是按地区分类，第 3 级是对具体客户进行编号。如果所设计的编码方案是 1-2-3，则第 1 级的级长是 1，即只能用个位数对商品品种进行分类，最多只能分为 10 类，这种编码方案虽然在现阶段可以满足企业对客户的分类需要，但随着企业经营业务的不断拓展，就可能会出现编码不能满足分类需要的问题，必须重新修改编码方案和有关客户的编码档案，如果企业的客户很多，其工作量是相当大的。因此，分类编码方案必须事先认真设计好，并保存下来，以备在以后对有关事项进行编码时，按照既定的格式输入相应的数码。

注意

- 由于系统根据用户所选择的行业性质预置了一级会计科目，因此，科目编码的第 1 级次不能修改，除此之外的其他编码均可修改。
- 在编码未使用前，如果分类编码方案设置有误，可以在【系统控制台】的【基础设置】中进行修改（具体操作方法可参考第 3 章 3.2 启用系统的有关内容。）。

（6）在弹出的【数据精度定义】对话框中按实际需要进行设置，单击 确认 按钮。在弹出的【创建账套】提示框中，单击 否(N) 按钮，账套创建成功，但暂时不启用任何系统，如图 2-8 所示。

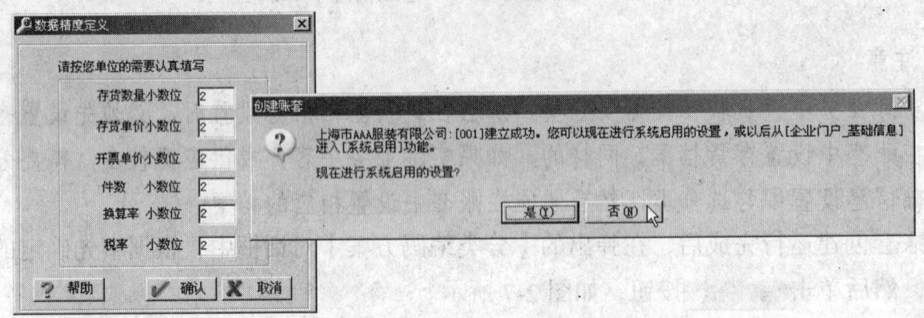

图 2-8 【数据精度定义】对话框和【创建账套】提示框

说明

- 系统设置的数据精度的小数位数是 0～6 之间的整数，系统的默认值为 2，可根据实际情况进行修改。账套创建完成后，也可在【系统控制台】中的【基础设置】中进行修改。
- 在【创建账套】提示框中，单击 是(Y) 按钮，可直接启用和设置系统；单击 否(N) 按钮，则需到【企业门户】中去启动设置系统。
- 只有在启用系统后，系统才能进行有关业务的操作。

2.3.2 修改账套

如果用户对账套初次设置的内容有不满意的地方，可以进行账套的修改，但账套的修改必须在设置了账套主管后，由账套主管操作完成。

操作步骤

（1）由账套主管在【系统管理】窗口，执行【系统】/【注册】命令，打开【注册〖系统管理〗】对话框。

（2）输入操作员姓名或其代码，输入密码，选择其主管的账套，单击 确定(O) 按钮。

（3）账套主管登录【系统管理】窗口，执行【账套】/【修改】命令，即可对已建账套进行修改。

注意

- 若当前有系统管理员正在使用系统管理，则先执行【系统】/【注销】命令。

● 系统管理员可以创建账套但不能修改账套，账套主管可以修改账套但不能创建账套。

● 账套号、账套路径、启用账套会计年度、企业类型和行业性质在账套创建后不能再被修改。分类编码方案一旦被启用，也不能再修改。

2.3.3 备份账套

账套的备份也称为账套的输出，就是把ERP软件系统记录的业务和核算数据以文件的形式另存起来，以保证业务和核算资料的安全完整，这是企业ERP日常管理工作的重要内容。账套的输出必须在系统管理中进行，因此只有系统管理员和账套主管才有权进行操作。但账套主管只能输出年度账数据，不能输出整个账套；而系统管理员只能输出账套，不能输出年度账套；但两者在操作上是类似的。这里以系统管理员为例，向读者介绍有关的操作步骤。

操作步骤

（1）在硬盘中建立存储账套的文件夹，每次备份的文件均需独立保存于各自的文件夹中。如D:/用友实训备份/01系统管理（总账初始设置完成时，建立存储路径D:/用友实训备份/02设置基础档案，以此类推）。

（2）系统管理员在【系统管理】中注册后，执行【账套】/【输出】命令，如图2-9所示。

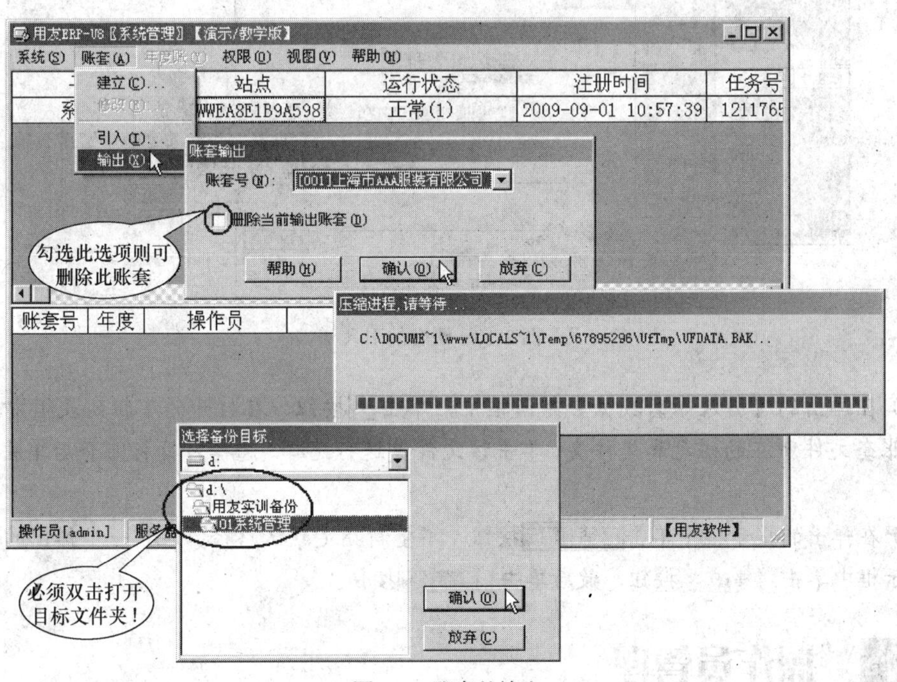

图2-9 账套的输出

（3）在弹出的【账套输出】对话框中选择所要输出的账套【001上海市AAA服装有限公司】，然后单击 确认(O) 按钮。

（4）在弹出的【选择备份目标】对话框中，单击▼按钮，在打开的下拉列表框中选择事先设定的磁盘和文件夹（注意一定要双击打开文件夹）。然后单击 确认(O) 按钮。

（5）系统备份完成，检查目标文件夹中是否已存有两个相应的备份文件。

 注意

在实验室环境下，如果计算机安装有还原软件，则每次实训活动结束前，必须进行账套的备份。在重要操作结束时，及时进行账套的备份，也有利于分段保存操作成果。

2.3.4 引入账套

账套的引入，就是把保存好的业务核算数据引入到财务软件系统中来，该功能可以用来恢复被破坏的软件系统会计记录，也可用于集团公司中母公司合并子公司数据所需。

在实验室环境下，如果计算机安装有还原软件，则每次实训上机时，需通过账套引入，将有关实验数据引入系统，才能继续后面的实训操作。

操作步骤

（1）系统管理员在【系统管理】中注册，执行【账套】/【引入】命令，如图 2-10 所示。

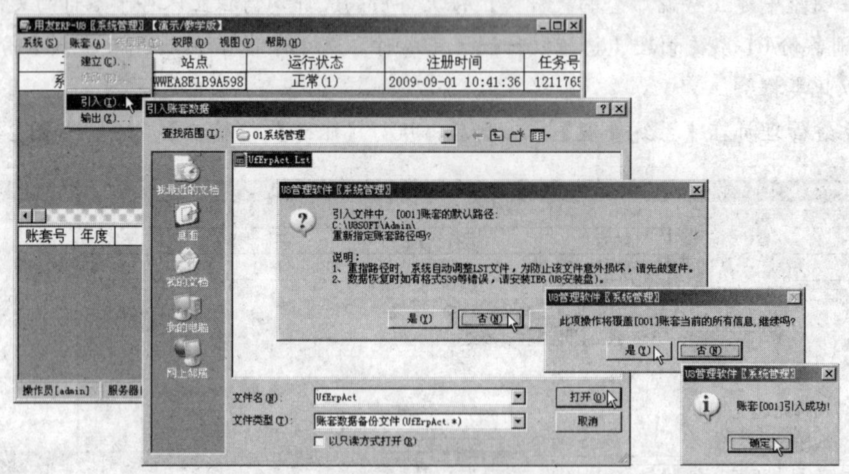

图 2-10 账套的引入

（2）在弹出的【引入账套数据】对话框中，单击▼按钮，在打开的下拉列表框中找到需要引入的账套文件所在的磁盘和文件夹，单击该文件夹进行选择，选择好目标账套后单击 打开(O) 按钮。

（3）在弹出的提示框中单击 否(N) 按钮，不重新指定默认路径，在下一个弹出的“是否覆盖”提示框中单击 是(Y) 按钮，最后单击 确定 按钮。

2.4 操作员管理

软件的使用离不开具体的人员。企业对 ERP 软件开发利用的程度越高，渗透到企业业务的层面就越广，所涉及的操作员规模就越大，对操作员的管理要求也就越高。对操作员的管理包括在系统中进行操作员的设置、对操作员进行权限的分配、对不再允许登录系统的操作员进行注销等。这些工作主要由系统管理员承担。账套主管可以对操作员的权限进行设置，但不能增设或注销操作员。

2.4.1 设置操作员

设置操作员的目的在于避免与业务无关的人员对系统的操作，保证系统数据的安全、保密。操作员是由系统管理员设置的，系统管理员只有进行系统注册登录后，才能进行操作员的设置。

【例 2-3】 上海 AAA 公司的操作员设置：001，吴浩，密码为 111。

操作步骤

（1）以系统管理员的身份登录【系统管理】，在【系统管理】窗口中执行【权限】/【用户】命令，打开【用户管理】对话框。

（2）单击增加按钮，打开【增加用户】对话框。

（3）根据事先的设计输入相关内容，如图 2-11 所示，然后单击 增加 按钮，可继续增加其他操作员。

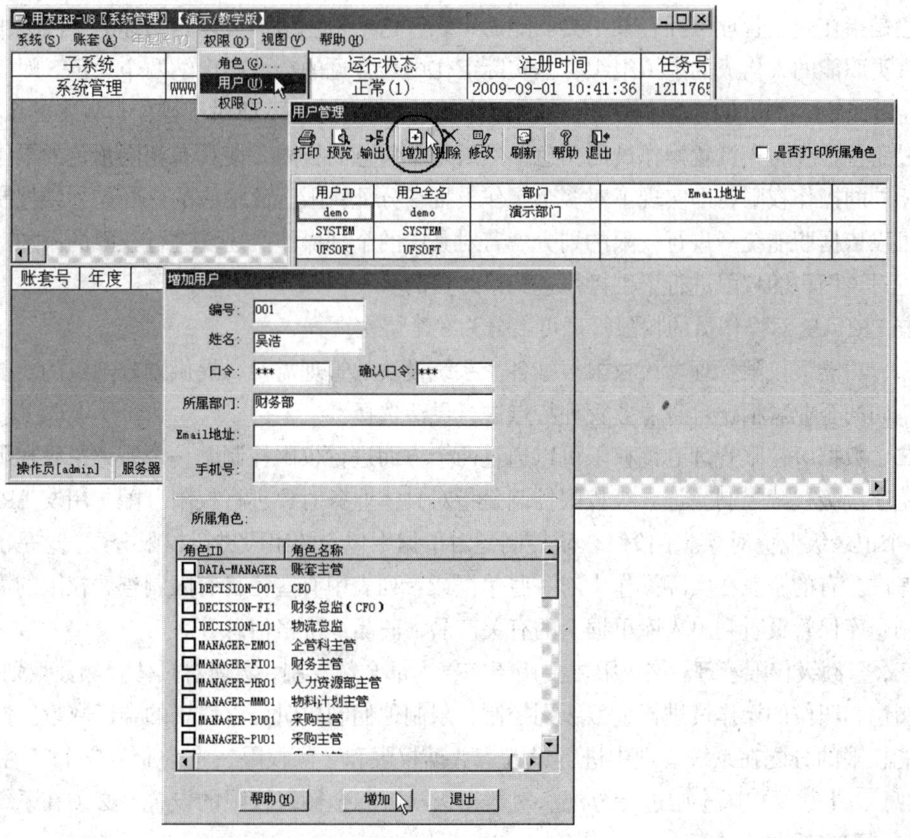

图 2-11 增设操作员

（4）操作员设置完毕后，单击 退出 按钮，可以看到在【用户管理】对话框里显示有新增加的操作员。

注意

- 在实际工作中，可以根据需要随时增加操作员。

- 所设置的操作员在启用前，可以进行修改和删除，但操作员在软件上操作后，则只能注销，不能删除，注销的用户仍会列示在用户列表中，但已不能登录系统。
- 如果用户已被定义了角色，必须通过修改先将用户的角色选项删除，然后才能将该用户删除。
- 在增加操作员时可以对用户角色进行定义，但定义用户角色后，只有在对每个角色进行具体的权限定义后，操作员才能获得相应的权限。
- 为了保证系统安全，新增的操作员应在注册登录系统时选择注册窗口中的【改密码】选项，对密码进行重新设置。

2.4.2 设置操作员权限

操作员设置完毕后，必须对操作员的操作权限进行设置，以实现合理的岗位分工。操作员的权限设置只能由系统管理员和相应的账套主管来进行，其中，系统管理员还可以指定或撤销账套主管。

用友 ERP-U8 操作员的权限设置可以通过角色管理和权限管理来完成。

角色是指在企业管理中拥有某一类职能的组织，这个角色组织可以是实际的部门，可以是由拥有同一类职能的人构成的虚拟组织，如实际工作中最常见的会计和出纳两个角色。对于操作员较少的企业来说，可以直接通过权限管理对操作员进行权限设置，而对于操作员较多的企业来说，可以通过角色管理，先设置操作员的角色，然后定义角色的权限，使具有相同角色的操作员同时具有了相同的操作权限，即实现了对多个操作员批量分配权限。此功能的好处是方便控制操作员权限，可以依据职能统一进行权限的划分。若对其中的个别操作员还要进行权限的添加、删除，则可通过对该用户的权限进行个别操作达到最终目的。

用友 ERP-U8 对操作员的权限管理可以分为 3 个层次。

第一，功能级权限管理。该权限根据各个系统模块的管理需要，提供划分细致的功能级权限列表，不同的企业可根据自身业务管理特点进行灵活选择。

第二，数据级权限管理。该权限可以通过两个方面进行权限控制，一个是记录级权限控制，另一个是字段级权限控制。记录级权限控制是指对具体业务对象进行权限分配，用友 ERP-U8 提供了 16 个记录级业务对象。字段级权限控制是对单据中包含的字段进行权限分配，这是出于安全保密性考虑。有的企业在实际操作中对一些单据或者列表中有些栏目有限制查看权限的需要。例如，限制仓库保管员看到出入库单据上的有关产品（商品）价格信息等。

第三，金额级权限管理。该权限主要用于完善内部金额控制，实现对具体金额数量划分级别，对不同岗位和职位的操作员进行金额级别控制，限制他们制单时可以使用的金额数量。

功能权限的分配在系统管理中进行设置，数据权限和金额权限在【企业门户】/【控制台】/【基础信息】/【数据权限】中进行分配。对数据级权限和金额级权限的设置，必须在系统管理的功能权限分配之后才能进行。

1. 设置账套主管的权限

账套主管的权限设置有两种方法：一是在设置操作员（增加用户）时，直接将其角色定义为账套主管（详见 2.4.1 小节设置操作员的有关内容），则系统自动赋予该操作员账套主管的所有权限；二是在设置操作员未对其角色进行定义的情况下，通过权限设置赋予其权限。

操作步骤

（1）系统管理员登录【系统管理】窗口，执行【权限】/【权限】命令，打开【操作员权限】对话框。

（2）拖动左边列表框中的滚动条，选定左边列表中的 001 号操作员吴浩，单击窗口右上角的下拉按钮，选定所需设置的账套和会计年度，选中右上角的【账套主管】单选框，系统自动弹出“设置用户”的提示框，单击 是(Y) 按钮，如图 2-12 所示。在随后打开的【操作员权限】对话框的右边列表中，将列举出账套主管的全部权限。

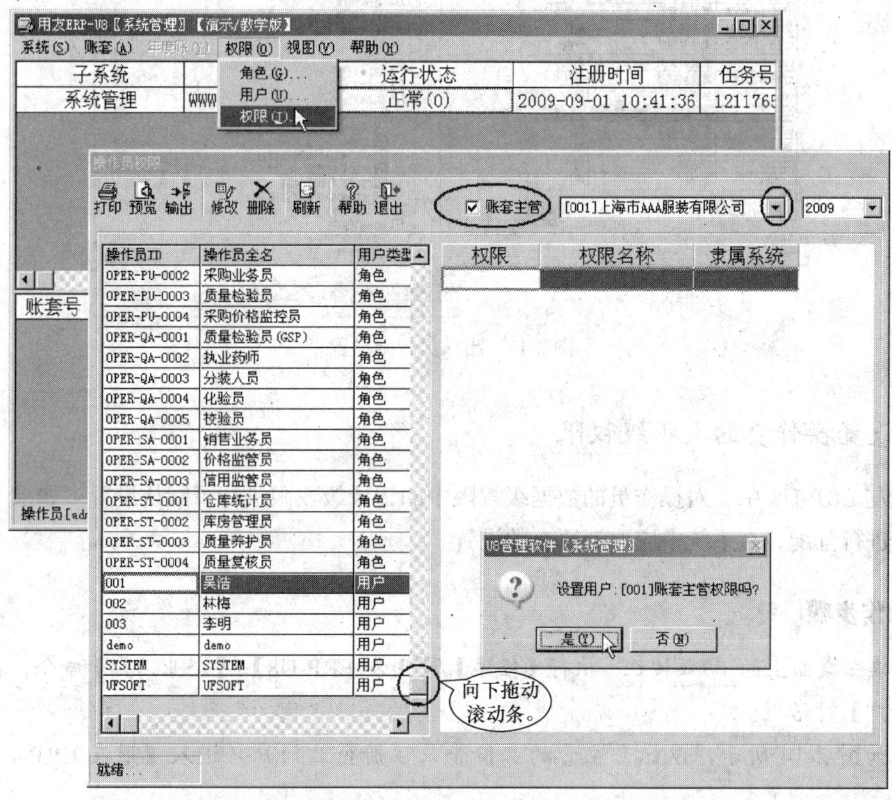

图 2-12　账套主管权限的设置

取消某位操作员账套主管权限的方法与上述操作步骤类似，只需在【操作员权限】对话框中取消【账套主管】单选框选择即可。

2. 设置一般操作员的功能权限

【例 2-4】　设置 002 号操作员林梅的操作权限，要求使其具有总账中的所有出纳权限。

操作步骤

（1）在【操作员权限】对话框的左边列表中选定操作员林梅，然后单击修改按钮，打开【增加和调整权限—[用户：002]】对话框。

（2）在列表框中单击“总账”旁的⊞按钮，展开总账权限明细列表，选择列表中的“出纳”，如图 2-13 所示，然后单击 确定 按钮。在随后打开的【操作员权限】对话框右边列表中可以

看到增加的操作权限。

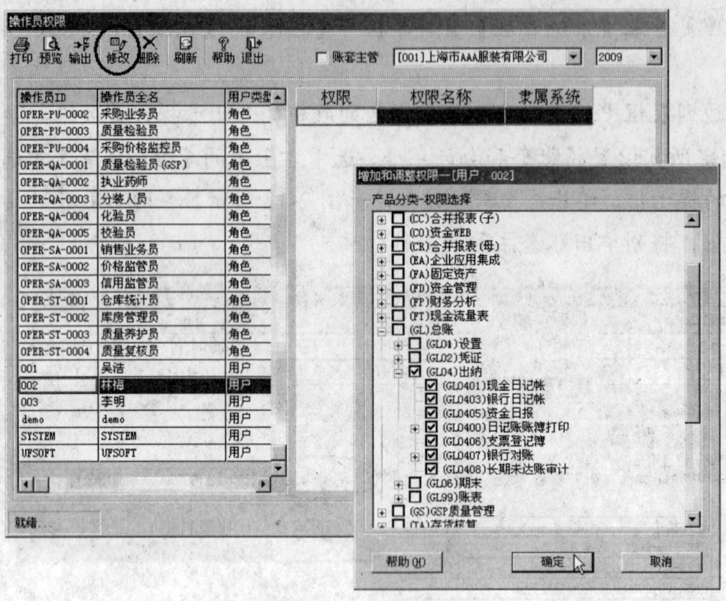

图 2-13　出纳员权限设置

3. 设置操作员的数据级权限

在用友 ERP-U8 中，对操作员的数据级权限中的记录级权限进行了默认设置，如果不需对记录级权限进行分配，在系统中应取消原有的设置。

操作步骤

（1）单击桌面上的开始按钮，执行【程序】/【用友 ERP-U8】/【企业门户】命令，打开【注册企业门户】对话框。

（2）如图 2-14 所示，以账套主管的身份登录注册企业门户，进入【用友 ERP-U8 门户】窗口。

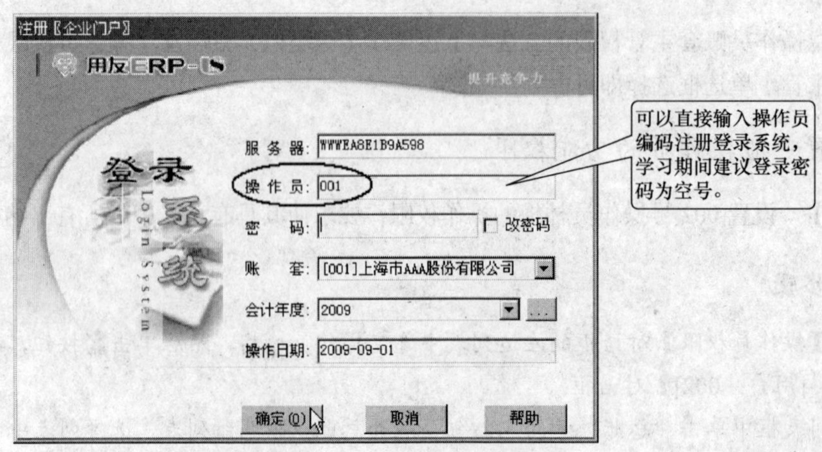

图 2-14　注册登录企业门户

(3) 单击【控制台】标签，选择窗口左边菜单列表中的【基础信息】选项，再双击右边窗口中的【数据权限】选项，打开【数据权限】对话框。

(4) 双击【数据权限控制设置】选项，打开【数据权限控制设置】对话框。

(5) 在【记录级】标签下，单击窗口下方的 全消 按钮，取消原来窗口中已选取的选项设置，然后单击 确定 按钮，如图 2-15 所示。

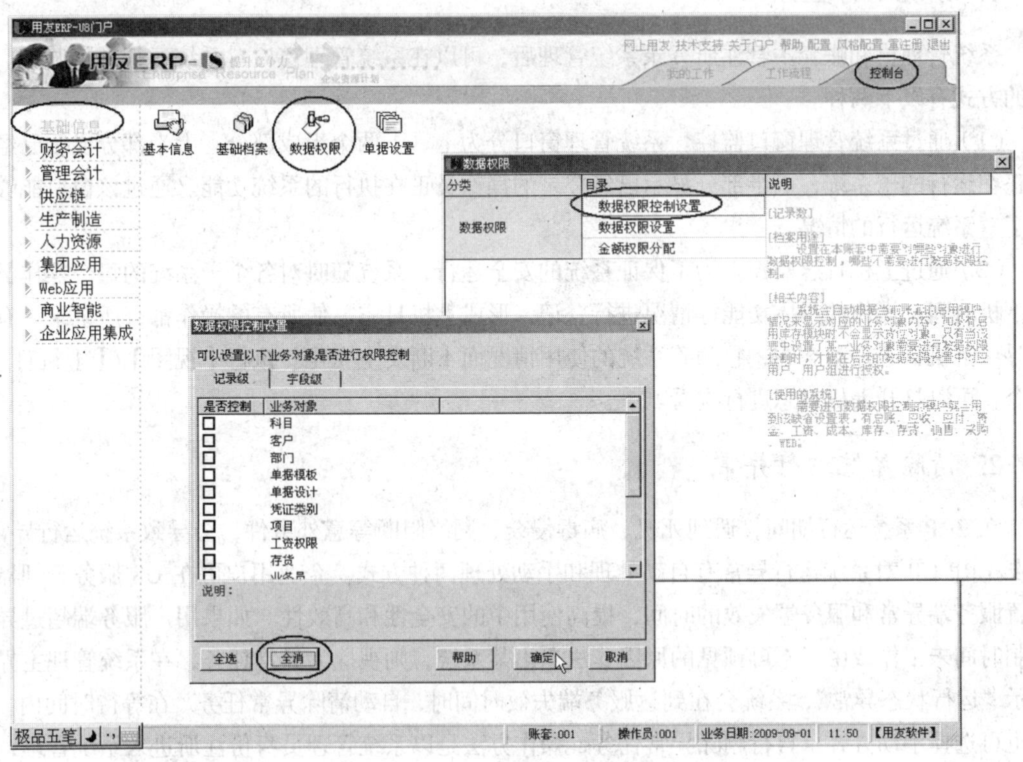

图 2-15　数据级权限设置

说明

- 账套主管不需要设置数据权限，系统默认账套主管拥有所有的数据权限。
- 只有在对某一对象设置了需要进行数据权限控制后，才能在数据权限设置中对用户权限进行具体授权。
- 如果对某一对象设置了需要进行数据权限控制，则必须在数据权限设置中对用户做具体授权，否则用户将因某一对象进行了权限控制而又未被具体授权导致无法操作。

2.5 系统安全管理

企业实施 ERP 后，企业的业务和财务信息的汇集处理完全依赖于 ERP 软件来完成，因此，ERP 软件的运行安全就成为保证企业日常各项工作正常进行的基础条件。ERP 系统的运行安全涉及每一个操作员，在实际工作中，保证系统安全的最为重要的环节就是避免非法操作人员的界入，这就要求每一个操作员要妥善保管好自己的用户密码，并在离开时及时退出系统。

为了加强系统的安全管理，通常每个单位都会配备一位系统管理员负责系统的日常管理。系统管理员的工作通常包括系统的运行管理和系统的数据管理等内容。

2.5.1 系统的运行管理

系统运行管理的主要工作是监控系统的日常运行，及时发现和排除安全隐患。

1. 系统运行监控

系统管理员和账套主管注册登录系统管理后，可以在系统管理窗口对系统运行进行监控。监控的方式有以下两种。

（1）通过系统管理窗口监控。系统管理窗口分为上、下两个组成部分。上半部分显示已经登录正在运行的子系统，下半部分显示已经登录的操作员正在执行的系统功能。通过该窗口能够实时了解系统运行的情况。

（2）通过上机日志监控。为了保证系统的安全运行，系统随时对各个子系统的每个操作员的上下机时间、操作的具体功能等情况进行登记，形成上机日志，使所有的操作都有所记录、有迹可寻。上机日志是动态的，它随着系统的使用情况而不断发生变化。执行【视图】/【上机日志】命令，可以打开上机日志进行查看。

2. 清除系统运行异常

在 ERP 系统运行期间，遇到死机、病毒侵袭、网络阻断等意外事件，会导致系统运行异常。用友 ERP-U8 对系统运行异常有自动处理和手动处理两种方式。企业用户可在 U8 服务管理器中设置服务端异常和服务端失效的时间，提高使用中的安全性和高效性。如果用户服务端超过异常限制时间未工作或由于不可预见的原因非法退出某系统，则视此为异常任务，在系统管理主界面显示“运行状态异常”，系统会在到达服务端失效时间时，自动清除异常任务。在等待时间内，用户也可选择手动方式，自行删除异常任务，操作方法是以系统管理员身份注册进入系统管理，执行【视图】/【清除异常任务】命令。

3. 清除单据锁定

在使用过程中，不可预见的原因可能会造成单据锁定，此时单据的正常操作将不能使用，此时使用清除单据锁定功能，可恢复正常功能的使用。操作方法是以系统管理员身份注册进入系统管理，执行【视图】/【清除单据锁定】命令。

2.5.2 系统的数据管理

系统的数据管理包括账套数据的备份引入和数据升级两方面的内容。系统数据的备份和引入详见 2.3.3 小节和 2.3.4 小节的有关内容。这里介绍日常系统管理工作中常用的自动备份方法。

1. 设置账套自动备份计划

账套备份在 ERP 应用过程中是极其重要的常规工作，账套备份可以手动操作完成，也可以通过在系统管理中预先设置账套备份计划定期自动完成。账套系统管理员和账套主管都具有设置账套自动备份计划的权限，其中账套主管只能设置年度账的备份计划，系统管理员则同时具有对账

套和年度账设置自动备份计划的权限。

操作步骤

（1）系统管理员或账套主管注册进入系统管理后，选择菜单栏中的【系统】/【设置备份计划】选项，进入【备份计划设置】对话框。

（2）单击工具栏上的增加按钮，打开【增加备份计划】对话框。设置计划编号、计划名称、备份类型、发生频率、开始时间和备份路径等内容。设置完毕，单击 增加 按钮，如图 2-16 所示。

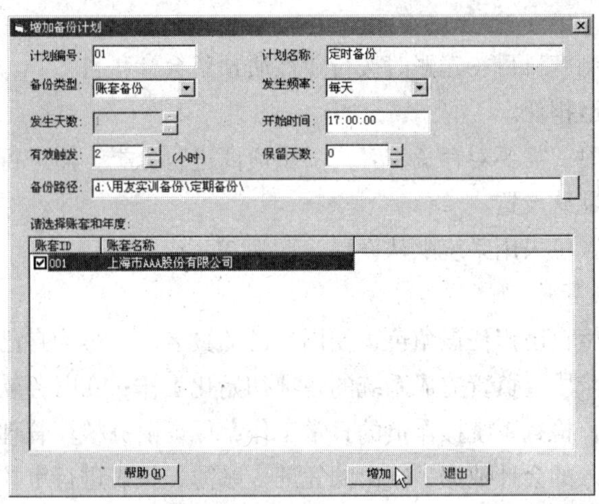

图 2-16　设置自动备份计划

2. 系统数据升级

系统数据的升级是伴随着系统的升级而进行的。在采用更为成熟先进的新系统后，在老系统中生成的数据必须通过升级才能保证业务数据在新系统中运用。在升级数据前，首先要将数据进行备份，并且最好是在用友技术人员的帮助下来完成数据升级工作。

上机实训

实训一：系统管理

一、实验准备

安装 Microsoft SQL Server 2000 和用友 ERP-U8.50。如果使用的是用友 ERP 教学版，且操作时间处于 12 月份，请将计算机系统时间调整为非 12 月的时间（在用友教学版中限制了年度账功能，如果操作时间设定在 12 月份，则业务处理时月末结账会受到影响）。

二、实验内容

1. 建立账套
2. 设置操作员（用户）
3. 设置操作员权限
4. 备份账套

5. 引入账套

三、实验资料

1. 建立账套资料

账套号：班级编号+学号（如财会 1 班第 20 号学生的账套号为 120）。

账套名称：上海市 AAA 服装有限公司（简称：上海 AAA）。

启用日期：当前操作月（若当前操作月为 12 月，则需修改为非 12 月，如 1 月或 11 月）。

会计期间：01 月 01 日～12 月 31 日。

行业类型：工业。

行业性质：新会计制度科目（建账时按行业性质预留会计科目）。

账套主管：学生自己担任。

进行经济业务处理时，需要对存货、客户、供应商进行分类，需进行外币核算。

编码方案采用系统默认设置。

数据精度定义的小数位采用系统默认设置，均为 2。

2. 操作员及其权限资料

（1）账套主管：学生自己担任该角色，使用自己的真名，编号为自己的学号。账套主管在财务软件开发运用的前期阶段，负责完成系统的各项初始化工作；在财务软件的运行阶段，负责财务软件运行的管理工作，检查系统操作员的日常工作，保证财务核算管理系统运行的可靠性、安全性。负责对操作员输入的会计数据、输出的凭证、账簿、报表进行审核，检查其数据和凭证的合法性、完整性和准确性。

（2）出纳员：林梅，编号 002。出纳员负责有关现金、银行存款的收支工作，具有所有出纳权限和凭证处理中的出纳签字权限。

（3）操作员：学生自己担任该角色，将姓舍去，编号为学号+0。操作员具有总账系统、应收款系统、应付款系统、固定资产系统、工资系统的所有权限，负责录入凭证、进行应收款、应付款、固定资产和工资系统的日常业务处理。

四、操作步骤

1. 启动注册系统管理

必须以系统管理员 admin 的身份注册登录系统管理。

2. 建立账套

账套参数设置参照本实验的实验资料，其中账套主管可暂设置为 demo，然后在设置操作员权限时再予以取消。

3. 设置操作员

4. 设置操作员权限

先分别设置各操作员的功能权限，并取消 demo 的账套主管权限，再在企业门户中取消系统默认的对数据权限的设置。

5. 备份账套

6. 引入账套

注意

实训资料中未提供的信息，在操作中均可省略，不必输入。

第3章 基础档案设置

学习目标

知识目标：

- 了解用友 ERP-U8 软件中企业门户的功能
- 掌握启用各业务管理系统的方法
- 掌握常用基础档案的设置方法

能力目标：

- 能够根据业务要求启动相关系统
- 能够根据实务资料设置各类基础档案

3.1 企业门户概述

用友 ERP-U8 企业门户是连通用友 ERP-U8 各子系统的通道，也是企业数据资源的共享和管理平台。通过企业门户，企业员工可以通过单一的企业门户入口访问他所被授权的各个子系统，还可以在企业门户查询相关信息，并根据自己的业务工作，设计自己的工作流程。企业门户能够有效地实现信息的及时沟通，资源的有效利用，与合作伙伴的在线和实时的链接，从而能够显著提高企业员工的工作效率以及企业的总处理能力。

企业门户的主要功能模块包括我的工作、工作流程和控制台 3 个方面。

1. 我的工作

在用友 ERP-U8 系统中，为了方便操作员的日常工作管理，在【企业门户】中设置了【我的工作】窗口。【我的工作】窗口包括【业务工作】、【工作日历】、【信息中心】、【移动短消息】和【外部信息】5 部分内容，如图 3-1 所示。【业务工作】列表框中列示了用户有操作权限的子系统和各个功能模块，单击其中的功能菜单，即可进入相应的功

能模块进行操作。【工作日历】除了提醒工作日期外，还具有备忘录功能，用户可以把工作中的重要事件添加进备忘录。通过【信息中心】可以向系统中的其他操作员发送信息。在安装了短消息发送设备并正确配置端口信息的基础上，利用【移动短信息】功能，通过输入手机号码可向外发送短消息。【外部信息】则用来接收来自互联网和企业内部网的信息。

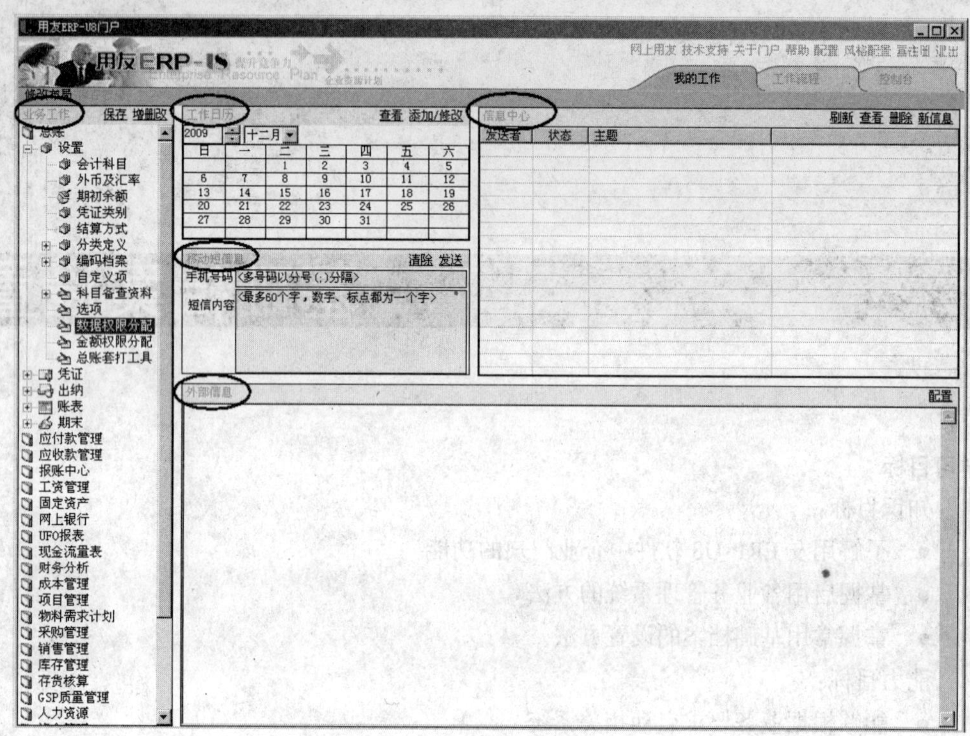

图 3-1 【我的工作】窗口

2. 工作流程

在实际工作中，每个操作员的日常工作内容往往是大体相同，反复进行的。为了对工作内容进行有效管理，提高工作效率，操作员可以在企业门户中根据自己的业务特点设计出科学的工作程序。在工作流程图的基础上，操作员只需直接单击流程图中的工作内容图标，即可进入相应的系统进行操作，从而可以大大地提高操作效率。

操作步骤

（1）在【用友 ERP-U8 门户】窗口，选择【工作流程】选项卡。

（2）单击工具栏上的 编辑 按钮，打开【配置工作流程】窗口。

（3）在【配置工作流程】列表框中，选择流程中所需的工作内容，单击并将其拖动至【配置工作流程】窗口外的空白工作区，在工作区即出现一个工作节点图标。

（4）重复步骤（3），直至所有需要配置的节点都在工作区中显示。

（5）按住键盘 Ctrl 键，用鼠标单击工作流程图的首节点，然后拖动鼠标到下一节点。释放鼠标后，在两节点间就会出现带箭头的一条连线，表示节点间的顺序关系。

（6）重复步骤（5），直至完成工作流程设计，如图 3-2 所示。

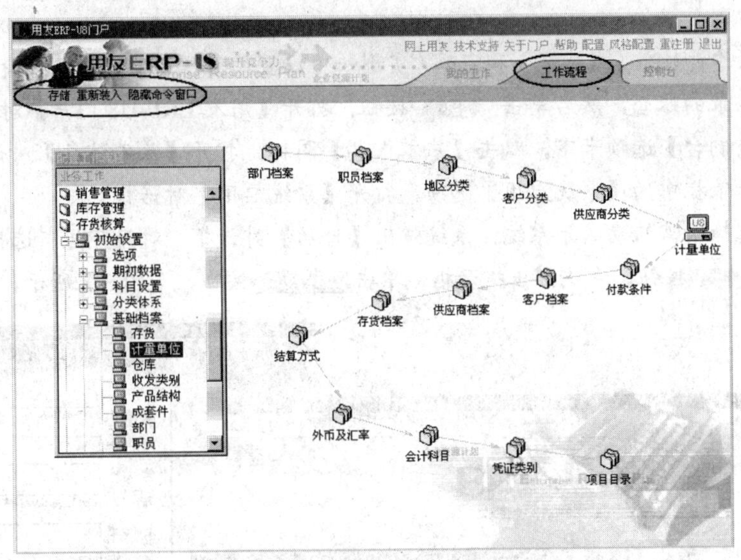

图 3-2　设置工作流程图

(7) 单击工具栏上的存储按钮，保存工作流程图。

(8) 单击重新装入按钮，可以重新设计装载工作流程图。

说明

- 删除节点连线：单击鼠标右键选中工作流程图节点间的连线，在弹出的菜单中选择【删除线】选项即可。
- 删除节点：单击工具栏上的编辑按钮，打开【配置工作流程】窗口，单击鼠标右键选中工作流程图中需要删除的节点，在弹出的菜单中选择【删除】选项即可。
- 必须在删除节点间连线后才可以删除节点。

3. 控制台

企业门户的控制台是进入各相关子系统的通道。用友ERP-U8可分为基础设置、财务会计、管理会计、供应链、生产制造、人力资源、集团应用、WEB应用、商业智能和企业应用集成10大子系统。通过企业门户控制台登录，可以避免重复登录各子系统，节省时间。在后面的学习中，我们的很多操作是通过企业门户控制台进行的。关于控制台的功能会在后面的学习中介绍，这里不再赘述。

3.2 启用系统

启用系统是指设定用友系统中各子系统的开始使用时间，只有被启用的子系统操作员才能登录。系统启用有两种方法：一是在创建账套完成后，系统弹出“是否立即进行系统启用”的提示框，立即进行系统启用的设置；二是在企业门户中启用系统。

【例 3-1】　由账套主管注册进入企业门户，启用应付、应收、固定资产、总账和工资管理系统，启用日期为2009年9月1日。

操作步骤

(1) 执行【开始】/【程序】/【用友ERP-U8】/【企业门户】命令，打开【注册〖企业门户〗】

对话框。

（2）输入操作员姓名（或代码）和密码（实训一中设置的密码为空，则不必输入），单击▼按钮，选择所要登录的账套，然后单击 确定(O) 按钮，打开【用友 ERP-U8 门户】对话框。

（3）在【控制台】选项卡下，双击【基本信息】图标，打开【基本信息】对话框。

（4）双击目录栏中的【系统启用】选项，打开【系统启用】对话框。

（5）单击选择所需启动的子系统，系统弹出【日历】对话框，对日期进行选择设置。

（6）单击 确定 按钮，系统弹出提示框，单击 是(Y) 按钮，如图 3-3 所示，该系统即启用。

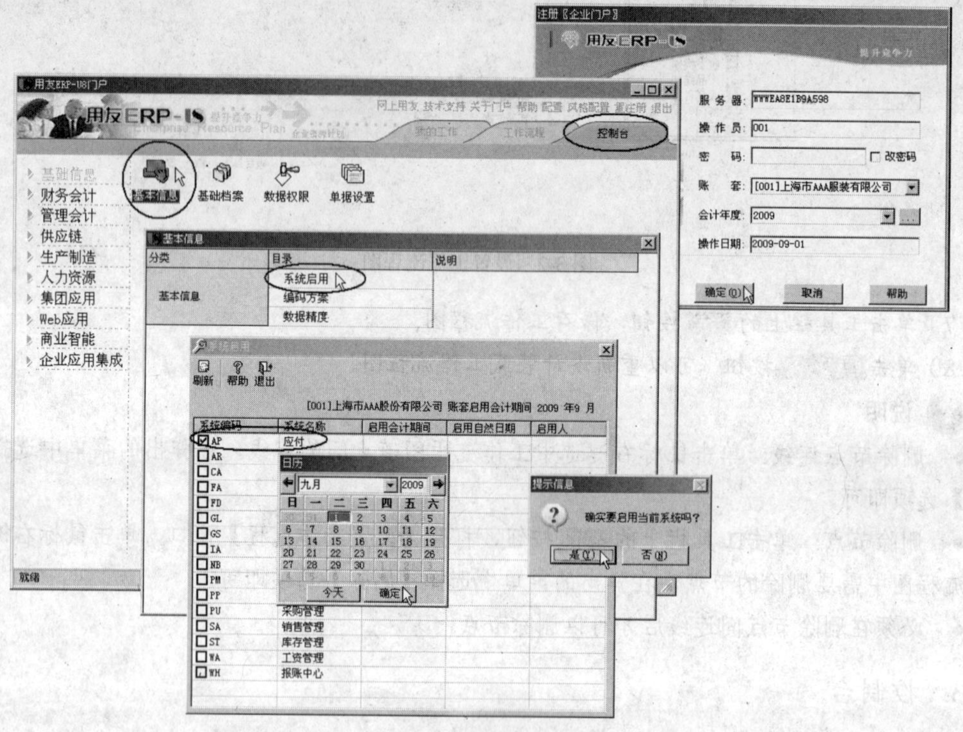

图 3-3 启用系统

（7）以同样方法，继续启用其他子系统。

- 系统启用界面所列出的子系统全部是已安装的子系统。
- 系统的启用会计期间必须大于等于账套的启用期间。
- 系统的启用时间在系统未正式使用前可做修改，系统一旦使用后则不能再修改启用日期。

在系统控制台的基本信息窗口中，还可分别双击目录栏中的【编码方案】和【数据精度】，在尚未正式录入相关业务数据前对编码方案和数据精度进行修改，在录入相关业务数据后，已使用的编码不能再被修改。编码方案和数据精度在建立账套时已进行了定义。

3.3 设置基础档案

用友 ERP-U8 是由若干个子系统构成的，每个子系统的运行都必须依靠一定的基础信息，这就是基础档案。基础档案可分为 30 多种，有些基础档案是各个子系统共享的共用基础信息，有些

基础档案则是根据所启用的子系统情况确定是否需要。在 ERP 的前期准备阶段，企业应根据启用系统的情况，事先做好基础档案的准备工作。在设计基础档案之前应首先确定基础档案的分类编码方案，并根据分类编码方案进行基础档案的设计。

在系统中进行基础档案的设置有两种途径：一是在【企业门户】中设置，二是进入相关的子系统后进行设置。在任何一个系统模块中进行设置均可为其他相关子系统所共享。

3.3.1　设置部门档案

部门档案在系统中是使用较为普遍的档案信息，在工资管理系统、固定资产系统、存货系统等业务管理系统中都需要调用部门档案；在总账系统中，个人往来辅助核算也需要运用到部门档案。

部门档案通常是根据单位的组织结构建立的。由于组织结构具有层次性，所以在建立部门档案时，对部门编码的设置要考虑到相应的组织层次结构，按照组织结构设置部门编码是通常采用的较为简便易记的编码方式。

【例 3-2】　建立上海市 AAA 公司如下部门档案：1，办公室；2，财务部。

操作步骤

（1）在【用友 ERP-U8 门户】的【控制台】选项卡下，双击【基础档案】图标，打开【基础档案】窗口。

（2）双击目录栏中的【部门档案】选项，打开【部门档案】对话框。

（3）单击 **增加** 按钮，输入部门编码、部门名称和部门属性等档案内容。其中，【负责人】栏目因尚未建立个人档案，暂不输入，单击 **保存** 按钮，如图 3-4 所示。在【部门档案】对话框的左边列表中将显示新建的部门目录。

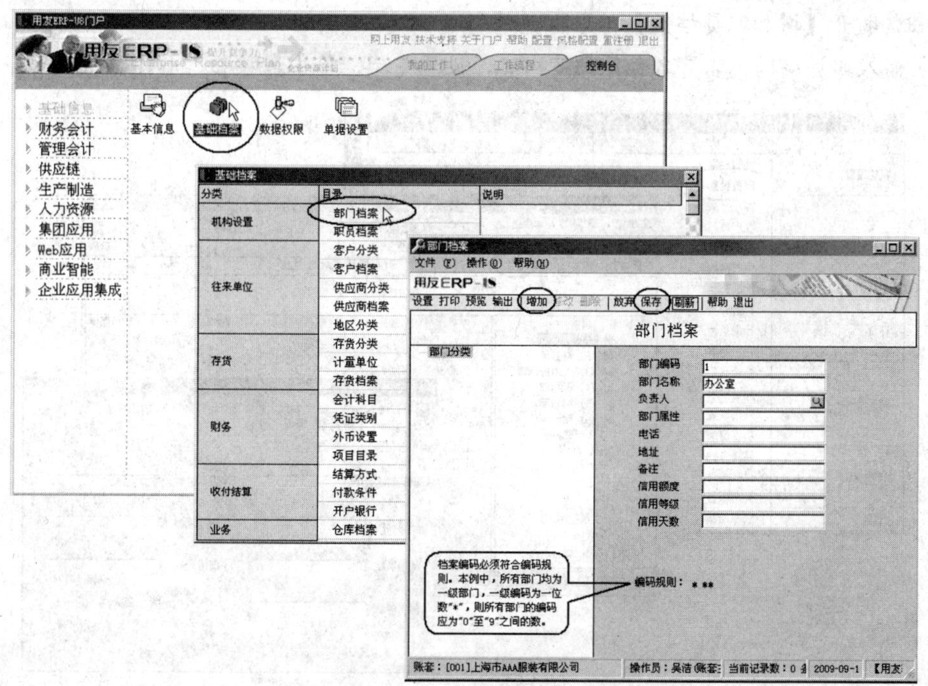

图 3-4　建立部门档案

（4）重复执行步骤（3），进行其他部门档案的建立。

（5）全部的部门档案输入完毕后，单击 **退出** 按钮，回到【基础档案】窗口。

注意

- 部门编码必须与建立账套时所设置的编码方案相一致，在【部门档案】对话框中显示有设置的编码规则。
- 在建立部门档案时，应从上级部门开始输入，然后再建立其下级部门的档案。
- 由于系统中尚未设置职员档案，所以【负责人】栏目暂时空缺，待职员档案设置完毕后，再在【部门档案】对话框中单击 **修改** 按钮补充录入。
- 在【部门档案】对话框中，可以通过单击 **修改** 和 **删除** 按钮，对已建部门档案进行删除和修改，但部门被引用后就不能再被删除和修改。

3.3.2 设置职员档案

职员档案通常用于个人往来辅助核算，在应收应付款系统、采购和销售系统中，职员档案还可用于对业务员的业绩管理和分析。因此，职员档案的建立不仅有助于加强财务管理，而且它也能为企业加强人力资源管理提供参考信息。

【例 3-3】 建立上海市 AAA 公司如下职员档案：1001，李立，办公室；2001，吴浩，财务部。

操作步骤

（1）在【基础档案】窗口中，双击目录栏中的【职员档案】选项，打开【职员档案】对话框。

（2）在【职员档案】对话框左边列表中显示有已设置的部门档案，选择【办公室】，然后单击 **增加** 按钮，打开【增加职员档案】对话框。

（3）输入职员编码、职员名称等档案内容，设置完毕，单击保存按钮，如图 3-5 所示。

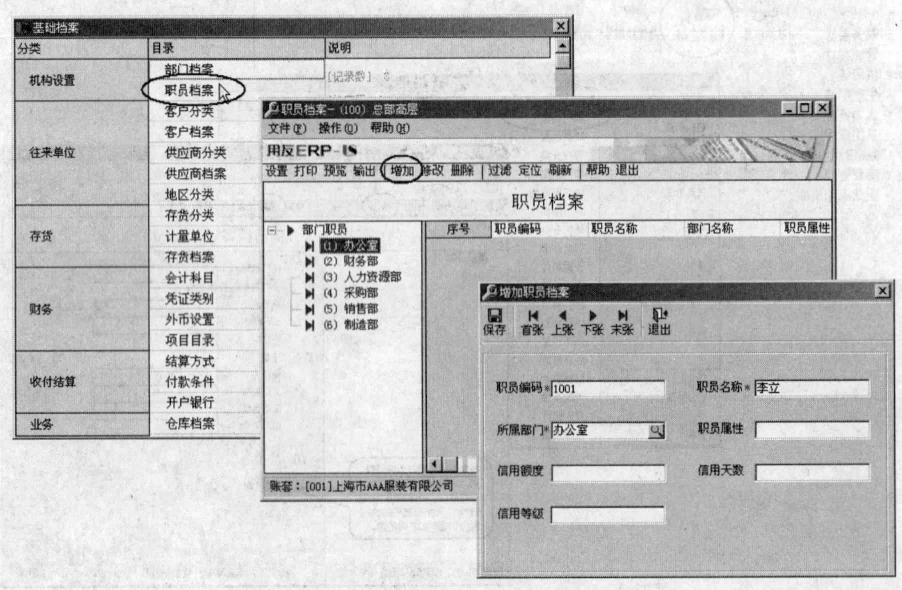

图 3-5 建立职员档案

（4）单击退出按钮，返回【职员档案】对话框，重复步骤（2），选择【财务部】，继续输入财务部职员吴浩的档案。

注意

- 【增加职员档案】对话框中标有*的职员编码、职员名称、所属部门等3个栏目为必须设置的内容，未标有*的职员属性、信用额度、信用天数和信用等级等栏目内容可根据实际需要选择是否设置。
- 职员被引用后其编号、名称等档案内容将不能被修改。

3.3.3　设置计量单位

计量单位主要用于设置对应存货的计量单位组和计量单位信息。在应收应付款管理系统、成本管理系统、库存管理和存货管理系统中，均会使用到计量单位信息。设置计量单位首先要设置好计量单位组，然后在组下再增加具体的计量单位信息。

计量单位组分无换算、浮动换算、固定换算3种类别。每个计量单位组中可以设置多个计量单位，并且可以通过定义主计量单位、辅助计量单位及主辅计量单位之间的换算率，建立计量单位之间的换算关系。

【例3-4】　设置上海市AAA公司计量单位。

（1）计量单位组设置

01，纽扣，固定换算；02，其他，无换算。

（2）计量单位设置

纽扣组的主计量单位：0101，粒。

纽扣组的辅计量单位：0102，袋，换算率：100。

其他组的计量单位：01，米；02，套；03，个；04，件。

操作步骤

（1）在【基础档案】窗口中，双击目录栏中的【计量单位】选项，打开【计量单位-计量单位组别】对话框。

（2）单击工具栏中的分组按钮，打开【计量单位分组】对话框。

（3）单击增加按钮，输入计量单位组编码、名称和类别，如图3-6所示。

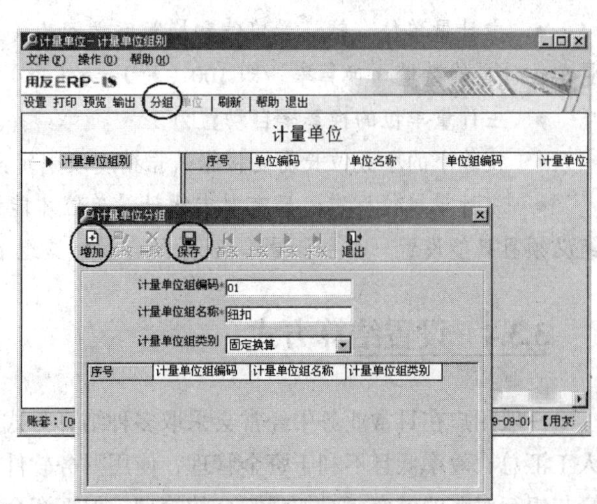

图3-6　设置计量单位组

（4）单击保存按钮，继续输入其他计量单位组，输入完毕，单击退出按钮，返回【计量单位】对话框。

（5）在【计量单位】对话框中，选定左边【计量单位组别】列表中的【纽扣】组别，单击单位按钮，打开【计量单位设置】对话框。

（6）单击增加按钮，输入主计量单位编

码和名称，选定【主计量单位标志】单选框，然后单击保存按钮。

（7）继续输入辅计量单位编码和名称，如图 3-7 所示。输入完毕，单击退出按钮，返回【计量单位】对话框。

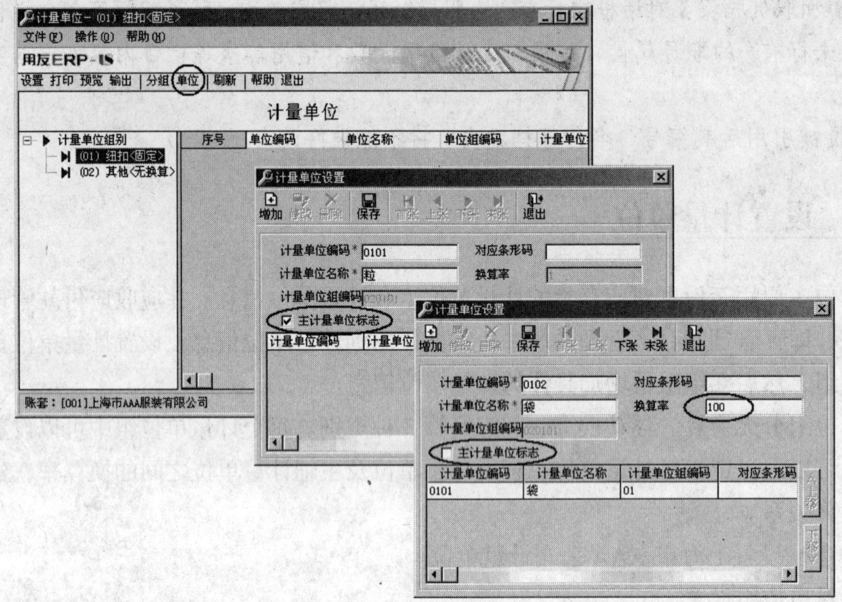

图 3-7　设置计量单位

（8）在【计量单位】对话框中，选定左边【计量单位组别】列表中的【其他】组别，重复步骤（5）~步骤（6），输入其他组别的计量单位。

说明

- 对应条形码中的编码：最多可输入 30 位数字或字符，不允许有重复的记录存在，可以随时修改，可以为空。
- 换算率：指辅计量单位和主计量单位之间的换算比。例如，一袋纽扣内装 100 粒纽扣，则 100 就是辅计量单位“袋”和主计量单位“粒”之间的换算比。
- 主计量单位、辅计量单位和换算率之间的关系如下：按主计量单位计量的数量 = 按辅计量单位计量的数量 × 换算率。即 100（粒）= 1（袋）× 100。
- 主计量单位的换算率自动置为 1。
- 换算率的小数位长需要根据数据精度表中定义进行相应检查。
- 主计量单位标志：只有对末级计量单位才能设置主计量单位标志，对应每一个计量单位组必须且只能设置一个主计量单位；系统自动将该组下增加的第 1 个计量单位设置为主计量单位。

3.3.4　设置结算方式

一般用户在日常业务中经常会采取多种结算方式。在手工会计方式下，往来资金的结算必须人工汇总，效率低且不利于资金管理，使用财务软件后，可以利用系统的设置结算方式功能，提高与银行对账的效率，对加强资金的管理，保证资金的安全、完整和有效利用有着显著的作用。在总账系统、资金管理系统、应收应付款管理系统、销售和采购系统均会使用到结算方式。

【例 3-5】　设置结算方式：1，现金结算。

操作步骤

（1）在【基础档案】窗口中，双击目录栏中的【结算方式】选项，打开【结算方式】对话框。

（2）单击 增加 按钮，输入结算方式编码和结算方式名称。对支票类结算方式要选中【是否票据管理】。然后单击 保存 按钮，如图 3-8 所示。

（3）全部输入完毕后，单击 退出 按钮，返回【基础档案】窗口。

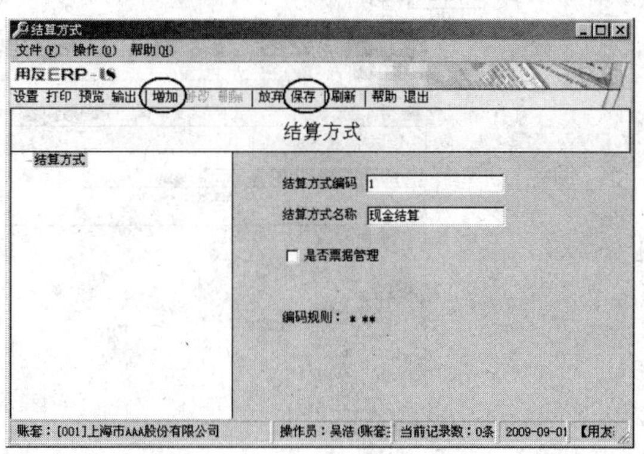

图 3-8　设置结算方式

注意

票据管理是为便于出纳员加强支票管理而设置的功能，如果在前面设置凭证选项时选择了【支票控制】，那么在结算方式设置中也应对支票类结算方式选定【是否票据管理】单选框。

3.3.5　设置付款条件

随着市场竞争的加剧，赊销成为企业促进产品销售的重要手段，这就使企业在产品销售出去的同时，面临着资金安全回笼和资金周转效率的问题。为此，很多企业在赊销政策中，制定了相应的现金折扣政策，即付款条件，也就是通过向客户提供商品价格上的扣减，鼓励客户为享受优惠而提前付款，以缩短企业的平均收款期。现金折扣（付款条件）的表示方式是：折扣百分点/货款回笼期。例如，5/10 表示 10 天内付款可享受 5%的价格优惠，即只需支付原价的 95%；N/30 则表示付款的最后期限为 30 天，此时付款无优惠。

无论是本企业为了促进应收账款的及时回笼而制定的现金折扣政策，还是供应商制定的现金折扣政策，都应在系统中建立付款条件，以便在对应收应付款管理时，通过录入相应的付款条件和信用期限，能够由系统自动提醒付款或催款，并自动核算折扣金额，这有利于企业合理地运筹资金和对往来账款的准确结算。

在使用时，操作员需根据实际业务所执行的折扣政策在已建立的付款条件中进行选择，或者在系统中补充建立新的付款条件。

【例 3-6】　设置上海市 AAA 公司付款条件，见表 3-1。

表 3-1　　上海市 AAA 公司付款条件

编码	信用天数	优惠天数 1	优惠率 1	优惠天数 2	优惠率 2	优惠天数 3	优惠率 3
01	60	15	3	30	2	45	1
02	30	10	4	20	2	—	—

操作步骤

（1）在【基础档案】窗口中，双击目录栏中的【付款条件】选项，打开【付款条件】对话框。

（2）单击 增加 按钮，对话框中出现一行空白栏，单击【付款条件编码】空白栏，输入付款条件编码，按 Enter 键，跳过【付款条件名称】栏，按要求逐项输入付款条件内容，如图 3-9 所示。

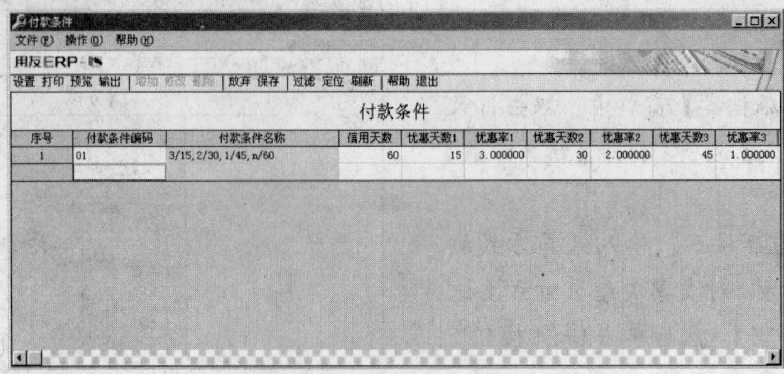

图 3-9　设置付款条件

（3）按 Enter 键，直至窗口出现新一栏空白行，且系统自动生成【付款条件名称】栏的内容，继续输入其他付款条件。

（4）输入完毕，单击 **保存** 按钮，再单击 **退出** 按钮返回。

3.3.6　设置开户银行

设置银行账户主要用于设置企业在收付结算中对应的各个开户银行的信息。在资金管理系统、应收应付款管理系统和销售系统均会使用到开户银行账户。

【**例 3-7**】　设置上海市 AAA 公司的银行账户，见表 3-2。

表 3-2　　上海市 AAA 公司开户银行

开户银行编码	开户银行名称	银 行 账 号
01	中国银行人民币账户	11223344556677889 9
02	中国银行美元账户	998877665544332211

操作步骤

（1）在【基础档案】窗口中，双击目录栏中的【开户银行】选项，打开【开户银行】对话框。

（2）单击 **增加** 按钮，在开户银行列表中增加了一行空白栏，输入开户银行编码、开户银行名称和银行账号，然后单击 **保存** 按钮，如图 3-10 所示。

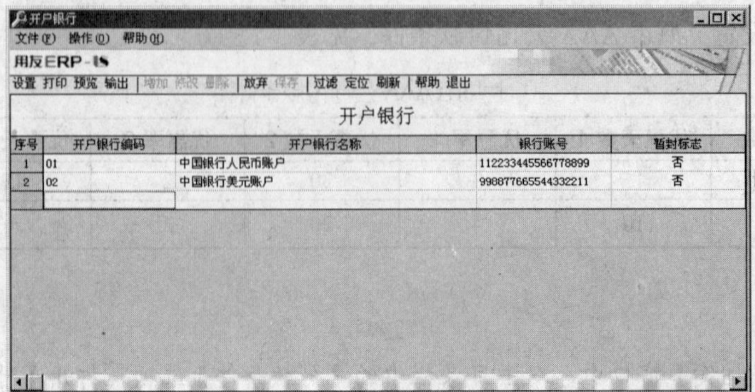

图 3-10　设置开户银行

3.3.7　设置外币及汇率

货币是进行财务核算的基本计量单位，对于有外币业务的用户来说，财务核算的货币计量单位可能涉及多个，按照会计制度的规定，除银行等少数金融企业外，企业的各种外币均须换算为一种货币进行统一核算，因此，必须在系统中为外币核算设置外币汇率。

【例 3-8】　设置如下外币及汇率。

币种：美元；固定汇率核算；汇率：1 美元 = 6.834 5 元人民币。

操作步骤

（1）在【基础档案】窗口中，双击目录栏中的【外币设置】选项，打开【外币设置】对话框。

（2）输入外币币符和币名。外币币符的输入方法是同时按键盘上的 Shift 和 4 键。汇率折算方式系统提供有两种选择，通常使用的是系统默认的“固定汇率”方式。输入完毕后，单击 确认 按钮。在【外币设置】对话框的左边列表中将显示该币种。

（3）在汇率列表中，输入该币种的汇率，然后将光标移出该单元格，单击定位在其他区域，使设置的记账汇率得以保存，如图 3-11 所示。可以继续设置其他外币币种。设置完毕，单击 退出 按钮返回【基础档案】窗口。

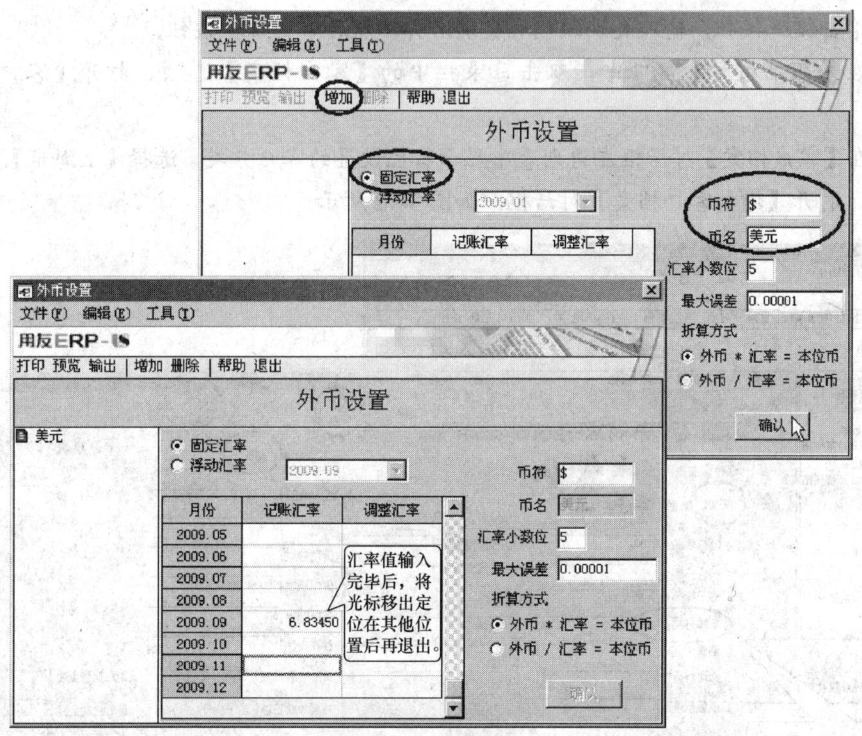

图 3-11　设置外币及汇率

注意

如果使用固定汇率核算，则应在每月月初设置期初汇率（记账汇率），在月末设置调整汇率。如果使用浮动汇率核算，则每天均应设置当天的汇率。

3.3.8 设置客户和供应商档案

客户档案和供应商档案主要用于设置往来客户和供应商的档案信息，以便于对客户和供应商的资料进行管理和业务数据的录入、统计和分析。客户和供应商档案主要用于总账系统、资金管理系统、应收应付款管理系统、采购计划、库存系统和存货系统。

设置客户档案和设置供应商档案的方法类似，下面以设置客户档案为例说明设置方法。

设置客户档案需分两阶段进行，首先需在系统中建立客户分类，然后才能在客户分类的基础上建立客户档案。客户分类是便于对客户进行管理所建立的分支体系，这就好比一棵树，客户分类是树枝，客户档案是树叶，建立在树枝上的树叶才是有序的。

【例 3-9】 建立上海市 AAA 公司的客户档案。

（1）客户分类

01，上海市；02，北京市；03，江苏省；03001，苏州市；04，浙江省；04001，杭州市。

（2）客户档案

以天丽公司为例。01001，天丽公司，上海市，信用额度 50 000 元，信用期限 60 天。

操作步骤

（1）在【基础档案】窗口中，双击目录栏中的【客户分类】选项，打开【客户分类】对话框。

（2）单击 **增加** 按钮，输入类别编码和类别名称，然后单击 **保存** 按钮。

（3）在【基础档案】窗口中，双击目录栏中的【客户档案】选项，打开【客户档案】对话框。

（4）在【客户档案】对话框左边列表中显示有已设置的客户分类，选择【上海市】，然后单击 **增加** 按钮，打开【增加客户档案】对话框。如图 3-12 所示。

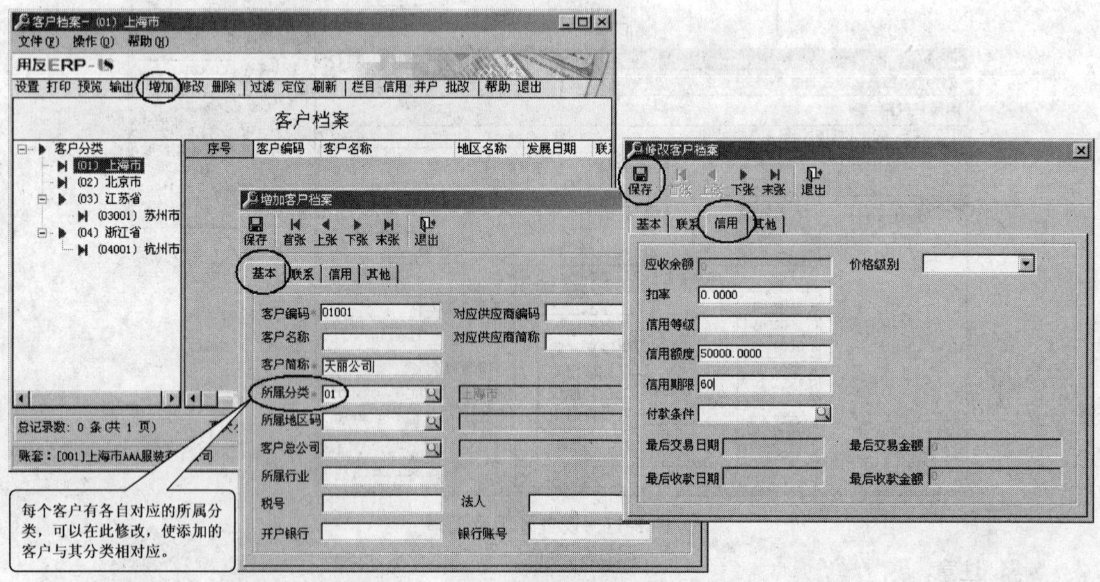

图 3-12 设置客户档案

（5）输入客户编码、客户名称、客户简称等档案内容。

（6）单击 **联系** 选项卡，可以选择性地输入客户的联系信息。

（7）单击 **信用** 选项卡，可以选择性地输入客户的信用额度、信用期限和付款条件等资料，如图 3-12 所示，设置完毕，单击 **保存** 按钮。

（8）单击 **其他** 选项卡，可以选择性地输入该客户所属的专管部门、专营营业员和停用日期等信息资料。

（9）重复步骤（4）~步骤（8），继续输入其他客户档案，全部输入完毕后，单击 **保存** 按钮，再单击 **退出** 按钮，返回【基础档案】窗口。

说明

- 客户基本档案中的客户编号、客户简称和所属分类不能为空。
- 在客户档案中设置对应供应商档案记录，主要是为了处理既是客户又是供应商的往来单位。在客户档案中输入对应供应商名称时不允许记录重复，即不允许有多个客户对应一个供应商的情况出现。
- 客户信用档案中的【扣率】是指客户在一般情况下可以享受的购货折扣率，如果用户在此设置了扣率，则在填制销售单据时，不输入付款条件，系统会自动按该折扣率计算客户所享受的折扣。
- 客户信用档案中的【信用等级】由用户依据客户在应收款方面的表现自行定义，可以不设置。
- 如果在客户信用档案中设置了【付款条件】或【扣率】，则在填制销售单据时，系统会自动生成该客户的付款条件值或扣率值。由于客户所享受的折扣只能在【扣率】和【付款条件】之间选择其一，所以在建立客户信用档案时也只需输入其中的一项内容。
- 信用档案中的【应收余额】、【最后交易日期】、【最后交易金额】、【最后收款日期】、【最后收款金额】等栏目内容由系统自动生成，用户不能手动输入。
- 如果系统提供的默认客户档案栏目内容不能满足用户的需要，可以在【客户档案】窗口中单击 **栏目** 按钮，打开【客户档案栏目设置】对话框，对栏目进行重新选择或自定义，还可对栏目进行重新排序。

3.3.9　设置存货档案

存货档案主要用于设置企业在生产经营中涉及的各类存货信息，以便于对这些存货进行资料管理、实物管理和业务数据的统计分析。存货档案主要用于总账系统、应收应付款管理系统、成本管理系统、购销存管理系统等。进行存货档案的设置，必须先设置好存货分类和计量单位。

【例 3-10】　设置上海市 AAA 公司存货档案。

存货分类：01，面料； 02，辅料；03，配件；04，其他原材料；05，产成品。

存货档案：以面料 001 为例，见表 3-3。

表 3-3　　上海市 AAA 公司存货档案

存货编号	存货名称	计量单位组	主计量单位	存货分类	存货属性
001	面料 001	02（其他组）	米	01（面料）	外购，生产耗用

操作步骤

（1）在【基础档案】窗口中，双击目录栏中的【存货分类】选项，打开【存货分类】对话框。

（2）单击 增加 按钮，输入类别编码和类别名称，然后单击 保存 按钮。

（3）重复步骤（2），继续输入其他存货分类，全部输入完毕后，单击 退出 按钮，回到【基础档案】窗口。

（4）在【基础档案】窗口中，双击目录栏中的【存货档案】选项，打开【存货档案】对话框。

（5）选定左边【存货分类】列表中的【面料】选项，然后单击 增加 按钮，打开【增加存货档案】对话框。

（6）逐项输入面料 001 存货档案内容，如图 3-13 左图所示。

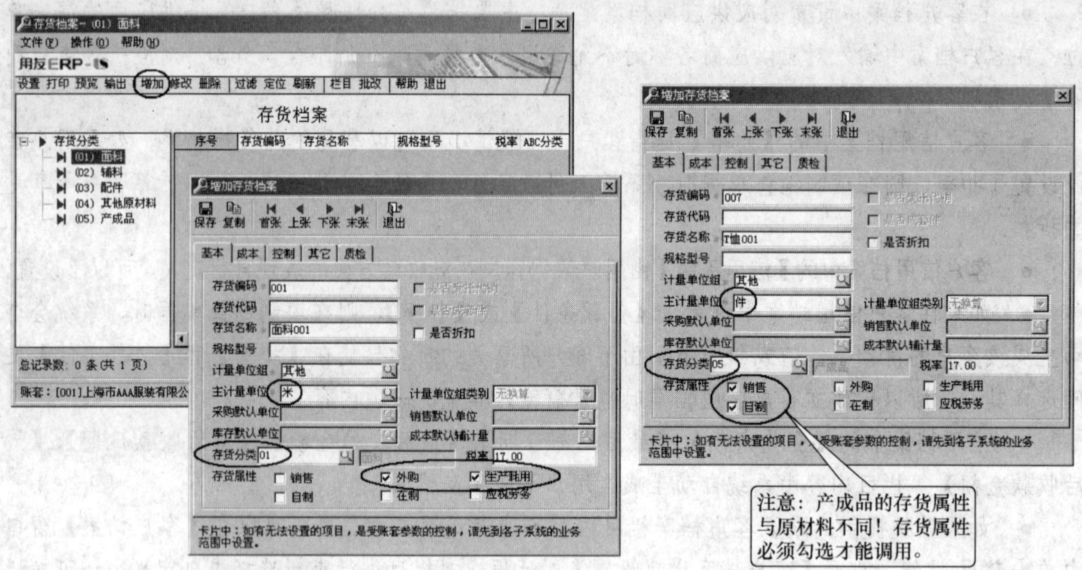

图 3-13　设置存货档案

（7）单击保存按钮，继续输入下一项面料的存货档案。

（8）面料类存货档案输入完毕后，修改【存货分类】中的数字为“02”，然后按步骤（6）~步骤（7）输入辅料类存货档案内容。

（9）在设置辅料主计量单位时，需将系统自动带出的原计量单位“米”删除，再单击右侧按钮查询选择计量单位“套”，或直接输入计量单位编码“02”。

（10）所有存货档案输入完毕后单击退出按钮，返回【存货档案】对话框，可以看到设置的存货档案内容显示在右边列表框中。

注意

- 由于非末级存货分类不能增加存货。所以必须先选取存货大类下的末级分类项目，才能增加存货档案。
- 设置存货卡片内容时，存货编码、存货名称和计量单位不能为空，其他项目可根据需要取舍。
- 输入卡片内容时，要分清大类，如果把辅料类的存货也输入面料类的存货卡片，则辅料类存货只能归入面料类存货项下。
- 存货属性决定了存货的性质和用途，必须选择，否则存货信息无法被调用，如图 3-13 所示，产成品存货与面料存货的属性是不同的。

3.3.10　设置会计科目

如同手工会计一样，只有建立了会计科目，计算机财务系统才能进行日常的财务核算。因此，设置会计科目不仅是手工会计中一项重要的基础工作，而且也是建立计算机财务核算系统的重要内容。

1. 设置会计科目的基本要求

会计科目的设置是否恰当，直接影响到以后的会计核算。在设置会计科目时，必须把企业的业务核算需要与国家的有关财务会计制度规定结合起来，应能满足以下基本要求。

（1）标准化。会计一级科目的设置必须符合国家会计制度的规定，明细科目可以根据实际情况设置，但同样要具有普遍适用性。会计科目编码的设置也应尽可能与国家标准相一致。

（2）完整性。会计科目的设置必须满足会计核算和会计报表的编制要求，不仅要着眼于目前业务核算的需要，设置完整的一级科目和明细科目，而且要着眼于未来发展，保证会计科目设置符合业务发展所带来的新的核算要求，至少要满足年度内会计核算的需要，因为在系统进行实际的业务核算处理后，会计科目的设置将不能随意修改。

（3）衔接性。如果系统采用了业务子系统进行会计核算处理，则必须注意会计科目在系统之间的衔接性。因为在总账系统中，只有末级会计科目才允许有发生额，也才能接收各个子系统转入的数据。因此，应该将各子系统中的核算科目设置为末级科目（末级科目即会计明细科目的最末级）。

2. 增设会计科目

系统已预置了绝大部分的会计科目，使得用户增设会计科目的工作量大大减轻，但由于在系统中预置的会计科目大多是一级科目，因此用户还必须在此基础上增设核算所需要的明细会计科目。

【例3-11】　增设会计科目：100201，中行人民币户，该账户需设置日记账和银行账。

操作步骤

（1）在【基础档案】窗口中，双击目录栏中的【会计科目】选项，打开【会计科目】对话框。单击 增加 按钮，或者执行【编辑】/【增加】命令，还可以单击鼠标右键，执行【增加】命令，打开【会计科目-新增】对话框。

（2）输入科目编码、科目中文名称，并选择【日记账】、【银行账】两个复选框，然后单击 确定 按钮，如图3-14所示。

（3）如果需继续设置其他会计科目，在单击【会计科目-新增】对话框中的 确定 按钮后，再单击随后显示出的 增加 按钮，可以继续进行设置。会计科目设置完毕后，单击 关闭 按钮，返回【会计科目】对话框。

注意

- 会计科目的编码设计要与建立账套时所设置的科目编码方案相一致，编码不能重复。
- 增设会计科目时，要遵循先建上级科目再建下级科目的原则。
- 会计科目的中文名称和英文名称不能同时为空。
- 当某一科目增加下级科目时，自动将原科目的所有账目全部转移到新增的下级第1个科目中，此操作不可逆。同时要求新增加的下级科目所有科目属性与原上级科目一致。

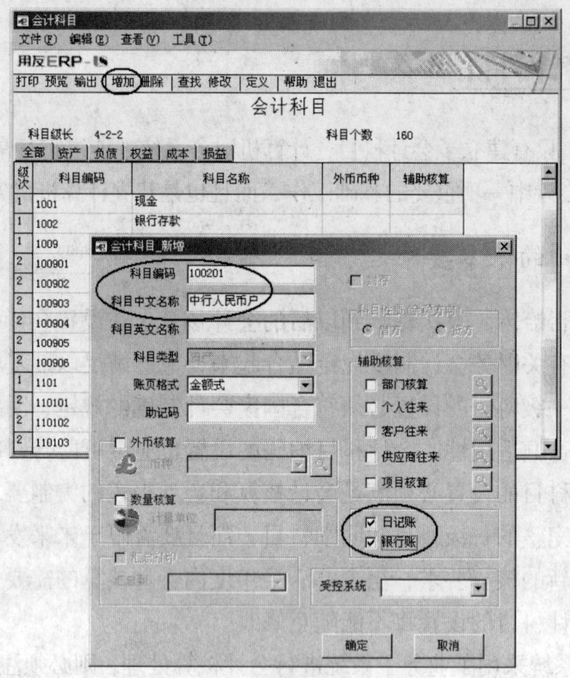

图 3-14　增设会计科目

● 科目已经使用后再增加明细科目时，系统自动将上级科目的数据结转到新增加的第 1 个明细科目上，以保证账账平衡。

3. 删除会计科目

设置会计科目就是将设计好的会计科目准确完整地输入财务软件系统，如果在建立账套时没有选择【按行业性质预置科目】选项，则用户必须逐项输入科目，其工作量是比较大的，但如果用户选择了按行业性质由系统预置会计科目，则会减少大部分工作量。在系统预设的会计科目中，如果有一些会计科目不为用户所需要，用户可以先行删除。

【例 3-12】 删除会计科目“1301，待摊费用”。

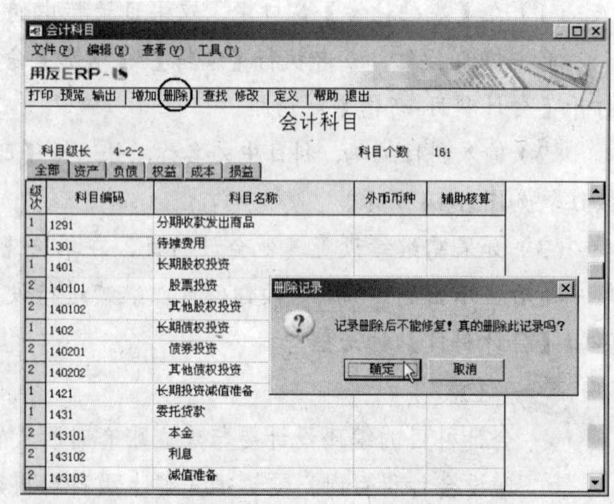

图 3-15　删除会计科目

操作步骤

（1）在【会计科目】对话框中，单击“1301，待摊费用”所在行的任意位置，然后单击 删除 按钮，或者执行【编辑】/【删除】命令，也可以在选中栏的任意位置上单击鼠标右键，执行【删除】命令。

（2）系统弹出【删除记录】提示框，单击按钮，如图 3-15 所示，选中的会计科目将被删除。

注意

● 会计科目如果已被录入期初余额，或已输入凭证，或被指定为现金银行科目，将不能再

被删除。

● 如果要删除已设置明细核算的科目，应自下而上进行删除，即先删除明细科目，然后再删除一级科目。

4. 修改会计科目

由于用户业务类型和行业性质的多样性，在核算方法和体系设置上会有一些特殊的要求，系统预置的会计科目在编码设计、科目名称、账页格式、打印、辅助核算等方面可能会与用户的要求不一致，对不符合要求的会计科目必须进行适当的修改。

【例 3-13】 会计科目“1111，应收票据”需设置“客户往来”辅助核算，受控系统为“应收系统”。

操作步骤

（1）在【会计科目】对话框中，选定“1111，应收票据”所在行，然后单击修改按钮，或者执行【编辑】/【修改】命令，也可以在选中行的任意位置单击鼠标右键，执行【修改】命令，还可以双击相应的会计科目所在行的任意位置，打开【会计科目-修改】对话框。

（2）在【会计科目-修改】对话框中，单击下面的修改按钮，激活【会计科目-修改】对话框。

（3）选定【客户往来】复选框，受控制系统自动设置为“应收系统”，然后单击确定按钮，如图 3-16 所示。

（4）如果需要进行其他会计科目的修改，在单击确定按钮后，在随后显示出的【会计科目-修改】对话框中单击方向按钮◀或▶，选择下一个需要调整的会计科目，然后单击修改按钮进行修改，或者直接单击返回按钮，在【会计科目】对话框中选择下一个需要调整的会计科目，然后执行步骤（1）进行会计科目的修改。

图 3-16　修改会计科目

注意

● 会计科目如果已被录入期初余额或已输入凭证，将不能再被修改。只有删除了涉及该科目的凭证，并将该科目及其下级科目余额清零后才能修改。

● 会计科目如果已设有下级明细科目，则其编码不能被修改。只有删除其下级明细科目编码后，才能修改一级科目的编码。

● 只有在【会计科目-修改】对话框中才能设置科目的汇总打印和封存。

● 被封存的科目在制单时不能使用。

● 只有末级会计科目才能设置汇总打印，且被汇总的科目必须为该科目本身或其上级科目。汇总打印设置仅用于凭证打印输出，系统登记账簿时仍按明细登记，而不是按汇总数登记。

● 在对科目设置辅助核算时，要尽量慎重，因为如果科目已有数据，而又对科目的辅助核算进行修改，那么很可能会导致总账与辅助账对账不平。

3.3.11 设置凭证类别

在会计核算中，一般对会计凭证按一定的标准进行分类，以利于汇总、记账和管理，用友财务软件也提供了设置凭证类别的功能，并且用户还可对每种类别的凭证设置一些限制条件，以利于系统对用户填制凭证时，对使用凭证类别发生的错误给予自动提示。

【例 3-14】 设置以下凭证类别，见表 3-4。

表 3-4 凭证类别

类别	限制类型	限制科目
收款凭证	借方必有	100101,100102,100201,100202
付款凭证	贷方必有	100101,100102,100201,100202
转账凭证	凭证必无	100101,100102,100201,100202

操作步骤

（1）在【基础档案】窗口中，双击目录栏中的【凭证类别】选项，打开【凭证类别预置】对话框。

（2）在【凭证类别预置】对话框中选择第 2 种【收款凭证 付款凭证 转账凭证】的分类方式，然后单击 确定 按钮。

（3）在随后打开的【凭证类别】对话框中，单击 修改 按钮，再双击【收款凭证】的【限制类型】单元格，窗口将显示出下拉按钮▼。

（4）单击下拉按钮▼，打开下拉框，选择其中的【借方必有】选项。

（5）单击【收款凭证】的【限制科目】单元格，输入限制科目的编码，如图 3-17 所示。

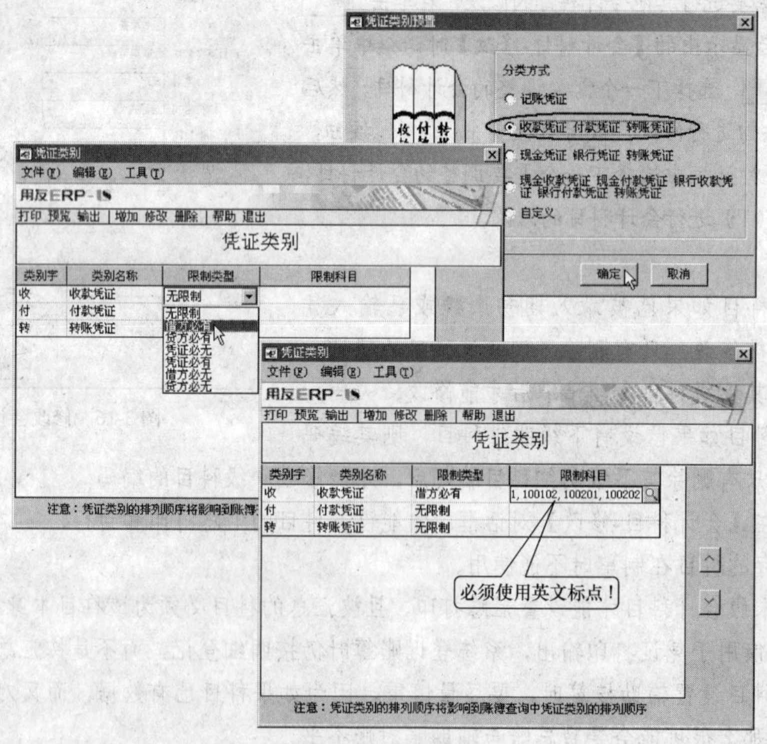

图 3-17 设置凭证类型

 注意

输入的限制科目之间应用英文标点隔开。

（6）重复步骤（3）~步骤（5），对付款凭证和转账凭证的限制类型和限制科目进行设置。

（7）设置完毕后，单击退出按钮，返回【基础档案】窗口。

上机实训

实训二：基础档案设置

一、实训准备

完成第 2 章“实训一：系统管理”的操作，将相关账套数据引入用友 ERP-U8 系统。

二、实训内容

1. 启动系统
2. 设置基础档案

三、实训资料

1. 启动系统

需启动应付系统、应收系统、固定资产系统、总账系统、工资管理系统等 5 个子系统，启用日期均为“实训一：系统管理”的账套启用月。

2. 上海 AAA 公司部门档案

该公司的部门档案见表 3-5（其他信息略，不必输入）。

表 3-5　上海 AAA 公司部门档案

编　号	名　称	编　号	名　称
1	办公室	4	采购部
2	财务部	5	销售部
3	人力资源部	6	制造部

3. 上海 AAA 公司职员档案

该公司的职员档案见表 3-6。

表 3-6　上海 AAA 公司职员档案

编　号	姓　名	所属部门	编　号	姓　名	所属部门
1001	李立	办公室	6003	林成	制造部
1002	顾雷	办公室	6004	李刚	制造部
2001	*吴浩	财务部	6005	赵杰	制造部
2002	林梅	财务部	6006	王洁	制造部
2003	*李明	财务部	6007	于涛	制造部
3001	李益	人力资源部	6008	许莉	制造部
4001	陈炎	采购部	6009	杨华	制造部
5001	孙刚	销售部	6010	罗伟	制造部
5002	李艳	销售部	6011	何兰	制造部
6001	吕忆	制造部	6012	陆玉	制造部
6002	钱红	制造部	6013	王平	制造部

说明：财务部的吴浩和李明，在实训中可由学生姓名代替，与实训一中设置的用户名相一致。

4. 计量单位

（1）计量单位组。

01，纽扣，固定换算；02，其他，无换算。

（2）计量单位。

纽扣组的主计量单位：0101，粒；换算率，1；

纽扣组的辅计量单位：0102，袋；换算率，100；

其他组的计量单位：01，米；02，套；03，个；04，件。

5. 上海 AAA 公司结算方式

该公司的结算方式见表 3-7。

表 3-7　　上海 AAA 公司结算方式

编　　码	结 算 方 式	编　　码	结 算 方 式
1	现金结算	3	商业汇票
2	支票	4	电汇
201	现金支票	5	银行汇票
202	转账支票		

其中：支票、现金支票和转账支票需进行票据管理。

6. 上海 AAA 公司付款条件

该公司的付款条件见表 3-8。

表 3-8　　上海 AAA 公司付款条件

编码	信用天数	优惠天数 1	优惠率 1	优惠天数 2	优惠率 2	优惠天数 3	优惠率 3
01	60	15	3	30	2	45	1
02	30	10	4	20	2	—	—

7. 上海 AAA 公司开户银行

该公司的开户银行见表 3-9。

表 3-9　　上海 AAA 公司开户银行

开户银行编码	开户银行名称	银 行 账 号
01	中国银行人民币账户	112233445566778899
02	中国银行美元账户	998877665544332211

8. 外币及汇率

1 美元 = 6.834 5 元人民币

9. 上海 AAA 公司客户档案

（1）客户分类。

01，上海市；02，北京市；03，江苏省；03001，苏州市；04，浙江省；04001，杭州市。

（2）客户档案。

该公司的客户档案见表 3-10。

表 3-10　　上海 AAA 公司客户档案

编　码	简　称	所 属 分 类	信用额度（元）	信用期限（天）
01001	天丽公司	01（上海市）	50 000	60
01002	楚楚公司	01（上海市）	800 000	60
02001	国香公司	02（北京市）	200 000	60
03001001	丽人公司	03001（江苏苏州）	800 000	60
03001002	名达公司	03001（江苏苏州）	—	—
04001001	清雅公司	04001（浙江杭州）	100 000	60

10. 上海 AAA 公司供应商档案

（1）供应商分类。

01，面料；02，辅料；03，配件；04，其他。

（2）供应商档案。

该公司的供应商档案见表 3-11。

表 3-11　　上海 AAA 公司供应商档案

编　码	简　称	所 属 分 类	信用额度（元）	信用期限（天）
0101	兴盛公司	01（面料）	300 000	30
0102	银狐公司	01（面料）	200 000	30
0201	新新公司	02（辅料）	200 000	30
0301	永新公司	03（配件）	—	—
0401	宏发公司	04（其他）	—	—

11. 上海 AAA 公司存货档案

（1）存货分类。

01，面料；02，辅料；03，配件；04，其他原材料；05，产成品。

（2）存货档案。

该公司的存货档案见表 3-12。

表 3-12　　上海 AAA 公司存货档案

存货编号	存货名称	计量单位组	主计量单位	存货分类	存货属性
001	面料 001	02（其他组）	米	01（面料）	外购，生产耗用
002	面料 002	02（其他组）	米	01（面料）	外购，生产耗用
003	辅料 001	02（其他组）	套	02（辅料）	外购，生产耗用
004	辅料 002	02（其他组）	套	02（辅料）	外购，生产耗用
005	纽扣 001	01（纽扣组）	粒	03（配件）	外购，生产耗用
006	缝纫线 001	02（其他组）	个	04（其他原材料）	外购，生产耗用
007	T 恤 001	02（其他组）	件	05（产成品）	销售，自制
008	T 恤 002	02（其他组）	件	05（产成品）	销售，自制

12. 上海 AAA 公司会计科目

（1）删除会计科目：

1301，待摊费用。

（2）修改会计科目。

需修改的会计科目主要是指涉及需修改科目名称、设置辅助核算的科目。该公司需修改的会计科目见表 3-13。

注意

修改会计科目时，注意设置科目的核算类型。

表 3–13　　上海 AAA 公司需修改的会计科目表

科目编码	中文科目名称	核算类型
1001	库存现金（注：需修改科目名称）	
1111	应收票据	客户往来（受控系统：无）
1131	应收账款	客户往来（受控系统：无）
1133	其他应收款	个人往来（受控系统：无）
1151	预付账款	供应商往来（受控系统：无）
2111	应付票据	供应商往来（受控系统：无）
2121	应付账款	供应商往来（受控系统：无）
2131	预收账款	客户往来（受控系统：无）
2151	应付职工薪酬（注：需修改科目名称）	
2171	应交税费（注：需修改科目名称）	
5402	营业税金及附加（注：需修改科目名称）	
5405	其他业务成本（注：需修改科目名称）	
5501	销售费用（注：需修改科目名称）	
5502	管理费用	部门核算
5701	所得税费用（注：需修改科目名称）	

（3）增设会计科目。

需增设的会计科目除“2231，应付利息”和“5901，资产减值损失”外，其他的主要是各明细核算科目，见表 3-14。

表 3–14　　上海 AAA 公司需增设的会计科目表

科目编码	中文科目名称	核算类型
100101	人民币	日记账
100102	美元	日记账、外币核算（美元）
100201	中行人民币户	日记账、银行账
100202	中行美元户	日记账、银行账、外币核算（美元）
121101	面料 001	数量核算（米）
121102	面料 002	数量核算（米）
121103	辅料 001	数量核算（套）
121104	辅料 002	数量核算（套）
121105	纽扣 001	数量核算（粒）
121106	缝纫线 001	数量核算（个）
124301	T 恤 001	数量核算（件）

续表

科目编码	中文科目名称	核算类型
124302	T 恤 002	数量核算（件）
2231	应付利息	科目类型：负债
41010101	T 恤 001	
41010102	T 恤 002	
510101	T 恤 001	数量核算（件）
510102	T 恤 002	数量核算（件）
540101	T 恤 001	数量核算（件）
540102	T 恤 002	数量核算（件）
5901	资产减值损失	科目类型：损益；科目性质：支出

四、实训步骤

以账套主管的身份登录企业门户进行以下基础设置的操作。

（1）启动系统。

（2）设置部门档案。

（3）设置职员档案。

（4）设置计量单位（先设置计量单位组，再分别设置各组的计量单位）。

（5）设置结算方式。

（6）设置付款条件。

（7）设置开户银行。

（8）设置外币及汇率。

（9）设置客户档案（先设置客户分类，再分别设置各分类下的客户档案）。

（10）设置供应商档案（先设置供应商分类，再分别设置各分类下的供应商档案）。

（11）设置存货档案（先设置存货分类，再分别设置各分类下的存货档案）。

（12）设置会计科目。

（13）删除会计科目。

（14）修改会计科目。

（15）增设会计科目。

（16）设置凭证类别。

（17）以 admin 的身份登录系统管理备份账套。

 注意

实训资料中未提供的信息，在操作中均可省略，不必输入。

第4章 账务核算处理

学习目标

知识目标：

- 了解账务核算处理的基本内容
- 了解总账系统与其他业务管理系统的关系
- 掌握总账系统初始化的方法
- 掌握填制凭证、审核凭证、修改凭证、删除凭证、查询凭证等凭证处理方法
- 掌握记账的方法
- 掌握查询账簿的方法
- 掌握出纳业务的处理方法
- 掌握定义期末转账凭证的方法和生成自动转账凭证的方法
- 掌握期末总账系统结账的方法

能力目标：

- 能够根据业务要求设置总账系统参数
- 能够根据业务资料录入总账系统期初余额
- 能够根据业务资料进行凭证填制、审核、修改和删除等凭证处理
- 能够将已审核凭证进行记账处理
- 能够根据业务需要查询凭证和账簿
- 能够根据业务要求定义期末转账凭证
- 能够根据业务要求和已定义的转账凭证自动生成相应凭证
- 能够进行期末总账系统结账

4.1 账务核算处理概述

账务核算是会计核算的一部分，是指以货币为计量单位，运用专门的会计方法，对

生产经营活动过程及其结果进行连续、系统、全面的记录、计算和分析。账务核算的主要内容是根据实际发生的经济业务事项填制审核会计凭证，登记会计账簿。账务核算是编制会计报表的基础，只有在真实、完整、准确的账务核算前提下，才能形成真实可靠的会计报表。

4.1.1　账务核算概述

会计账务处理工作的主要任务是要根据业务发生过程中所形成的单据，准确、完整、及时地以会计凭证和账表的形式将经济业务记录下来，以便对经济业务活动进行监督、核算和分析。无论是手工会计还是电算化会计，它们所反映的客观经济业务活动都是相同的，两者进行账务处理时所依据的会计理论、会计制度和会计准则是一致的，因此两者对经营活动所进行的账务处理结果也应该是相同的。但与手工会计相比，电算化会计在会计数据处理流程、处理方式、内部控制方式等方面又存在明显的差异，例如，在电算化会计中，手工会计中的账证核对、账账核对的内部控制制度可以省略；由于计算机的自动化处理，登记账簿的工作在手工会计中由多人负责，在电算化会计中可以改为由一个人完成等。因此在运用财务软件进行账务核算处理之前，必须对电算化会计账务处理的基本内容和流程有个总体认识。

电算化会计的账务核算处理包括三方面内容：系统初始设置、日常账务处理和期末处理。系统初始设置包括系统参数设置和期初余额录入，在系统开发运用初期必须完成，在以后的会计核算期间不需反复进行；日常账务处理是账务核算处理的主要内容，具体包括凭证处理、记账、账簿输出和出纳管理等内容；期末处理则是在日常账务处理基础上在每期期末所进行的费用摊销预提、损益结转等账务处理以及系统的对账结账工作。日常账务处理和期末处理在以后的会计核算期间里是反复进行的，并且是以系统的初始设置为基础的。

账务核算处理的基本流程如图 4-1 所示。

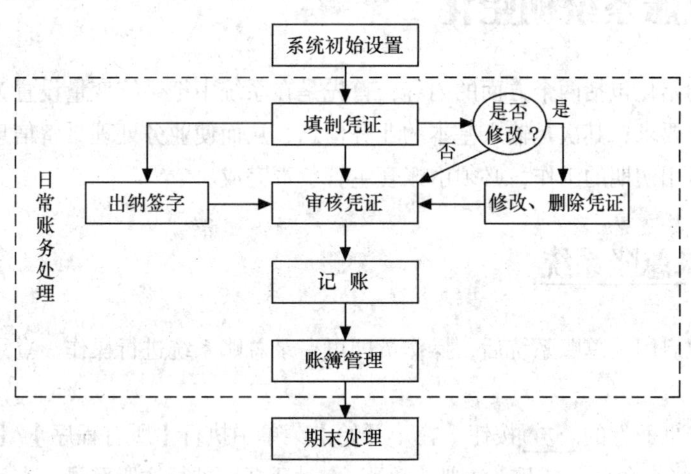

图 4-1　账务核算处理流程

4.1.2　总账系统简介

总账系统是用友财务软件的核心，是计算机财务核算体系中最为重要的内容。总账系统的主

要功能是进行凭证管理、账簿管理、个人往来款项管理、部门管理、项目核算和出纳管理等。

总账系统适用于各类企事业单位，既可以单独使用，也可以接收工资、固定资产、应收应付款、购销存等业务管理系统生成的数据资料，UFO 报表系统也是基于总账系统的数据生成的。对于日常业务较为简单的用户来说，仅需依靠总账系统即可实现财务核算的基本要求，而对于日常业务较为复杂的用户来说，则必须在总账系统的基础上，依靠其他业务管理系统来实现对企业日常业务有效管理的需要。

总账系统与其他系统的关系如图 4-2 所示。

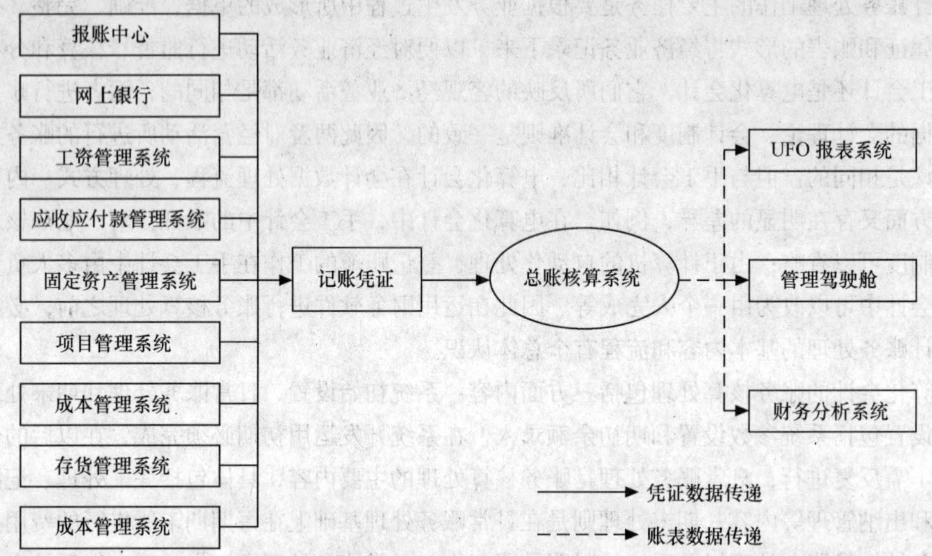

图 4-2　总账核算系统与其他业务管理系统的关系

4.2 总账系统初始化

总账系统的初始化包括两个方面的内容：首先是在系统中把系统变量设置为默认值，从而使系统功能符合业务要求；其次是输入基本的业务信息，从而使业务处理具备信息基础。系统的初始化是系统开发运用初期的工作，必须由账套主管负责完成。

4.2.1 登录总账系统

在企业门户中启用了总账系统后，操作员即可登录总账系统进行操作。登录总账系统的方法有两种。

第一种：单击桌面上的开始按钮，在【开始】菜单中执行【所有程序】/【用友 ERP-U8】/【财务会计】/【总账】命令，打开【注册〖总账〗】对话框，进行注册登录。在后续的业务处理阶段，因为要频繁地更换操作员进行凭证的填制、审核和记账，建议以此种方式登录总账，能够较为便捷地实现重新注册登录。

第二种：在注册进入企业门户后，在【控制台】选项卡下，双击【财务会计】窗口中的总账图标，或者在【我的工作】选项卡下，在【业务工作】列表中选择【总账】选项，如图 4-3 所示，直接进入【总账】窗口。

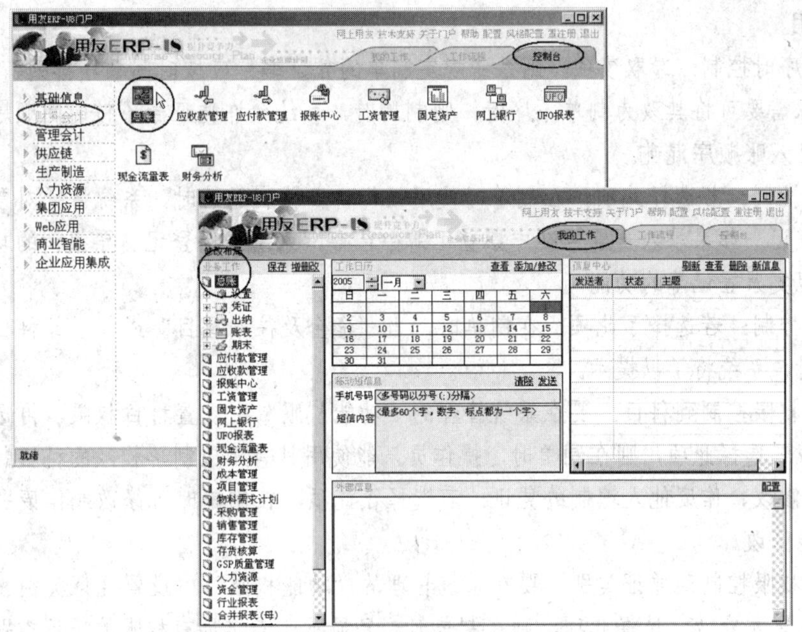

图 4-3　登录总账系统

4.2.2　设置总账系统参数

登录总账系统后，第二步需要做的工作是对一些系统选项进行设置，即设置系统参数，目的是为总账系统配置相应的系统控制功能。这些参数的设置决定着系统处理数据的内容和形式。参数的设置包括【凭证控制】、【凭证编号方式】、【外币汇率方式】、【往来款项】等选项。参数设置后一般不能随意更改。

操作步骤

（1）在【总账】窗口系统菜单中，执行【设置】/【选项】命令，打开【选项】对话框。

（2）在【凭证】选项卡中可对有关选项进行修改，如图 4-4 所示。

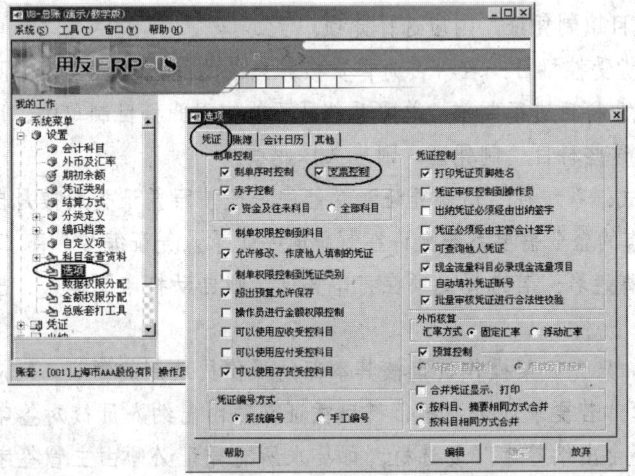

图 4-4　设置凭证选项

说明

- 制单序时控制：选取该项，则系统规定制单的凭证编号应按时间顺序排列，即制单序时。用户如有特殊需要可将其改为制单不序时，则制单时，系统允许凭证号不按时间顺序排列，但这容易导致凭证入账顺序混乱。
- 支票控制：若选择此项，在制单时使用银行科目编制凭证时，系统将针对票据管理的结算方式进行登记。如果录入支票号在支票登记簿中已存，系统提供登记支票报销的功能；否则，系统提供登记支票登记簿的功能。
- 赤字控制：若选择了此项，在制单时，当“资金及往来科目”或“全部科目”的最新余额出现负数时，系统将予以提示。
- 制单权限控制到科目：要在系统管理的“功能权限”中设置科目权限，再选择此项，权限设置才有效。选择此项，则在制单时，操作员只能使用具有相应制单权限的科目制单。
- 允许修改、作废他人填制的凭证：若选择了此项，在制单时可修改或作废别人填制的凭证，否则不能修改。
- 制单权限控制到凭证类别：要在系统管理的“功能权限”中设置凭证类别权限，再选择此项，权限设置才有效。选择此项，则在制单时，只显示此操作员有权限的凭证类别，同时在凭证类别参照中按人员的权限过滤出有权限的凭证类别。
- 操作员进行金额权限控制：选择此项，可以对不同级别的人员进行金额大小的控制，例如财务主管可以对10万元以上的经济业务制单，一般财务人员只能对5万元以下的经济业务制单，这样可以减少由于不必要的责任事故带来的经济损失。如为外部凭证或常用凭证调用生成，则处理与预算处理相同，不做金额控制。
- 超出预算允许保存：选择“预算控制”选项后此项才起作用，从财务分析系统获取预算数，如果制单输入分录时超过预算也可以保存超预算分录，否则不予保存。
- 可以使用应收受控科目：若科目为应收款系统的受控科目，为了防止重复制单，只允许应收系统使用此科目进行制单，总账系统是不能使用此科目制单的。所以如果用户希望在总账系统中也能使用这些科目填制凭证，则应选择此项。
- 可以使用应付受控科目：若科目为应付款系统的受控科目，为了防止重复制单，只允许应付系统使用此科目进行制单，总账系统是不能使用此科目制单的。所以如果用户希望在总账系统中也能使用这些科目填制凭证，则应选择此项。
- 可以使用存货受控科目：若科目为存货核算系统的受控科目，为了防止重复制单，只允许存货核算系统使用此科目进行制单，总账系统是不能使用此科目制单的。所以如果用户希望在总账系统中也能使用这些科目填制凭证，则应选择此项。
- 凭证编号方式：系统在“填制凭证”功能中一般按照凭证类别按月自动编制凭证编号，即“系统编号”；但有的企业需要系统允许在制单时手工录入凭证编号，即“手工编号”。
- 打印凭证页脚姓名：若选择此项在打印凭证，则自动打印制单人、出纳、审核人、记账人的姓名。
- 权限设置：如只允许某操作员审核其本部门操作员填制的凭证，则应选择“凭证审核控制到操作员”复选框；若要求现金、银行科目凭证必须由出纳人员核对签字后才能记账，则选择“出纳凭证必须经由出纳签字”复选框；如要求所有凭证必须由主管签字后才能记账，则选择“凭证必须经主管会计签字”复选框；如允许操作员查询他人凭证，则选择“可查询他人凭证”复选框。

● 自动填补凭证断号：如果选择凭证编号方式为系统编号，则在新增凭证时，系统按凭证类别自动查询本月的第一个断号，默认为本次新增凭证的凭证号。如无断号则为新号，与原编号规则一致。

● 现金流量科目必录现金流量项目：选择此项后，在录入凭证时如果使用现金流量科目，则必须输入现金流量项目及金额。

● 批量审核凭证进行合法性校验：批量审核凭证时针对凭证进行二次审核，提高凭证输入的正确率，合法性校验与保存凭证时的合法性校验相同。

● 外币核算：如果企业有外币业务，则应选择相应的汇率方式。如果选择“固定汇率”，则在制单时，一个月只按一个固定的汇率折算本位币金额。选择“浮动汇率”，则在制单时，按当日汇率折算本位币金额。

● 预算控制：该选项从财务分析系统取数，选择该项，则制单时，当某一科目下的实际发生数导致多个科目及辅助项的发生数及余额总数超过预算数与报警数的差额，则报警。注意报警只针对总账的凭证。

● 合并凭证显示、打印：选择此项，则在填制凭证、查询凭证、出纳签字和凭证审核时，以系统选项中的设置显示。在科目明细账显示或打印时凭证按照“按科目、摘要相同方式合并”或“按科目相同方式合并”合并显示，并在明细账显示界面提供是否“合并显示”的选项。

（3）单击 账簿 按钮，打开【账簿】选项卡，根据实际需要在【账簿】窗口中修改有关选项设置，如图 4-5 所示。

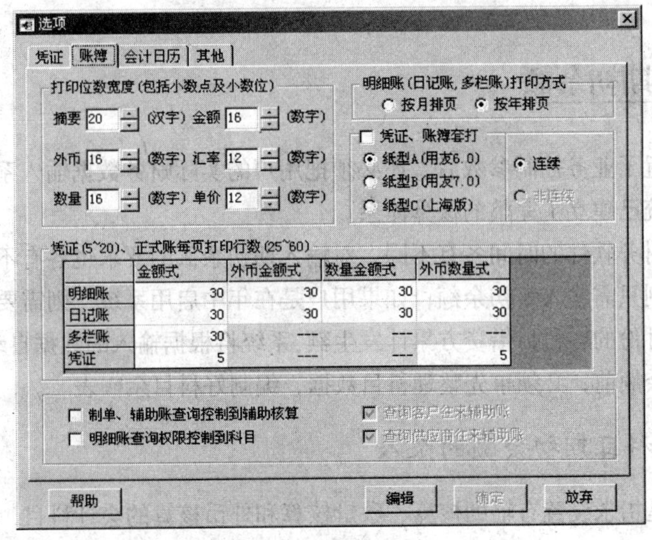

图 4-5　设置账簿选项

说明

● 制单、辅助账查询控制到辅助核算：如果为保密需要，要求操作员只能查询有权限的辅助项内容，则应选择该项，然后还应在【企业门户】的【数据权限】中对操作员的辅助项权限进行更细的界定。

- 明细账查询权限控制到科目：如果为了保密的需要，对操作员的明细账查询有科目上的限制，则应选择该项，然后还应在【企业门户】的【数据权限】中对操作员明细账的查询权限进行更细的界定。

（4）单击 会计日历 按钮，打开【会计日历】选项卡，可以查看启用的会计年度、启用日期，以及会计期间的开始日期和结束日期等，【会计日历】窗口中的日期设置只能查看，不能修改。

（5）单击 其他 按钮，打开【其他】选项卡，可修改有关选项，如图 4-6 所示，然后单击 编辑 按钮，再单击 确定 按钮。

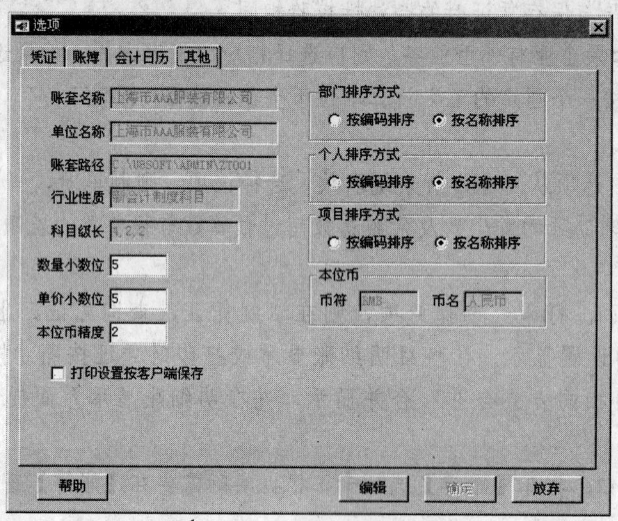

图 4-6　设置其他选项

4.2.3　录入期初余额

在总账系统设置了业务控制参数后，还必须把用户的实际财务数据输入系统。期初余额的输入，标志着总账系统已建立了完整的核算体系。

由于用户启用财务软件的时间各有不同，对输入期初余额的要求也各有不同。如果用户是在年初时启用系统，则只需输入年初余额；如果用户是在年中启用系统，则需要输入启用月份的月初余额和年初到该月份的各科目借贷方累计发生额，系统将根据输入的数据自动计算出年初余额。因此，在输入期初余额前，必须事先整理科目数据，编制好科目余额表。

1. 一般会计科目期初余额的录入

一般会计科目是指未设置有辅助核算、数量核算和外币核算的会计科目，这类会计科目的期初余额栏为白底，可以直接在期初余额栏中输入。

【例 4-1】　输入“1501，固定资产”的期初余额 1 115 000 元。

操作步骤

（1）在【总账】窗口系统菜单中，执行【设置】/【期初余额】命令，打开【期初余额录入】对话框。

（2）单击有关科目的【期初余额】空白栏，输入期初余额数据，然后按 Enter 键或直接单击下一个需输入科目余额的空白栏。

注意

- 非末级科目不能输入期初余额，在输入该科目的下级科目余额后，系统会自动计算出该科目的期初余额。
- 输入期初余额时必须注意该科目的方向设置和余额方向。比如坏账准备科目，是应收账款的备抵科目，余额方向一般为贷方，如果设置的科目方向为贷方，则科目的贷方余额应为正，借方余额应为负。反之，如果设置的坏账准备科目方向为借方，则科目的贷方余额应为负，借方余额应为正。在余额为零的状态下，单击【期初余额录入】窗口中的 方向 按钮，可以调整科目余额的借贷方向。
- 科目被录入凭证并记账后，该科目的期初余额将不能被修改。如需修改，则必须删除有关凭证。因此，期初余额的输入必须准确无误。
- 一级科目与其对应的下级科目的余额方向必须一致。余额方向通常根据科目所属的会计要素类型确定。

2. 设有外币核算、数量核算和辅助核算的会计科目期初余额的录入

如果会计科目涉及到外币核算，系统在本币期初余额栏下增设有外币期初余额栏，直接在外币栏中输入外币期初余额即可。与此类似，如果会计科目涉及数量核算，系统在该科目期初余额栏下增设有数量期初余额栏，也可直接输入。如果会计科目涉及辅助核算，则系统会要求输入辅助账下的各项目余额。设置有辅助核算的会计科目在录入期初余额前必须先设置好相应的档案材料，设置有外币核算的会计科目在录入期初余额前必须设置好外币和汇率。

【例 4-2】 输入应收票据科目的期初余额，见表 4-1。

表 4-1　应收票据客户往来辅助账

日期	凭证号	客户	摘要	方向	金额（元）	业务员	票号	票据日期
2009-10-10	略	国香公司	货款	借	100 000	孙刚	12345	2009-10-10

操作步骤

（1）在【期初余额录入】对话框中，双击【应收票据】的【期初余额】栏，打开【客户往来期初】窗口。

（2）单击 增加 按钮，在窗口中显示出一行空白栏，单击按钮，设置日期，然后按 Enter 键，输入其他栏目的有关内容，如图 4-7 所示。输入完毕后，单击 退出 按钮，返回【期初余额录入】对话框。

（3）在输入过程中如需删行，可单击 删除 按钮，如无法退出时，可按键盘上的 Esc 键。

3. 对账

为了验证期初余额是否已准确输入，可以通过对账检查上下级科目之间是否符合平衡关系。

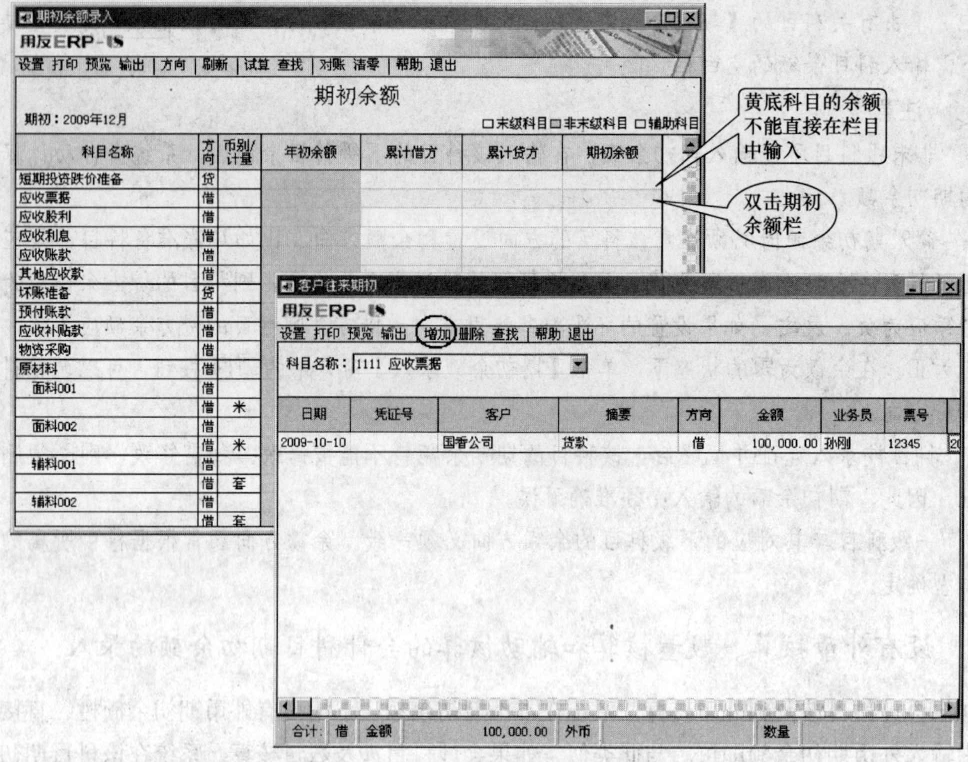

图 4-7　应收票据期初余额录入

操作步骤

在【期初余额录入】对话框中，单击 对账 按钮；或者单击鼠标右键，在弹出的快捷菜单中执行【对账】命令，打开【期初对账】对话框，单击 开始 按钮，系统开始对账，随后显示出对账结果，如图 4-8 所示。如果对账发现错误，单击【显示对账错误】按钮，系统会将对账中发现的错误显示出来；如果对账未发现错误，则单击 退出 按钮，返回【期初余额录入】对话框。

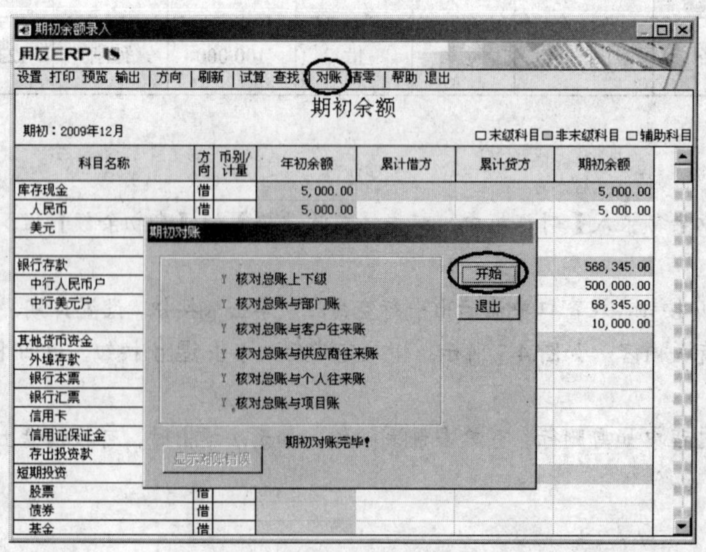

图 4-8　对账

4. 试算平衡

验证期初余额是否准确输入的另一个方法是进行试算平衡测试，检查各级科目之间是否符合平衡关系。

操作步骤

在【期初余额录入】对话框中，单击**试算**按钮；或者单击鼠标右键，在弹出的快捷菜单中执行【试算平衡】命令，打开【期初试算平衡表】对话框，系统将显示试算结果，单击 确认 按钮返回，如图 4-9 所示。

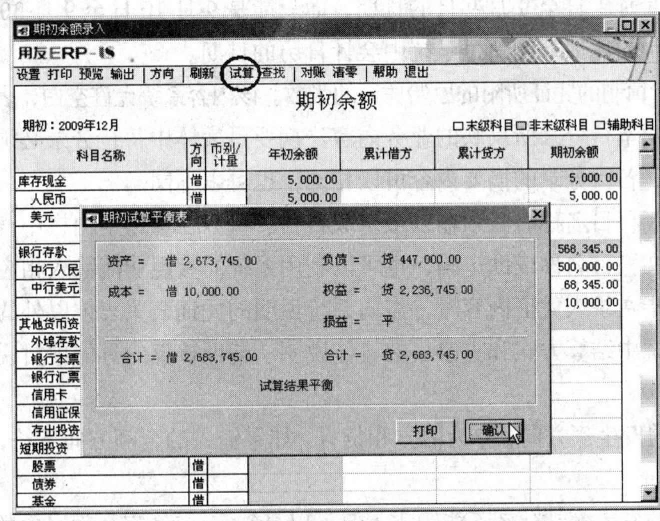

图 4-9　试算平衡

注意

- 如果总账系统试算不平衡，可以填制凭证但不能记账。
- 已经记账后不能再对期初余额进行修改。

4.3 凭证处理

凭证处理是进行日常账务处理的起点，只有输入正确的凭证，总账系统才能准确地进行记账和账簿登记等日常的核算工作。在用友的总账系统中，设置有多种帮助用户进行凭证处理的功能，包括凭证的填制、修改、作废与整理、查询、审核以及汇总等。

4.3.1 填制凭证

电算化会计凭证的填制与手工会计类似，从内容上可分为凭证头和凭证体两部分。凭证头包括凭证类别、凭证编号、凭证日期和附单据数等内容。凭证体则包括摘要、科目名称、辅助信息、方向和金额等内容。

凭证类别：在总账系统初始设置时定义了凭证类型和限制科目，在填制凭证时系统会自动检查

凭证类别的正确性。本书例题和实训中凭证均要求按收款凭证、付款凭证和转账凭证分类，用于说明凭证所反映的经济业务与库存现金、银行存款科目的关系。在填制凭证时必须确定凭证类别，如果所选择的凭证类别与凭证内容不符，系统会给予提示，并且凭证类别不符合要求的不能保存。

凭证编号：系统按月按凭证类别分别对所填制的凭证进行顺序编号。编号由凭证类别和凭证顺序号组成，如“收 0001”、“转 0002”等。凭证编号一般由系统自动生成，同一类别的凭证不能重号，如果有被删除的凭证，会出现凭证断号，可以通过凭证编号整理使其恢复编号的连续性。

凭证日期：凭证日期包括年、月、日，系统是按照凭证日期的顺序登记相关账簿的。如果在总账的选项设置中选择了制单序时控制，则凭证日期必须随着凭证号递增，而不允许出现凭证号递增而凭证日期倒流的现象。例如，9 月 10 日付款凭证已填到 0012 号，则填制 0012 号以后的凭证时，日期不能为 9 月 1 日至 9 月 9 日的日期，而只能是 9 月 10 日至 9 月 30 日的日期。另外，系统也不允许所填制的凭证日期超过系统中会计日历的日期。

附单据数：指所填制的凭证所附的原始凭证的张数。该内容系统允许空白，表示没有附原始单据。

摘要：用于说明本行分录所反映的业务内容。摘要是表体中每行分录必须填制的内容，摘要内容要求简洁明了，各行分录的摘要内容可以相同，也可以不同。

科目名称：填制科目名称时必须输入最末级科目。可以在科目空白栏中直接输入科目编码、中文科目名称、英文科目名称或助记码，也可以利用系统的参照功能输入相应的科目。

辅助信息：是指在录入凭证内容时，需向系统说明的凭证表头表体以外的其他内容。辅助信息主要包括支票登记中结算方式和支票号的具体说明、辅助核算的具体项目说明、数量核算的数量、价格说明等。

方向：即科目的发生额方向，分为借方和贷方。如果输入的金额方向不符，可按 Space 键（空格键）调整金额方向。

金额：即科目的发生额。金额不能为零，但可以是红字，红字金额以负数形式（键盘上的减号键）输入，会计科目的借方金额合计应等于贷方金额合计。

1. 涉及银行存款业务的凭证填制

由于银行存款业务涉及具体结算方式的确定和支票登记的管理，所以在填制凭证时，不是简单地输入借贷分录就能完成凭证的填制工作，在输入会计分录的同时，还必须同步进行结算方式和支票登记的管理。

【例 4-3】 从银行提取现金 3 000 元备用，附单据数：1 张。会计分录如下：

借：库存现金——人民币　　3 000

　　贷：银行存款——中行人民币户　　3 000

（1）由操作员李明登录总账系统，执行【凭证】/【填制凭证】命令，打开【填制凭证】窗口。

（2）单击 **增加** 按钮，窗口中的凭证类别从原来的【记账凭证】转为【收款凭证】，并在凭证的左上角显示有【收】字，表示当前的记账凭证类型为收款凭证。

（3）单击【收】字旁边的按钮，打开下拉框，双击凭证类别中的【付款凭证】，然后按 Enter 键，可以看到当前窗口中显示的凭证类别改为所需的【付款凭证】。

（4）光标移至【制单日期】，可以根据实际需要直接修改填制日期，然后按 Enter 键。

（5）以与步骤（4）类似的方法在【附单据数】栏输入实际单据数，在【摘要】栏输入“提现”。

（6）在【科目名称】空白栏中直接输入“库存现金——人民币”的科目编码，或者单击按钮找出对应科目。

（7）在【借方金额】空白栏输入金额“3 000”，按Enter键。

（8）光标移至下一行，并自动显示上一行【摘要】栏的内容，按Enter键。

（9）在【科目名称】空白栏中输入“银行存款/中行人民币户”科目名称或编码，按Enter键，系统弹出【辅助项】对话框。

（10）在【辅助项】对话框的【结算方式】文本框中单击按钮，打开下拉框，双击所需输入的结算方式，或者直接输入结算方式的对应编码，然后在【票号】和【发生日期】文本框中输入现金支票号和发生日期，最后单击 确认 按钮，返回到【填制凭证】窗口，可以看到在凭证左下角显示有结算方式编码、支票号和发生日期。

（11）在贷方金额栏中输入金额，凭证输入完毕，单击 保存 按钮。

（12）在弹出的【此支票尚未登记，是否登记】提示框中，单击 否(N) 按钮。

（13）在弹出的【凭证已成功保存】提示框中，单击 确定 按钮，所填制的凭证被保存，如图4-10所示。

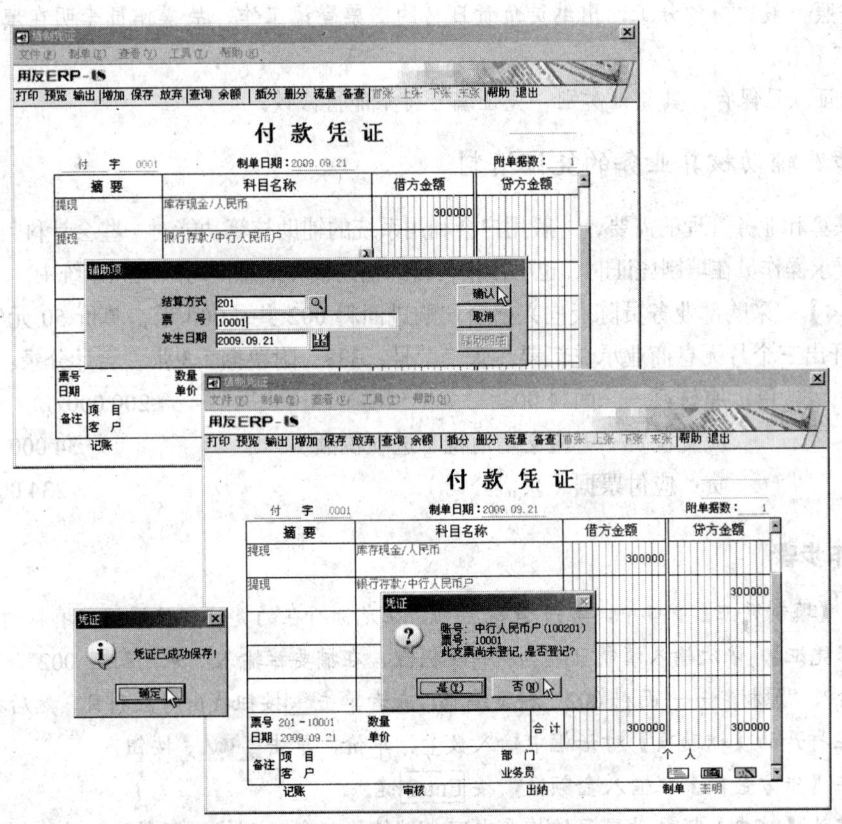

图4-10　涉及银行存款业务的凭证填制

注意

- 如果制单选择序时控制，则凭证的填制日期应大于等于系统的启用日期，但不超过计算机的系统日期，也不能在上一张凭证的填制日期之前。

● 填制凭证时，每行分录都必须填制摘要。在输入上一条分录的金额完毕后，按Enter键，下一行分录的【摘要】栏将自动显示上一行分录的摘要。如果各条分录的摘要内容不同，则可直接单击【摘要】栏，输入新的内容。

● 在记账凭证某分录金额栏按键盘上的=键，系统将根据现有借贷方差额自动计算此分录的金额。

● 红字金额按键盘上的-键输入。

● 按键盘上的Space键，可将科目金额在借方和贷方之间转换。

● 按键盘上的Ctrl+L组合键，可以显示或隐藏填制凭证窗口中的除千位线以外的数据位线。取消数据位线可以提高凭证的打印速度并节省油墨。

● 凡是涉及"银行存款"科目的收付款凭证，均应输入结算方式及票据号，否则将导致期末无法与银行账对账。若在输入"银行存款"科目后系统未弹出提示输入结算方式、票据号等内容的【辅助项】对话框，说明在进行科目设置时，未在有关"银行存款"科目中勾选【银行账】复选框。

● 只有在总账系统初始设置中选择了【支票控制】，并且在结算方式设置中对支票选择了【票据管理标志】，才能弹出支票登记的提示框，进行支票辅助项登记。

● 按照一般的财务分工，出纳员负责日常的支票登记工作，故操作员李明在填制凭证时可不进行支票登记。

● 凭证一旦保存，其凭证类别、凭证编号将不能再修改。

2. 涉及辅助核算业务的凭证填制

出于核算和业务管理的需要，一般用户会利用系统的辅助核算功能对一些会计科目设置辅助核算。这就要求操作员在填制凭证时，也必须把科目的辅助核算信息同时录入到系统中。

【例 4-4】 采购部业务员陈炎向兴盛公司购进面料 002 共 4 000 米，单价 50 元/米，增值税率 17%，开出三个月无息商业承兑汇票一张。票号：333；附票据：3 张。会计分录：

借：原材料——面料 002　　200 000

　　应交税费——应交增值税（进项税额）　　34 000

　　贷：应付票据（兴盛公司）　　234 000

操作步骤

（1）在【填制凭证】窗口中，单击**增加**按钮，在光标所在的凭证字位置将需填制的凭证类别调整为【转账凭证】，依次输入填制日期和所付单据数，在摘要栏输入"采购面料 002"，在【科目名称】栏中输入"原材料——面料 002"科目编码，或者单击🔍按钮找出对应科目，然后按Enter键。

（2）在打开的【辅助项】对话框中输入数量、单价，单击确认按钮。

（3）在【借方金额】栏输入金额数，按Enter键。

（4）默认【摘要】栏自动显示的摘要内容，继续输入科目"应交税费——应交增值税（进项税额）"的名称和金额，按Enter键。

（5）在第三行输入贷方科目应付票据，系统弹出【辅助项】对话框。

（6）在打开的【辅助项】对话框中输入供应商名称，然后单击确认按钮，如图 4-11 所示。

（7）继续输入应付票据的贷方金额，全部凭证内容输入完毕，单击**保存**按钮。

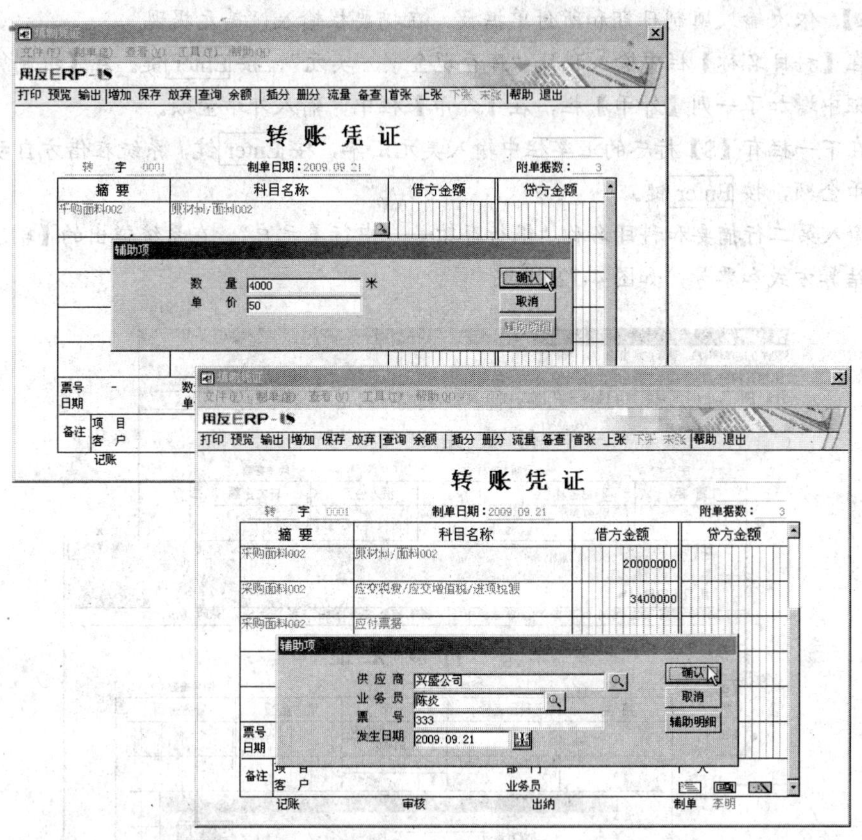

图 4-11　涉及辅助核算业务的凭证填制

注意

- 只有对科目设置了辅助核算，在填制凭证时输入该科目，系统才弹出【辅助项】对话框。
- 只有对科目设置了数量金额核算，在填制凭证时输入该科目，系统才弹出能输入数量和单价的【辅助项】对话框。

3. 涉及外币核算业务的凭证填制

按照《企业会计制度》的规定，有外币业务的企业在进行外币核算时，需对一笔外币业务进行两种货币的核算。因此，如果科目有外币发生额，则操作员在填制凭证时，既要输入记账本位币金额，还要输入外币金额。

【例 4-5】　开出现金支票从中国银行美元户提取现金 5 000 美元，支票号：20002。本月初的市场汇率为 1 美元 = 6.834 5 元人民币，附单据 1 张。会计分录如下：

借：库存现金——美元（5 000 美元）

（5 000 × 6.834 5）　　34 172.5

贷：银行存款——中行美元户（5 000 美元）

（5 000× 6.834 5）　　34 172.5

操作步骤

（1）在【填制凭证】窗口中，单击 **增加** 按钮，在光标所在左上角将需填制的凭证类别调整为

【付款凭证】，依次输入填制日期和所付单据数，在摘要栏输入“美元提现”。

（2）在【科目名称】栏中输入科目“库存现金——美元”，按 Enter 键。在【填制凭证】窗口的付款凭证中增加了一列【外币】栏，在【外币】栏中，输入外币金额。

（3）在下一栏有【$】标志的汇率栏中输入美元汇率，按 Enter 键，系统在借方自动计算出人民币本位币金额，按 Enter 键。

（4）输入第二行摘要和科目名称“银行存款——中行美元户”，在系统弹出的【辅助项】对话框中输入结算方式和票号，如图 4-12 所示。

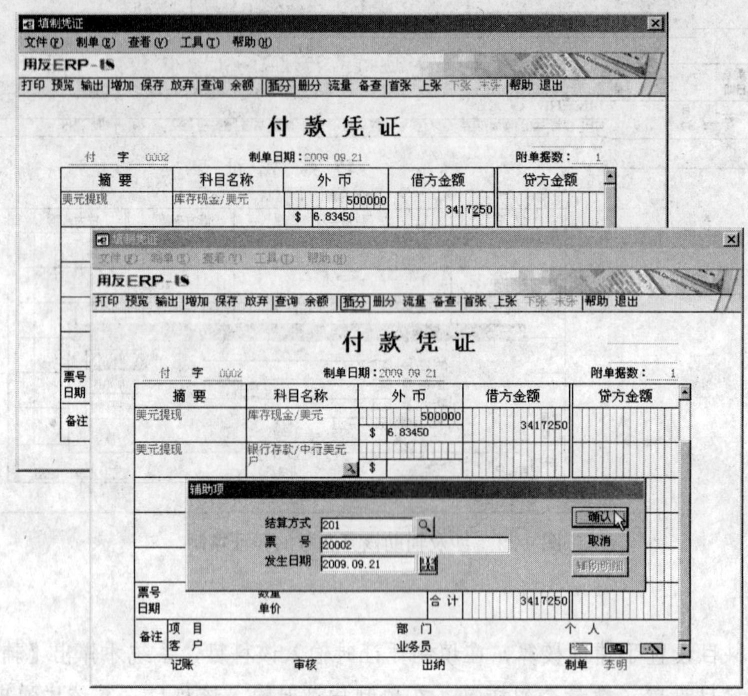

图 4-12　涉及外币核算业务的凭证填制

（5）继续输入提现的美元金额和外币汇率，按 Enter 键，再按空格键将借方金额转换到贷方，凭证填制完毕，单击 保存 按钮。

只有在建立会计科目时，为该科目设置了外币核算，才能在填制凭证时，输入外币核算数据。

4.3.2　修改凭证

由于日常业务中需要输入大量的凭证，凭证输入发生错误在所难免，但错误的凭证必须及时进行修改，否则将直接影响到会计账簿登记和会计报表核算的准确性。为此，财务软件一般都设置有凭证修改的功能，但凭证的修改要遵守财务会计制度的规定，在不同的状态和条件下，对错误的凭证有不同的修改方式。

1. 未经审核的凭证修改

在输入的会计凭证尚未被审核前，凭证的修改可以直接由操作员自行完成，如果有多个操作员，并

且在设置总账系统参数时选择了【允许修改、作废他人填制的凭证】，那么还可以对他人填制的错误凭证进行修改，经他人修改后的凭证系统会自动更换制单人的姓名，但经他人作废并删除的凭证却不能在系统中恢复，因此，这种设置在内部控制上存在一定的风险，所以实务中最好不要选择此项设置。

【例 4-6】　将本节例 4-4 填制的凭证中第三行的摘要内容改为“三个月无息商业承兑汇票”。

操作步骤

（1）在【填制凭证】窗口中，单击 查询 按钮，打开【凭证查询】对话框。

（2）对查询条件进行设置。在本例中，将凭证类别设置为【转 转账凭证】，然后单击 确认 按钮。如果所填凭证不多，也可在【填制凭证】窗口单击 上张 或 下张 等翻页按钮，查找出所需修改的凭证。

（3）对错误的凭证内容进行修改，在本例中，单击【摘要】栏，修改摘要内容，如图 4-13 所示。修改完毕，单击 保存 按钮。

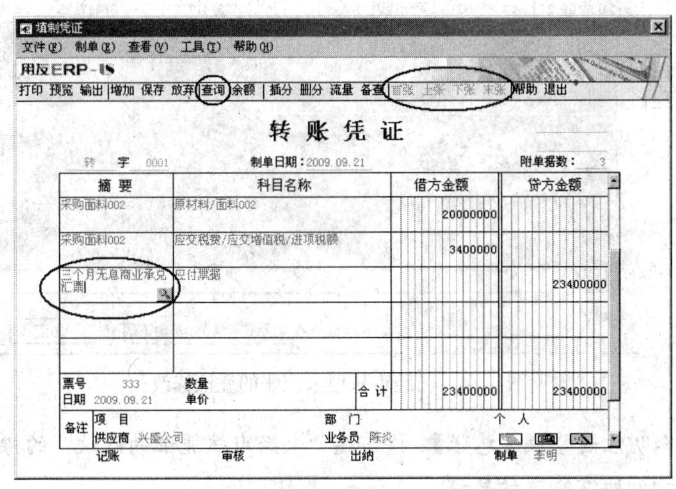

图 4-13　未经审核的凭证修改

注意

总账系统以外的其他子系统传递来的凭证不能在总账系统中修改，只能在生成该凭证的系统中进行修改。

2. 已经审核但未记账的凭证修改

已经通过审核但尚未记账的错误凭证，不能直接由操作员完成修改。在程序上必须先由审核员对错误凭证取消审核，然后再由操作员按上述“未经审核的凭证修改”的方法，在【填制凭证】窗口中修改。

【例 4-7】　将本节例 4-3 中填制的已经审核的 0001 号付款凭证的金额修改为 2 000 元。

在上海市 AAA 公司中，李明负责日常的凭证输入工作，凭证的审核由财务主管吴浩负责。所以该操作分两个阶段，涉及两个操作员。

操作步骤

（1）由吴浩注册登录【总账】，在【总账】窗口系统菜单中，执行【凭证】/【审核凭证】命令，打开【凭证审核】对话框。

（2）在【凭证审核】对话框中，对查询的凭证条件进行定义，在本例中，将凭证类别定义为

【付 付款凭证】，凭证号为【0001】，然后单击 确认 按钮。

（3）在刷新的【凭证审核】对话框中，列有满足预设条件的凭证，在本例中列出来的凭证有两张，单击选定“付-0001”所在行，直接单击 取消审核 按钮，如图 4-14 所示。该凭证所在行即转变为未审核的白色，说明该凭证恢复为未被审核的状态。

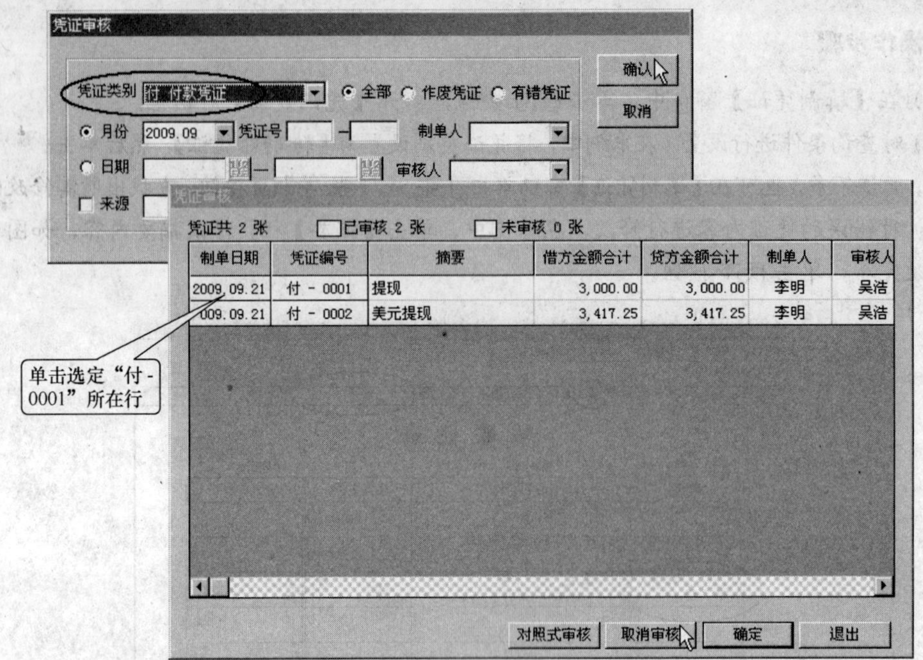

制单日期	凭证编号	摘要	借方金额合计	贷方金额合计	制单人	审核人
2009.09.21	付 - 0001	提现	3,000.00	3,000.00	李明	吴浩
2009.09.21	付 - 0002	美元提现	3,417.25	3,417.25	李明	吴浩

图 4-14 已经审核但未记账的凭证修改

（4）由操作员李明注册登录【总账】，按前述“未经审核凭证的修改”的操作步骤进入【填制凭证】窗口，并查询到所需修改的凭证。

（5）对金额进行修改，然后单击工具栏中的 保存 按钮，再单击 退出 按钮返回【总账】窗口。

3. 已记账的凭证修改

如果发现已记账的凭证有错误，不允许直接修改原凭证内容，这一类凭证的修改应遵照《企业会计制度》中会计差错更正的有关规定，通过重新填制新的凭证来修正原有错误。在计算机处理方式上，与传统会计类似，可分为两种：一种是“补充登记法”，这种方法一般适用于会计科目正确但输入金额小于实际金额的情况，在做法上只需计算出少计的金额另补一张凭证即可；另一种处理方式是“红字冲销法”，即先填制一张与原来错误凭证内容一样的“红字”凭证，与原来的错误凭证相抵消，然后再根据实际业务情况填制一张正确的凭证。由于填制一般的“蓝字”凭证的方法前面已有介绍，这里主要介绍填制“红字冲销凭证”的操作方法。

【例 4-8】 假设例 4-4 中采购业务凭证“转字 0001”中的“应付票据”错记入“应付账款”，并已经过审核和记账。现需用“红字冲销法”将该凭证冲销。

（1）在【总账】窗口系统菜单中，执行【凭证】/【填制凭证】命令，打开【填制凭证】窗口。

（2）执行【制单】/【冲销凭证】命令，打开【冲销凭证】对话框。

（3）输入需冲销凭证的凭证类别和凭证号，然后单击 确定 按钮。

（4）在打开的【填制凭证】窗口中，可以看到系统已自动生成了一张红字冲销凭证，单击 保存 按钮，如图 4-15 所示。

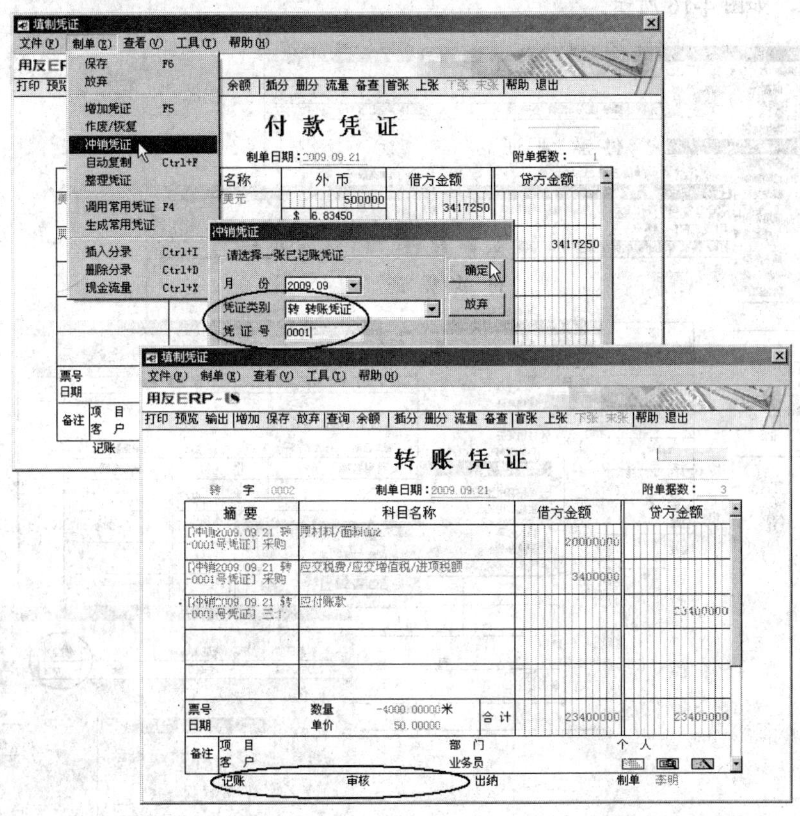

图 4-15　制作红字冲销凭证

注意

红字冲销凭证如同普通凭证一样，要进行审核、记账、输出和保存。

4.3.3　删除凭证

在日常的账务处理中，由于种种原因，可能会遇到已填制的凭证不正确，必须删除的情况，对此，系统设计有凭证作废与整理功能，帮助操作员来解决这类问题。但凭证的作废与整理只能在凭证未被审核前进行。在凭证被审核后，只能先取消审核，然后才能作废该凭证。一旦凭证已记账，则不能再被作废和删除。

【例 4-9】　删除一张已填制但尚未被审核的凭证。

操作步骤

（1）在【填制凭证】窗口中单击 上张 或 下张 按钮，找到需要删除的凭证，然后执行【制单】/【作废/恢复】命令。该凭证即被标上“作废”。

（2）在【填制凭证】窗口中执行【制单】/【整理凭证】命令，在弹出的对话框中选择凭证期

间，单击 确定 按钮。

（3）在打开的【作废凭证表】对话框中，双击需删除凭证所在行的【删除】空白栏，在空白栏中显示出【Y】标志，然后单击 确定 按钮。系统弹出【是否还需整理凭证断号】提示框，单击 是(Y) 按钮，如图 4-16 所示。

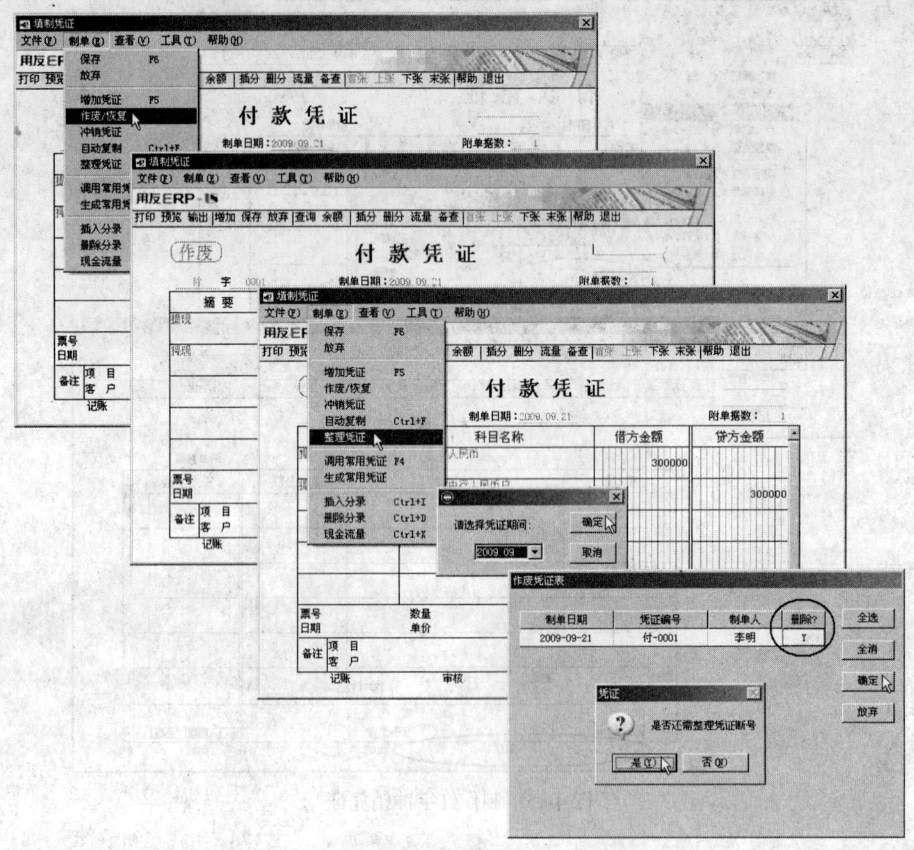

图 4-16 删除凭证

由于凭证被删除后，留在系统中的凭证可能会存在断号，这不利于以后对凭证的保存和管理，所以在凭证被删除后，一般都需要对系统中的凭证号进行重新编排整理。

4.3.4 审核凭证

凭证的审核是指由具有审核权限的操作员对制单人填制的凭证从业务内容的真实性、会计分录的合理性和数据的准确性等方面进行的检查，目的是避免手工操作中可能出现的错误，并通过审核防止舞弊行为的发生。

在电算化会计中，凭证的审核不仅包括一般所指的审核员对凭证的审核，而且由于出纳员不再负责登记现金和银行存款日记账，但又必须对有关现金和银行存款的凭证和账簿登记的准确性负责，因此在电算化会计中凭证的审核还应包括出纳员对有库存现金和银行存款科目发生额的收付款凭证的签字审核。

出纳签字的审核与会计核算人员对凭证的审核的操作方法类似，以下仅介绍会计核算人员对

凭证审核的方法。在实训中，出于简化的目的，也忽略了出纳签字这一环节。

【例 4-10】　上海市 AAA 公司账套主管吴浩对所有已输入凭证进行审核签字。

操作步骤

（1）账套主管吴浩登录总账系统，在【总账】窗口中执行【凭证】/【审核凭证】命令。

（2）在打开的【凭证审核】对话框中设定准备审核的凭证范围。在本例中，凭证审核范围为【全部】，单击 确认 按钮。

（3）在刷新的【凭证审核】对话框中，显示有系统中保存的所有凭证情况，直接单击 确定 按钮。

（4）在打开的【审核凭证】对话框中，对已填制凭证内容进行审核，确定准确无误后，单击 **审核** 按钮，或者执行【审核】/【审核凭证】命令，在【审核凭证】对话框下方的【审核】栏中，即显示出审核员的姓名，如图 4-17 所示。

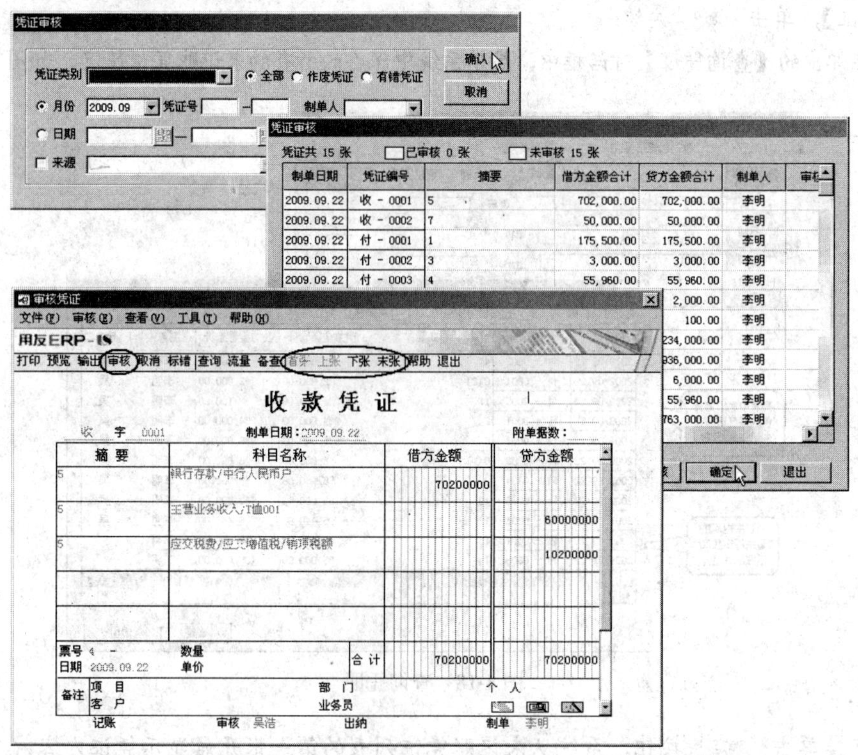

图 4-17　审核凭证

（5）一张凭证审核完毕，系统自动转到下一张凭张。按步骤（4）继续完成对其他凭证的审核签字工作。

注意

- 凭证审核与出纳签字的操作方法基本相同。在【审核凭证】窗口中，可以通过执行【审核】/【成批审核凭证】命令，一次性完成对所有凭证的审核工作。但在实施此操作前，必须对待审核凭证进行仔细审核并确保准确无误。对已审核签字但存在错误的凭证，可以通过单击 **取消** 按钮，取消对该凭证的审核签字，再单击 **标错** 按钮，在错误凭证的左上方标上【有错】字框，要求负责填制凭证的操作员改正。
- 已标错的凭证不能被审核，必须取消标错后才能进行审核。

4.3.5 查询凭证

在日常账务处理过程中，常常需要查询会计凭证的处理状况，以了解已记账凭证或未记账凭证的情况。用友总账系统有专门的查询凭证功能，通过设置查询条件，即可查询到有关凭证，并可调阅凭证内容。

【例 4-11】 查询当前系统未记账的凭证。

操作步骤

（1）在【总账】窗口中，执行【凭证】/【查询凭证】命令。

（2）在打开的【凭证查询】对话框中设定准备查询的凭证范围。在本例中，凭证查询范围为【未记账凭证】，单击 确认 按钮。

（3）在弹出的【查询凭证】对话框中，显示系统中保存的所有的未记账凭证情况，如图 4-18 所示。

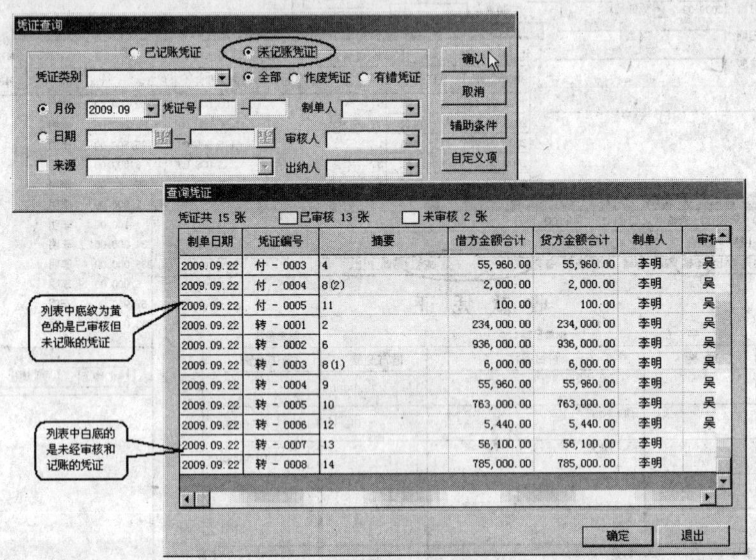

制单日期	凭证编号	摘要	借方金额合计	贷方金额合计	制单人	审核
2009.09.22	付 - 0003	4	55,960.00	55,960.00	李明	吴
2009.09.22	付 - 0004	8(2)	2,000.00	2,000.00	李明	吴
2009.09.22	付 - 0005	11	100.00	100.00	李明	吴
2009.09.22	转 - 0001	2	234,000.00	234,000.00	李明	吴
2009.09.22	转 - 0002	6	936,000.00	936,000.00	李明	吴
2009.09.22	转 - 0003	8(1)	6,000.00	6,000.00	李明	吴
2009.09.22	转 - 0004	9	55,960.00	55,960.00	李明	吴
2009.09.22	转 - 0005	10	763,000.00	763,000.00	李明	吴
2009.09.22	转 - 0006	12	5,440.00	5,440.00	李明	吴
2009.09.22	转 - 0007	13	56,100.00	56,100.00	李明	
2009.09.22	转 - 0008	14	785,000.00	785,000.00	李明	

图 4-18 查询凭证

（4）直接单击 确定 按钮，系统从未记账凭证列表的第一张开始显示凭证内容。

（5）双击凭证所在行，可以打开显示相应的凭证内容。

在【查询凭证】对话框中只能查看凭证内容，不能对凭证进行修改、审核、删除、冲销等操作。

4.4 登记账簿

记账，就是登记账簿，通常也被称为登账或过账。在手工会计中，记账是指由财务人员根据已审核的记账凭证逐笔登记到各明细账，并按期计算出各科目的发生额和余额，汇总形成总账的过程。对于一般的企业来说，由于日常经营业务涉及的科目多，业务发生频繁，并且记账过程中往往容易产生差错，需要反复计算、校对和审核，因此记账是财务人员日常工作中负荷较重的工作。而在电

算化条件下，操作员只需根据已填制的凭证选择记账范围，记账工作已由计算机自动完成，这不仅大大减轻了财务人员记账的工作量，而且完全避免了手工记账中登账差错的发生。

在电算化会计中，操作员日常填制的凭证在系统中所处的状态可分为两个阶段：一是已填制未记账阶段，这一阶段的记账凭证是以临时文件的形式保存在系统中的，在未记账以前，即使是已经审核的凭证尚可通过取消审核实现“无痕”修改；二是已记账阶段，在用友财务软件中，凭证一旦经过记账处理，则不能再被删除或修改，只能通过“蓝字”补充或“红字”冲销的办法来纠正差错，也就是只能实现“有痕”修改。由此可见，在电算化会计中，凭证填制的准确性决定了记账的准确性，防止日常核算差错的重点集中在记账之前的凭证处理阶段，加强凭证填制与审核的管理，提高凭证处理的准确性，是记账的前提和基础，也是电算会计中日常财务工作的重中之重。

在进行记账前，首先用户要检验上月是否结账，如果上月未结账，则本月不能进行记账处理，在第一次记账时，若期初余额试算不平衡，系统也不允许记账；其次要对已输入的凭证进行审核，凭证未经审核不能进行记账处理；最后，由于凭证一旦进行记账处理，将不能被修改，为预防万一，在记账前，要做好硬盘的备份，以保存记账前的数据。

系统的记账处理是在记账向导的指引下进行的，由于记账过程就是系统进行数据处理和对有关数据库文件进行更新的过程，因此记账过程不得中断退出，如果记账过程由于断电等原因发生中断，系统将自动调用“恢复记账前状态”恢复数据，然后由用户再重新进行记账处理。

【例 4-12】 将已填制的并经审核的记账凭证进行记账处理。

操作步骤

（1）在【总账】窗口系统菜单中，执行【凭证】/【记账】命令，系统进入记账向导。

（2）在【记账】对话框中，在第一个步骤【选择本次记账范围】对应的右边列表框中，显示着所有未记账的凭证和已审核凭证。在【记账范围】栏中输入记账范围，单击 下一步 按钮。

（3）在第二个步骤【记账报告】对应的右边列表框中，显示着准备记账的科目汇总表，直接单击 下一步 按钮。

（4）在第三个步骤【记账】对应的对话框中，直接单击 记账 按钮。

（5）系统在第一次记账时会对期初会计科目进行试算平衡检查，并弹出【期初试算平衡表】对话框，显示试算结果平衡，单击 确认 按钮。

（6）系统开始将凭证内容登记到各类账簿中，登记完毕，弹出【记账完毕】提示框，单击 确定 按钮，如图 4-19 所示。

注意

在用友 ERP-U8 中，隐藏有取消记账的功能，以便于用户在记账后对发现的错误进行修正。但对于已结账的月份，则不能恢复记账前状态。

下面介绍取消记账的操作。

操作步骤

（1）由账套主管登录【总账】系统，在【总账】窗口系统菜单中，执行【期末】/【对账】命令，打开【对账】对话框。

（2）按 Ctrl+H 组合键，激活恢复记账前状态功能，在弹出的提示框中单击 确定 按钮。

（3）在【总账】窗口系统菜单的【凭证】项中，可以看到新增了【恢复记账前状态】选项，

单击【恢复记账前状态】选项，系统弹出【恢复记账前状态】对话框。

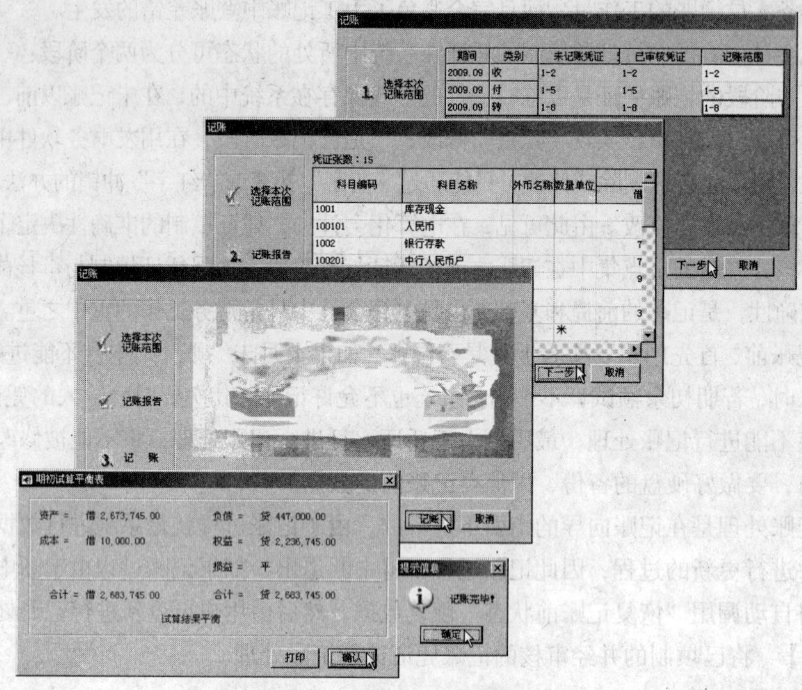

图 4-19　记账

（4）选择【最近一次记账前状态】单选框，单击 确定 按钮。

（5）在弹出的【输入】提示框中输入主管口令，单击 确认 按钮。

（6）在弹出的【恢复记账完毕!】提示框中单击 确定 按钮，如图 4-20 所示。

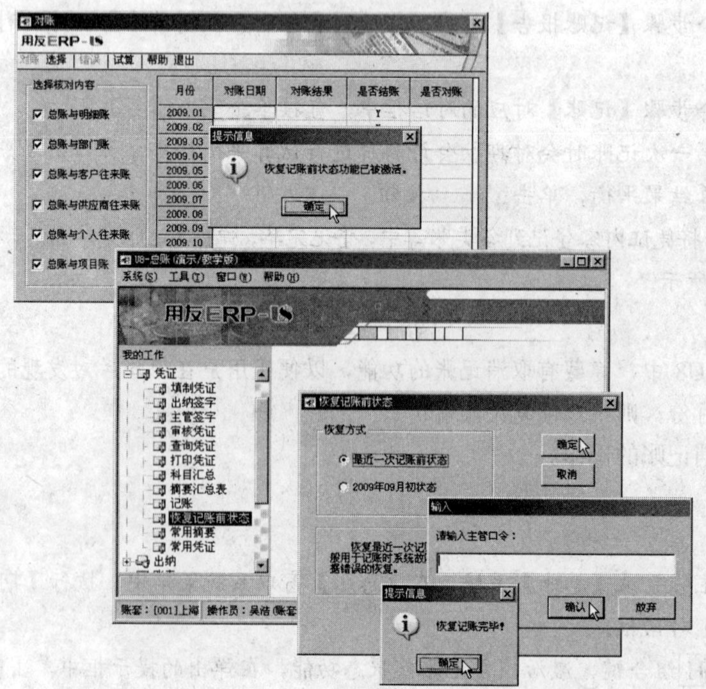

图 4-20　取消记账

4.5 查询账簿

会计账簿是根据会计凭证序时、分类地记录经济业务，由若干具有专门格式、相互联系的账页组成的簿记。在会计核算中，会计账簿通过对会计凭证所载数据进行归类、汇总、加工，使之条理化、系统化，从而系统全面地反映资金运动，为编制会计报表提供依据。

按照不同的分类标准，账簿可以分为不同的种类。在电算化会计中，账簿分为两大类：基本核算账簿和辅助核算账簿。基本核算账簿包括总账、余额表、明细账、序时账、多栏账、日记账和日报表等。辅助核算账簿包括供应商往来、客户往来、个人往来、部门核算、项目核算等辅助核算生成的总账、明细账及部门收支分析和项目统计表等。

在用友财务软件中，基本核算账簿的管理是在总账系统中进行的；辅助核算账簿中的个人往来、部门和项目辅助核算账簿的管理也是在总账系统中进行的，而供应商往来和客户往来辅助账簿的管理则要视用户所选择的核算方式而定。如果用户启用了应收应付款系统对往来账款进行专门的核算和管理，则供应商往来和客户往来辅助核算账簿的管理在应收应付款系统中进行；如果应收应付款核算选择在总账系统中进行，则供应商往来和客户往来与其他辅助核算一样，其账簿的管理也在总账系统中进行。

在电算化会计中，填制凭证是唯一的数据入口，从输入会计凭证到输出会计报表，一切中间过程都由计算机代为处理，账簿管理的内涵已不是手工会计中逐笔登记会计业务、逐笔核对和手工计算的概念，电算化会计中账簿管理的主要内容是根据各种需要查询账簿数据，以及从系统中输出打印有关账页，尤其是依靠系统强大的账簿查询功能，能够随时满足用户的多种查询需要。

4.5.1 查询总分类账及余额表

总分类账也称总账，是对企业全部经济业务进行总分类登记和核算的账簿，总分类账是账簿中最能全面、综合地反映单位经济业务的账簿形式。余额表是对当期各级科目的本期发生额、累计发生额和余额的汇总表，其功能与总账类似，两者都是编制会计报表的主要依据。

1. 查询总账

利用系统的总账查询功能，不但可以查询各总账科目的年初余额、各月发生额合计和月末余额，而且还可查询所有明细科目的年初余额、各月发生额合计和月末余额。

操作步骤

(1) 在【总账】窗口系统菜单中，执行【账表】/【科目账】/【总账】命令，打开【总账查询条件】对话框，如图 4-21 所示。

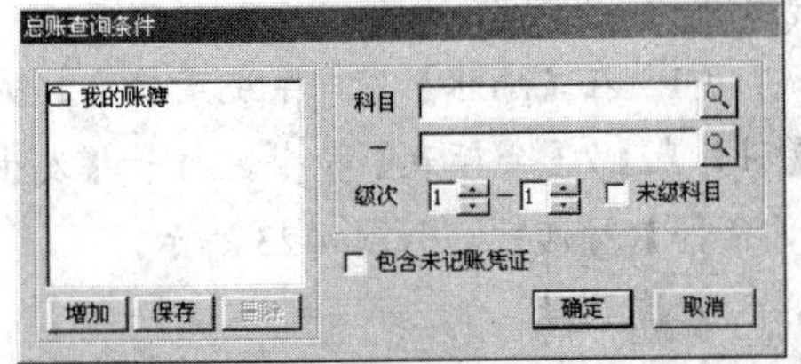

图 4-21　总账查询

说明

- 科目：通过输入科目编码或科目名称来确定查询科目的起止范围。为空时，系统认为是所有科目。
- 级次：通过输入科目级次来确定所要查询科目的明细情况。如将科目级次输入为【1－1】，则只查一级科目，如将科目级次输为【1－3】，则只查一至三级科目。如果需要查询所有末级科目，则需选定【末级科目】单选框。

- 包含未记账凭证：若想查询包含未记账凭证的总账，则选定【包含未记账凭证】单选框。
- 我的账簿：通过单击【总账查询条件】窗口左下角的 保存 按钮，可将窗口左边所设置的查询条件保存为【我的账簿】。在以后查询该类账簿时，即可直接调用【我的账簿】，而无需再进行查询条件设置。

（2）输入查询条件后，单击 确定 按钮，进入【总账】窗口，如图 4-22 所示。

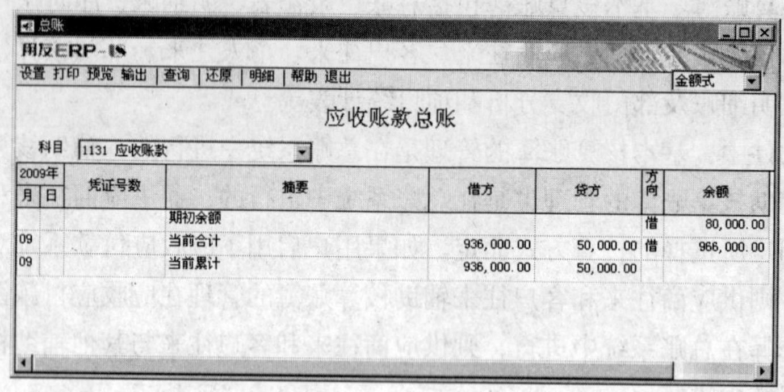

图 4-22 【总账】窗口

（3）单击【科目】下拉框按钮▼，可选择需要查看的会计科目。

（4）单击窗口右上方账页格式下拉框按钮▼，可选择科目总账的账页格式，根据不同会计科目对账页格式的设置，有金额式、外币金额式、数量金额式、数量外币式等选择。

（5）单击工具栏中的 **明细** 按钮，可联查到当前科目当前月份的明细账。

（6）查询完毕，单击 **退出** 按钮返回。

注意

当期初余额或上年结转所在行是当前行时，不能联查明细账。

2. 查询余额表

余额表在查询方法和查询界面方面与总账基本类似。在电算化会计中，余额表与总账相比，有更广泛的应用范围和作用：它可输出总账科目、明细科目某一时期内的本期发生额、累计发生额和余额；可输出某科目范围某一时期内的本期发生额、累计发生额和余额；可按某个余额范围输出科目的余额情况；它还提供了很强的统计功能，该功能不仅可以查询统计人民币金额账，还可查询统计外币数量的发生额与余额，可查询到包含未记账凭证在内的最新发生额及余额。

操作步骤

（1）在【总账】窗口系统菜单中，执行【账表】/【科目表】/【余额表】命令，打开【发生额及余额查询条件】对话框，如图 4-23 所示。

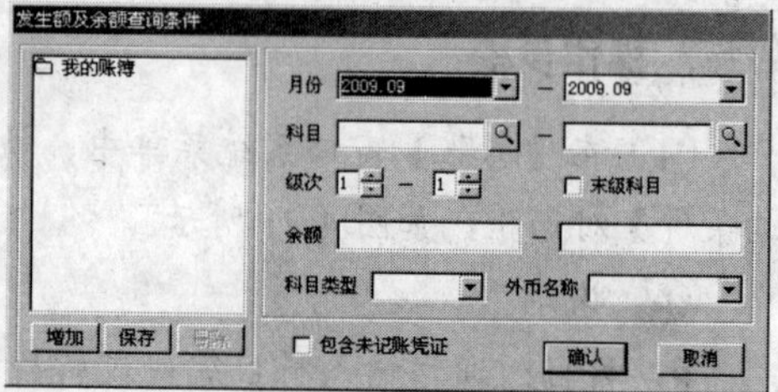

图 4-23 余额表查询

说明

- 余额：用于指定要查找的余额范围，例如余额下限输入 0.01，上限不输，表示查询余额大

于零的所有科目，若输入“200”-“400”，则表示查询余额在 200 元以上，400 元以下的所有科目。

- 科目类型：单击【科目类型】列表框的下拉按钮▼，可按科目类型查询余额，科目类型共有资产、负债、权益、成本和损益等 5 大类。
- 外币名称：输入外币名称，则系统只查询核算该外币的科目。外币名称为空时，系统默认所有外币。

其他选项前已述及，不再重复。

（2）根据实际需要设置查询条件，单击 确认 按钮，在打开的【发生额及余额表】窗口中，系统即按设定条件生成发生额及余额表，如图 4-24 所示。

发生额及余额表

用友ERP-U8

设置 打印 预览 输出 | 查询 定位 过滤 | 转换 还原 | 专项 累计 | 帮助 退出　　金额式

发生额及余额表

月份：2009.09-2009.09

科目编码	科目名称	期初余额		本期发生		期末余额	
		借方	贷方	借方	贷方	借方	贷方
1001	库存现金	5,000.00		3,000.00	2,100.00	5,900.00	
1002	银行存款	568,345.00		752,000.00	234,460.00	1,085,885.00	
1111	应收票据	100,000.00				100,000.00	
1131	应收账款	80,000.00		936,000.00	50,000.00	966,000.00	
1133	其他应收款	10,000.00			6,000.00	4,000.00	
1141	坏账准备		1,000.00				1,000.00
1151	预付账款	20,000.00				20,000.00	
1211	原材料	560,000.00		350,000.00	763,000.00	147,000.00	
1243	库存商品	430,000.00		785,000.00		1,215,000.00	
1501	固定资产	1,115,000.00				1,115,000.00	
1502	累计折旧		213,600.00		5,440.00		219,040.00
资产小计		2,888,345.00	214,600.00	2,826,000.00	1,061,000.00	4,658,785.00	220,040.00
2101	短期借款		200,000.00				200,000.00
2111	应付票据		80,000.00		234,000.00		314,000.00
2121	应付账款		117,000.00				117,000.00
2131	预收账款		50,000.00				50,000.00
2151	应付职工薪酬			55,960.00	55,960.00		

图 4-24　【发生额及余额表】窗口

（3）单击 累计 按钮，系统将显示或取消显示借贷方累计发生额。

（4）将光标移到具有辅助核算的科目的所在行，单击 专项 按钮，可联查到相应科目的辅助总账或余额表。

（5）单击 过滤 按钮，输入要过滤的科目编码或通配符，可快速查找所需科目资料。

（6）查询完毕，单击 退出 按钮返回。

4.5.2　查询明细账

明细账是根据总分类科目所属的明细科目，对某一类经济业务进行分类登记、提供明细核算而开设的账簿。在用友 ERP-U8 总账系统中，明细账可以进行三栏式、多栏式、综合多栏式等多种设置，并可设置多种条件组合对明细账进行查询。查询过程可以包含未记账凭证，并提供了 3 种明细账的查询格式：普通明细账、按科目排序明细账和月份综合明细账。普通明细账是按科目查询，按发生日期排序的明细账；按科目排序明细账是按非末级科目查询，按其有发生的末级科目排序的明细账；月份综合明细账是按非末级科目查询，包含非末级科目总账数据及末级科目明细数据的综合明细账，使用户对各级科目的数据关系一目了然。

1. 明细账的查询

利用系统的明细账查询功能，可以查询各账户的明细发生情况，并按照一定的格式显示明细账。

操作步骤

（1）在【总账】窗口系统菜单中，执行【账簿】/【科目账】/【明细账】命令，打开【明细账查询条件】对话框，如图 4-25 所示。

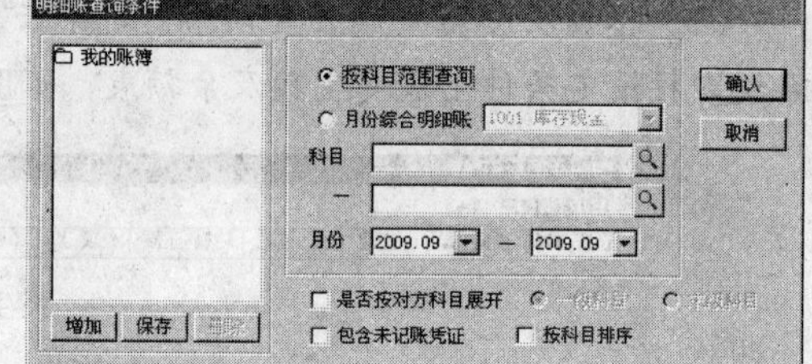

图 4-25　明细账查询

说明

- 按科目范围查询：选择此单选框，可在下面【科目】文本框中输入起止科目范围，【科目】栏为空时，系统默认为所有科目，将按科目的发生日期排序形成明细账。需要注意的是，按科目范围查询明细账时，不能查询在科目设置中指定为现金、银行科目的明细账，但可以到【出纳管理】中通过现金日记账与银行日记账查询该科目的明细数据。
- 月份综合明细账：选择此单选框，则系统按月按非末级科目查询，形成包含非末级科目总账数据及末级科目明细数据的综合明细账。查询月份综合明细账必须先在【月份综合明细账】旁的文本框中指定一级科目，在下面的【科目】栏中可以输入所指定一级科目的明细科目，但输入的明细科目必须为同一级次。如指定的一级科目为“2171”，则起止科目可输入“217101—217110”，也可输入“2171—2171”，但不能输入“2171—217110”，也不能输入“2171—2172”。
- 月份：用于选择起止月份，当只查某一个月时，应将起止月份选择为同一个月份，如“2009.09—2009.09”表示查询 2009 年 9 月份的明细账。
- 按科目排序：选择此复选框，则系统按非末级科目查询，按有发生额的末级科目排序形成明细账。

（2）根据实际需要设置查询条件，本例中选择【按科目范围查询】单选框，【科目】为【124301】，单击 确认 按钮，进入【明细账】窗口。

（3）将账簿格式调整为“数量金额式”，可以查询到库存商品的数量和单价。如图 4-26 所示。

明细账
用友ERP-U8
设置 打印 预览 输出 | 查询 过滤 摘要 | 锁定 还原 | 凭证 总账 | 帮助 退出　　数量金额式

库存商品明细账

数量单位：件

科目 124301 T恤001　　月份：2009.09-2009.09

2009年		凭证号数	摘要	单价	借方		贷方		方向	余额		
月	日				数量	金额	数量	金额		数量	单价	金额
			期初余额						借	2000.00000	75.00000	150,000.00
09	22	转-0008	14	71.00000	6000.00000	426,000.00			借	8000.00000		576,000.00
09			当前合计		6000.00000	426,000.00			借	8000.00000	72.00000	576,000.00
09			当前累计		6000.00000	426,000.00			借	8000.00000	72.00000	576,000.00

图 4-26　【明细账】窗口

（4）用鼠标双击某行或单击 凭证 按钮，可查看到相应的凭证。

（5）单击 总账 按钮，可查看此科目的总账。

（6）单击 锁定 按钮，可锁定或取消锁定摘要列。

注意

● 如果在总账系统的【选项】设置中对账簿设置了【明细账查询权限控制到科目】，并在【明细权限】中对操作员的科目权限进行了设置，则不具备查询某科目明细账权限的操作员在进入明细账查询功能后，将看不到此科目的明细账。

● 只要操作员有查询月份综合明细账的权限，就可查询所有科目的月份综合明细账，如果不希望某操作员查询某科目的明细账，那么除了在【明细权限】中进行设置外，还需在系统管理的【权限】中取消其查询月份综合明细账的权限。

2. 设置和查询多栏式明细账

普通的明细账是包含借方、贷方和余额的三栏式明细账，在日常经营业务中，某些会计科目的明细账设置较为复杂，为了便于查阅和计算，往往需要设置更为详细的栏目来反映科目内容，这就需要在原有三栏式明细账的基础上设置多栏账。多栏账的格式需由用户进行定义设置。

【例 4-13】 设置并查询上海市 AAA 公司 2009 年 9 月份的应交增值税多栏账。

操作步骤

（1）在【总账】窗口系统菜单中，执行【账表】/【科目账】/【多栏账】命令，打开【多栏账】对话框。

（2）单击增加按钮，打开【多栏账定义】对话框。

（3）单击【核算科目】列表框中的▼按钮，选择【217101 应交增值税】，在【多栏账名称】文本框中自动显示出“应交增值税多栏账”。

（4）单击自动编制按钮，系统根据所选核算科目的下级科目自动编制出多栏账的分析栏目。

（5）单击选项>>按钮，窗口下方弹出有关选项设置和多栏账格式预览的内容。

（6）选择【分析栏目前置】单选项。

（7）分别双击【进项税额】、【已交税金】、【转出未交增值税】和【减免税款】栏目对应的【方向】栏，将栏目方向调整为【借】，如图 4-27 所示。

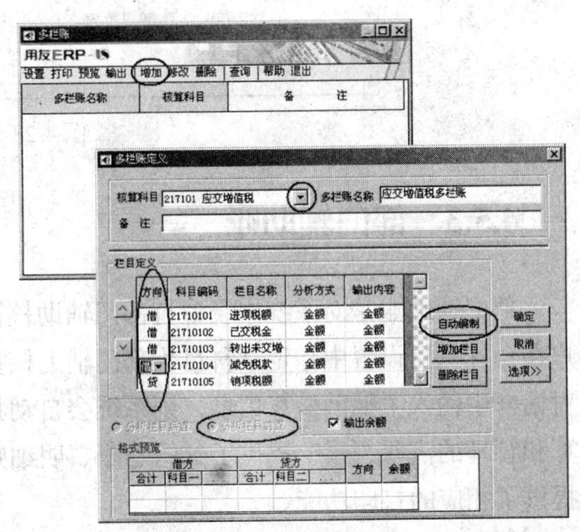

图 4-27　多栏账设置

说明

● 方向：用于确定分析所选科目的分析方向是“借方分析”还是“贷方分析”。借方分析即分析科目的借方发生额，贷方分析即分析科目的贷方发生额。

● 分析方式：有金额和余额两种选择。若选择按金额分析，则系统只输出其分析方向上的发生额；若选择按余额分析，则系统对其分析方向上的发生额按正数输出，其相反发生额按负数输出。

● 输出内容：栏目的输出内容有金额、数量金额、外币金额和数量外币等 4 种选择。用户可以根据科目的核算类型进行选择。

● 分析栏目后置：即将分析栏目放在余额列之后进行分析，与手工多栏账保持一致。如果选择了【分析栏目后置】，则所有栏目的分析方向和分析方式必须相同。若选择【借方分析】，则分析方向必须为【借】；若选择【贷方分析】，则分析方向必须为【贷】。若栏目选择按金额分析，

则全部科目均需按金额分析；若按余额分析，则全部科目也均需按余额分析。选择【分析栏目后置】，则输出内容只能选择【金额】。

- 分析栏目前置：即将分析栏目放在余额列之前进行分析。如果选择了【分析栏目前置】，则可任意调整各栏目所属的【方向】和【分析方式】。

（8）单击 确定 按钮，返回【多栏账】对话框，在列表框中显示出已设置的多栏账名称。

（9）单击 查询 按钮，打开【多栏账查询】对话框。

（10）按要求对查询条件进行设置，然后单击 确认 按钮，进入【多栏账查询】窗口，如图 4-28 所示。

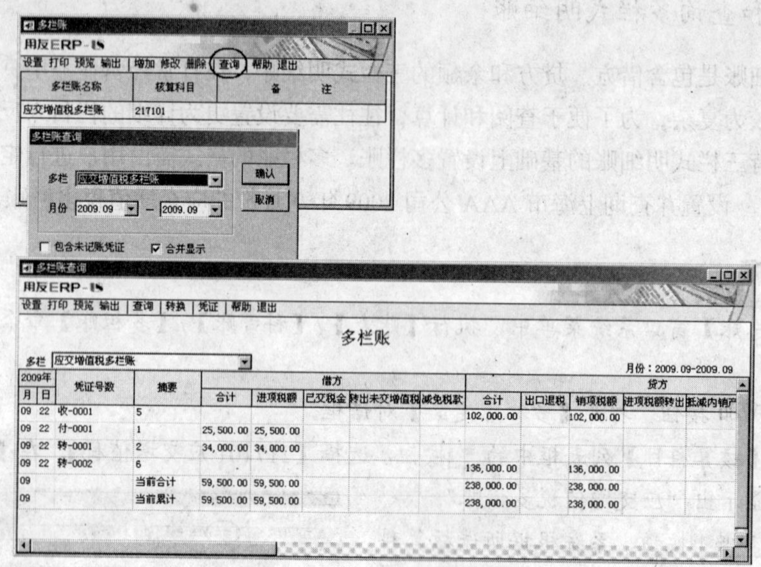

图 4-28　多栏账查询

4.5.3　部门辅助账

部门辅助账是对系统中设置有部门辅助核算的科目的业务数据进行汇总而成的账簿。如果用户在会计科目设置中指定某科目为部门辅助核算科目，并且在填制凭证时在系统弹出的【辅助项】对话框中输入了辅助核算信息，则系统会自动将数据汇总形成部门辅助账簿。根据用户对部门核算和管理的需要，系统提供了部门总账、明细账和部门收支分析表等多种部门辅助账类型，并且提供了相应的打印功能。

1. 部门总账

部门总账用于查询部门业务发生的汇总情况，根据账簿汇总形式的不同，部门总账分为以下 3 种。

科目总账：按科目汇总各个部门的发生额及余额情况。

部门总账：按部门汇总该部门的各项费用、收入等有部门辅助核算科目的发生额及余额情况。

三栏式总账：按部门和科目汇总某部门某科目各个月的发生额及余额情况。

2. 部门明细账

部门明细账用于查询部门业务发生的明细情况，根据账簿汇总形式的不同，部门明细账分为科

目明细账、部门明细账、三栏式明细账和多栏式明细账。部门明细账与部门总账的区别在于，部门明细账会列示出明细科目的发生额、余额等详细情况，而总账只列示一级科目的发生额和余额情况。

3. 部门收支分析

部门收支分析是指系统对所有部门辅助核算科目的发生额及余额按部门进行的分析。在对发生额及余额进行统计分析时，系统将科目、部门的期初、借方、贷方、余额一一列出，从而使用户可以一目了然地进行比较分析，掌握各部门的收支情况。

【例 4-14】 对上海市 AAA 公司 2009 年 9 月份各部门管理费用发生额进行分析。

操作步骤

（1）在【总账】窗口系统菜单中，执行【账表】/【部门辅助账】/【部门收支分析】命令，打开【部门收支分析条件】对话框。

（2）单击 ⌄ 按钮，将“管理费用”科目移至窗口下方的列表框，然后单击 下一步 按钮。

（3）选定列表框中的【办公室】，单击 ⌄ 按钮，将【办公室】移至下面的列表框中，以同样方法将财务部、人力资源部、采购部也移至下面的列表框中。

（4）单击 下一步 按钮，将【起始月份】和【终止月份】确定为【2009.09】和【2009.09】，然后单击 完成 按钮，如图 4-29 所示。

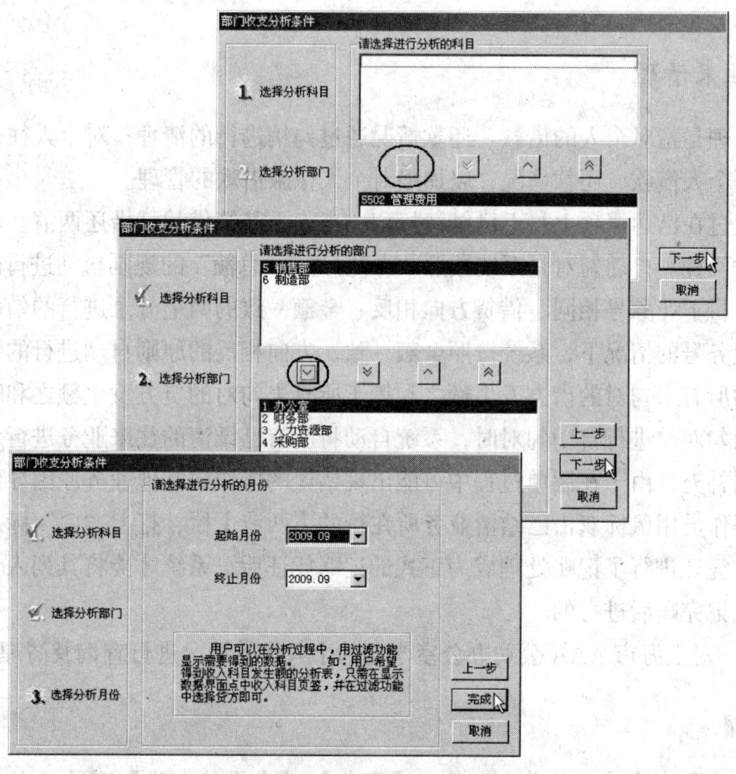

图 4-29 部门收支分析设置

（5）在打开的【部门收支分析】窗口显示有办公室、财务部、人力资源部、采购部等有部门核算的各科目发生额和余额的对比情况，如图 4-30 所示。

部门收支分析

用友ERP-U8

设置 打印 预览 输出 | 过滤 | 帮助 退出　　金额式

部门收支分析表

2009.09-2009.09

全部 | 收入科目 | 费用科目

科目编码	科目名称	统计方式	方向	合计	1 办公室	2 财务部	3 人力资源部	4 采购部
				金额	金额	金额	金额	金额
5502	管理费用	期初	借					
		借方		33,500.00	18,440.00	7,780.00	3,680.00	3,600.00
		贷方						
		期末	借	33,500.00	18,440.00	7,780.00	3,680.00	3,600.00
费用科目	合计	期初	借					
		借方		33,500.00	18,440.00	7,780.00	3,680.00	3,600.00
		贷方						
		期末	借	33,500.00	18,440.00	7,780.00	3,680.00	3,600.00

图 4-30 【部门收支分析】窗口

4.5.4 个人往来辅助账

个人往来辅助账是对系统中设置有个人往来辅助核算的科目的业务数据进行汇总生成的账簿。根据用户对个人往来核算和管理的需要，系统提供了个人往来余额表、个人往来明细表等辅助账簿，并可以进行个人往来清理、个人往来账龄分析，以及生成个人往来催款单等辅助分析。

1. 个人往来清理

个人往来清理是指对个人的借款、还款情况通过勾销进行的清理，对个人往来进行清理是为了能够及时了解个人借款、还款情况，以加强对个人往来借款的管理。

勾对是指通过在已达账项上打上已结清标记，来表示某笔借款已借还两清。勾对有系统自动勾对和手工勾对两种。自动勾对是系统按照“专认+逐笔+总额”的规则自动进行的。其中，专认勾对是对同一科目下业务号相同、借贷方向相反、金额一致的两笔分录进行的勾对；逐笔勾对是在用户未指定业务号的情况下，系统按照金额一致、方向相反的原则自动进行的勾对；总额勾对是指当某个人的所有未勾对的借方发生额之和等于所有未勾对的贷方发生额之和时，系统将这几笔业务进行自动勾对。进行自动勾对时，系统自动将所有已结清的往来业务进行勾销。手工勾对是对自动勾对的补充，由于在制单过程中可能出现错误的操作或其他业务原因导致无法使用自动勾对的，可由操作员用鼠标双击已结清业务所在行的【两清】栏，打上“○”标志。

由于只有在凭证进行了记账处理成为正式的记账凭证后，系统才能将其列入勾对的范围，所以勾对一般是在记完账后进行的。

【例 4-15】 对上海市 AAA 公司办公室李立的个人借款情况进行查询及清理。

操作步骤

（1）在【总账】窗口系统菜单中，执行【账表】/【个人往来账】/【个人往来清理】命令，打开【个人往来两清条件】对话框。

（2）在【个人】文本框中输入“李立”或其编号，将【截止月份】设置为操作月份【2009.09】。

（3）单击 确定 按钮，进入【个人往来两清】窗口，如图 4-31 所示。

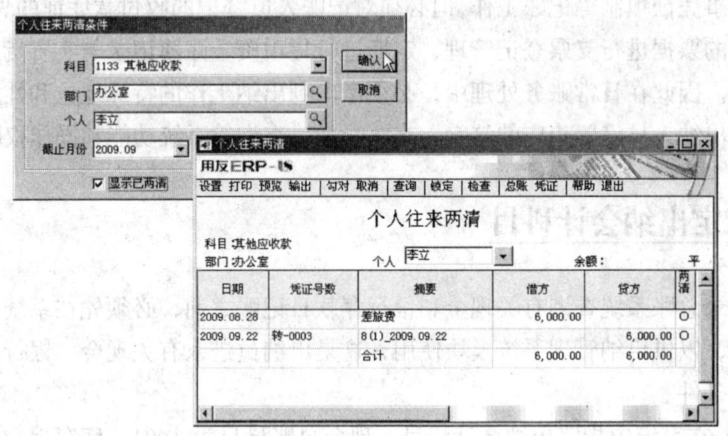

图 4-31　个人往来清理

（4）单击 **勾对** 按钮，可进行自动勾对。

（5）单击 **取消** 按钮，可自动取消勾对。

（6）单击 **检查** 按钮，可对已勾对的账进行平衡检查。

2. 个人往来账龄分析及催款单

个人往来账龄分析是指对个人往来账款余额的时间分布情况进行的分析。用户可以通过输入天数来设置账龄分析区间，以便有针对性地对个人欠款时间较长的款项加强催收管理。

个人往来催款单是根据个人辅助账核算自动生成的个人往来账款余额情况。通过生成催款单，促进清理个人借款。催款单按条件设置可以显示所有的账款和未经核销的账款金额，可以打印输出所有职员的欠款情况，也可以有选择地打印输出某位职员的催款单。

个人往来账龄分析和催款单的操作较为简单，与前述内容基本类似，这里不再赘述。

4.6 出纳管理

出纳工作是以货币资金、票据、有价证券为对象，反映和监督本单位货币资金运动，并对货币资金、票据和有价证券进行整理和保管的工作。货币资金是单位资产中流动性最强、也最易导致流失的资产，为了加强对货币资金的管理，按照财务会计制度的规定，每个单位都必须配备有出纳人员负责货币资金的收付管理。

出纳人员日常工作的主要内容是进行货币资金的存入和提取。为了加强对货币资金的管理，保证货币资金的安全与完整，按照现行《现金管理暂行条例》的规定，对货币资金的收付有严格的制度要求，单位各项收入所得的现金，超过库存限额的部分或者超过坐支额度的部分，必须于当日存入开户银行；单位在发放工资、支付差旅费以及未达到银行结算起点的零星小额支出时，可以从本单位库存现金限额中支付或从银行提取，不得从本单位的现金收入中直接支付。由于以上禁止坐支现金和现金限额管理的规定，出纳人员必须经常在现金和银行存款之间转换货币资金形式：或者将现金存入银行，增加银行存款；或者向银行提取现金，使现金增加。

由于出纳人员的工作职责就是对单位的货币资金的安全完整负责，因此，出纳人员必须随时掌握和了解单位货币资金的实际情况。在电算化会计的日常账务处理中，出于内部控制的需要，

出纳人员不能从事凭证填制等记账工作，但必须对记账人员登记的收付款凭证的真实性进行审核、对形成付款凭证的票据进行支票登记管理、定期进行货币资金账簿记录与实有货币资金的核对，以保证账款相符。因此在日常账务处理中，必须考虑到出纳工作的特殊地位和性质，根据出纳管理的业务需要为出纳人员设置相应的签字、支票管理、查询等系统功能和操作权限。

4.6.1 指定出纳会计科目

在出纳员登录总账系统查询有关现金和银行存款日记账之前，必须先在系统中指定现金、银行存款总账科目，以供出纳管理系统模块使用，这是出纳员进入有关现金、银行存款账簿，进行出纳管理的前提条件。

【例 4-16】 在系统中指定出纳会计科目。现金总账科目为 1001，库存现金；银行总账科目为 1002，银行存款。

操作步骤

（1）在【总账】窗口系统菜单中，执行【设置】/【会计科目】命令，打开【会计科目】对话框。

（2）执行【编辑】/【指定科目】命令，打开【指定科目】对话框。

（3）选定窗口左边的【现金总账科目】单选框，在【待选科目】列表框中选定【1001 库存现金】，单击 > 按钮，将【1001 库存现金】移至【已选科目】列表框内，如图 4-32 所示。

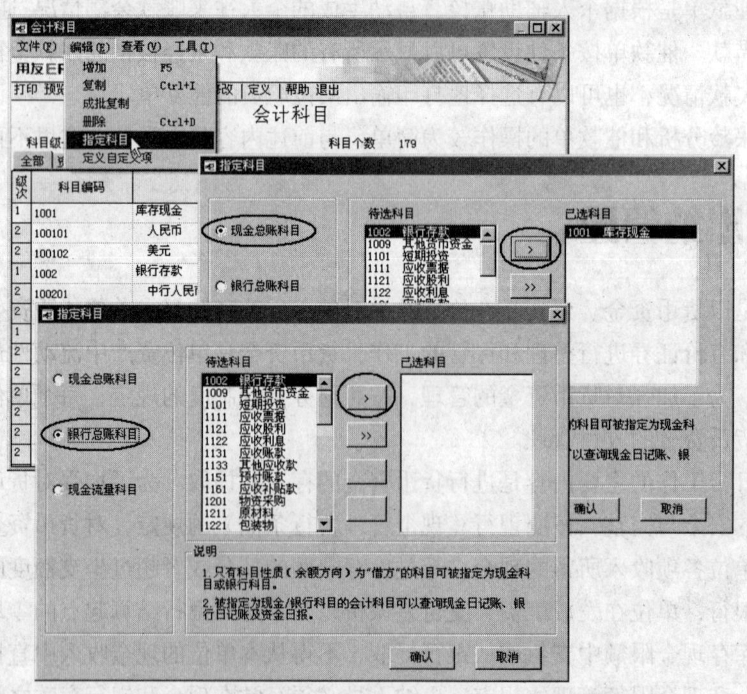

图 4-32 指定出纳会计科目

（4）选定窗口左边的【银行总账科目】单选框，以与步骤（3）相同的方法将左边【待选科目】列表框中的【1002 银行存款】，移至【已选科目】列表框内，然后单击 确认 按钮。

4.6.2　出纳签字

在电算化会计中，凭证的审核不仅包括一般所指的审核员对凭证的审核，而且由于出纳员不再负责登记现金和银行存款日记账，但又必须对有关现金和银行存款凭证和账簿登记的准确性负责，所以，在电算化会计实务中凭证的审核还应包括出纳员对有现金和银行存款科目发生额的收付款凭证的签字审核。

【例 4-17】　上海市 AAA 公司出纳员林梅对所有已输入的收付款凭证进行审核签字。

操作步骤

（1）出纳员林梅登录总账系统，在【总账】窗口系统菜单中，执行【凭证】/【出纳签字】命令，打开【出纳签字】对话框。

（2）设定准备签字的凭证范围。在本例中，将凭证签字范围设为【全部】，单击 确认 按钮。

（3）在刷新的【出纳签字】对话框中，显示有系统中保存的所有需进行出纳签字的凭证情况，在准备签字的凭证所在行的任意位置双击；或者直接单击 确定 按钮，打开【出纳签字】的又一对话框。

（4）审核【出纳签字】对话框中银行存款或现金科目的记账情况，确定准确无误后，单击 签字 按钮，或者执行【签字】/【出纳签字】命令，在凭证下方的【出纳】栏中，即显示出纳员的姓名，如图 4-33 所示。

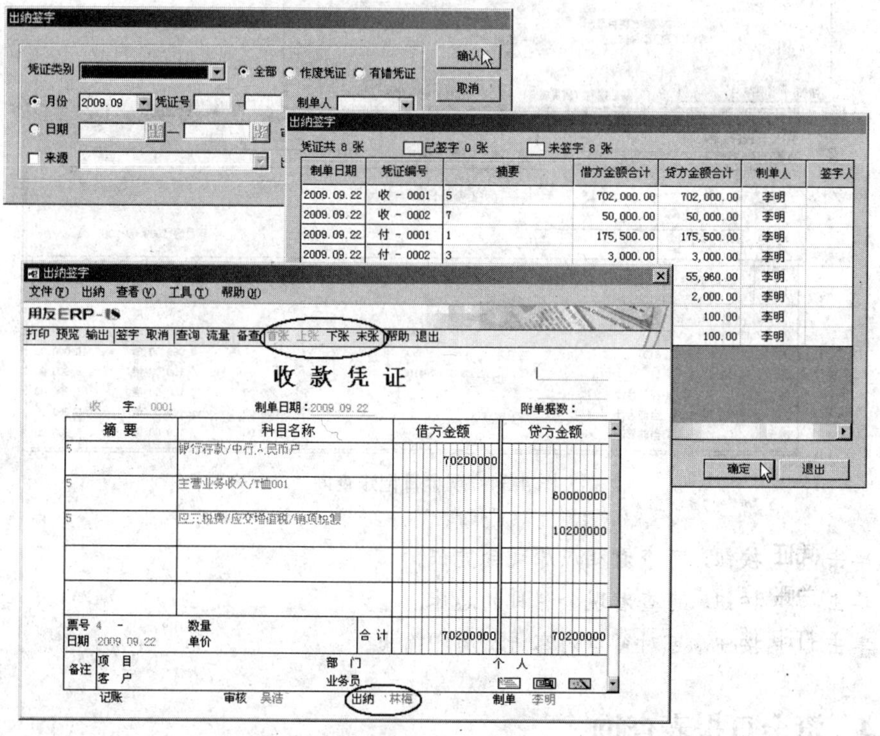

图 4-33　出纳签字

（5）单击 下张 按钮，继续完成对其他凭证的审核签字工作。

4.6.3 日记账查询

出纳人员工作的主要内容是进行日常的资金开支和款项回笼，这就要求出纳人员随时能够掌握单位的现金和银行存款情况，并与实际库存现金和收到的进账单、签出的支票相核对，因此出纳人员必须能够登录系统对现金和银行存款的有关科目情况进行查询和打印。在总账的【出纳管理】模块提供有专为出纳人员查询日记账的功能，日记账的查询分为现金日记账和银行存款日记账两类，下面以现金日记账查询为例介绍有关操作内容。

操作步骤

（1）在【总账】窗口系统菜单中，执行【出纳】/【现金日记账】命令，打开【现金日记账查询条件】对话框。

（2）在【科目】文本框中单击▼按钮，可选择现金的明细科目，然后对查询的日期和范围进行定义。

（3）单击 确认 按钮，打开【现金日记账】对话框，在对话框中显示出现金日记账的查询结果，如图 4-34 所示。

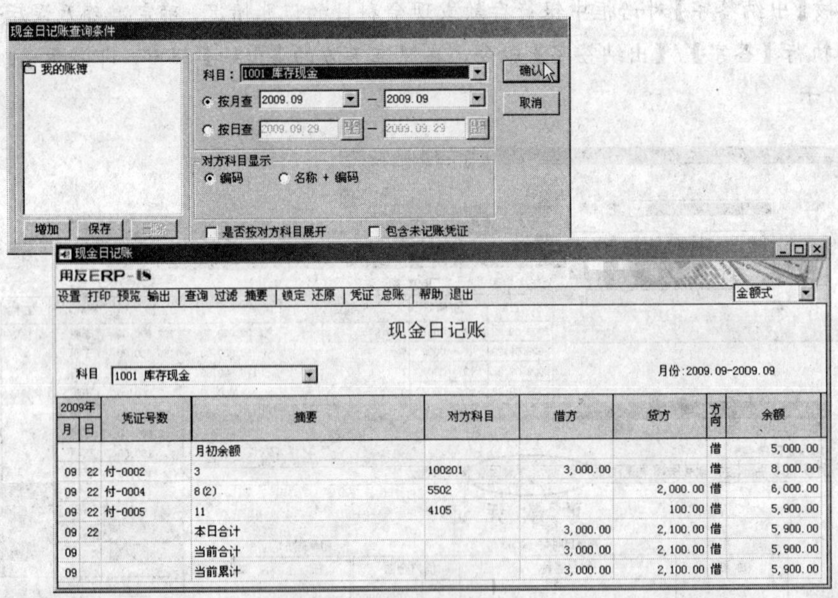

2009年 月	日	凭证号数	摘要	对方科目	借方	贷方	方向	余额
			月初余额				借	5,000.00
09	22	付-0002	3	100201	3,000.00		借	8,000.00
09	22	付-0004	8(2)	5502		2,000.00	借	6,000.00
09	22	付-0005	11	4105		100.00	借	5,900.00
09	22		本日合计		3,000.00	2,100.00	借	5,900.00
09			当前合计		3,000.00	2,100.00	借	5,900.00
09			当前累计		3,000.00	2,100.00	借	5,900.00

图 4-34 现金日记账查询

（4）单击 凭证 按钮，可查看相应原现金凭证。

（5）单击 总账 按钮，可查看现金科目的总账。

（6）单击 打印 按钮，可对窗口内容进行打印输出。

4.6.4 资金日报表查询

资金日报表是对企业各银行账户资金或各币种现金的日数据汇总，资金日报表查询的内容包

括现金、银行存款科目的日发生额及余额情况。

操作步骤

（1）在【总账】窗口系统菜单中，执行【出纳】/【资金日报】命令，打开【资金日报表查询条件】对话框。

（2）在【日期】文本框中输入需查询的日报日期，选择科目显示级次，如果只查询一级科目，则级次应为 1-1，然后选择查询范围是否包括未记账凭证，以及是否显示有余额无发生的数据。

（3）单击 确认 按钮，打开【资金日报表】对话框，对话框中显示出当日所查科目的发生额和余额情况，如图 4-35 所示。

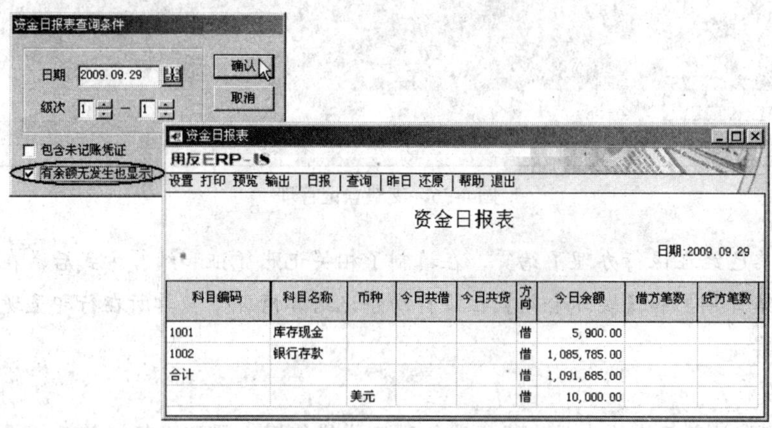

图 4-35　资金日报查询

（4）单击 日报 按钮，可查询并打印光标所在科目的日报单。

（5）单击 昨日 按钮，可查询各科目昨日的发生额和余额情况。

4.6.5　支票管理

支票管理是出纳人员工作的重要内容。在手工会计中，出纳员通常通过建立支票领用登记簿来登记支票的领用情况。在用友的出纳管理模块中，同样为出纳人员提供了支票登记簿功能，在支票登记簿中，可以详细记录支票领用人、领用日期、支票用途和是否报销等内容。

操作步骤

（1）在【总账】窗口系统菜单中，执行【出纳】/【支票登记簿】命令，打开【银行科目选择】对话框。

（2）选择登记的支票所对应的银行存款科目，单击 确定 按钮，打开【支票登记】对话框，对话框中显示出已领用的支票情况，其中黄底的为已报销的支票，白底的为尚未报销的支票，如图 4-36 所示。

（3）当有人领用支票时，出纳员须在【支票登记】对话框中单击 增加 按钮，登记支票领用的日期、领用部门、领用人和支票号等内容。

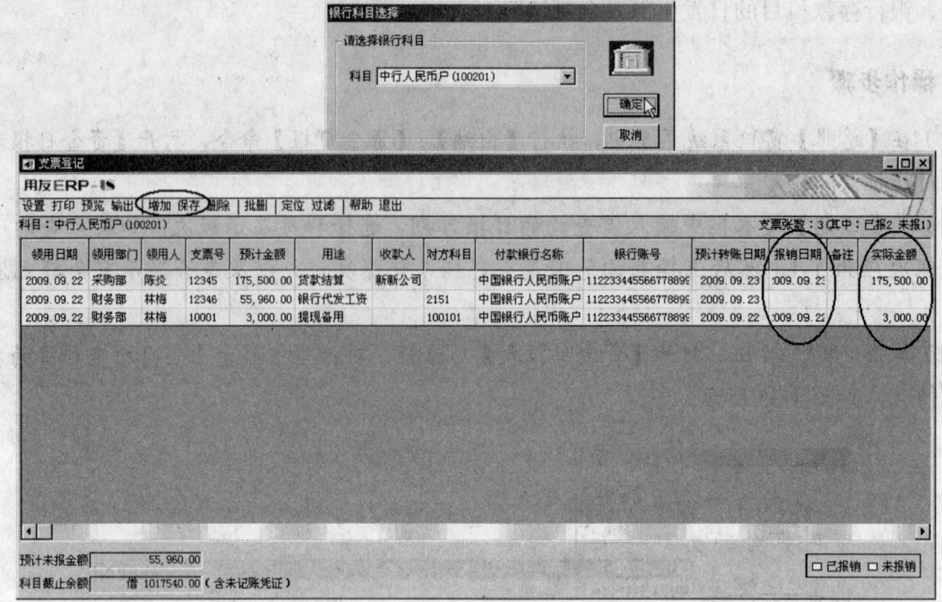

图 4-36　支票登记管理

（4）当支票已经在银行办理了结算，在填制了相关记账凭证和结算方式后，在【支票登记】对话框的【报销日期】和【实际金额】栏将自动登记结算情况，支票所在行即呈现为黄底，标记为已报销的支票。

注意

- 只有在会计科目设置中设有银行账的科目才能使用支票登记簿，并且在【结算方式】设置中对需使用支票登记簿的结算方式要选定【票据管理标志】单选框。
- 支票登记簿中的报销日期栏一般是由系统自动填写的，但对于有些已报销而由于人为原因造成系统未能自动填写报销日期的支票，用户可进行手工填写，即将光标移到报销日期栏，然后写上报销日期。
- 支票登记簿中报销日期为空时，表示该支票未报销，否则系统认为该支票已报销。已报销的支票不能进行修改。若想取消报销标志，只要将光标移到报销日期处，按空格键后删掉报销日期即可。
- 删除报销日期后，单击保存按钮，使支票转为未报销状态，可以对支票内容进行修改。

4.6.6　银行对账

银行对账是指期末将银行的对账单与企业的银行账进行核对，通过对账检查账款是否相符，这是企业财务管理的一项重要工作。其中，银行对账单的输入需要手工完成，系统可根据输入的银行对账单与总账中的银行日记账数据进行自动核对，并生成银行存款余额调节表。

1．期初未达账项的录入

银行对账是总账系统中具有相对独立性的功能系统。通常许多用户在使用总账系统时，先不使用银行对账模块，例如，某企业 2009 年 9 月开始使用总账账务处理系统，而银行对账功能则是

在 10 月开始使用。因此，在启用银行对账时，为了保证银行对账的正确性，必须为系统设置一个启用日期，并录入与该启用日期相对应的最近一次对账企业业方与银行方的调整前余额，以及启用日期之前的单位日记账和银行对账单的未达账项。等所有未达账录入正确后启用此账户，再开始记 10 月份凭证，在 10 月份的凭证记完账后，进入【银行对账单】录入 10 月份的银行对账单，然后开始对账。

期初未达账项的录入是检查出纳工作的一项重要措施，所以，在权限分工上，应遵循出纳与记账职责相分离的原则，一般不应由出纳员执行此项操作。

【例 4-18】　银行对账启用日期为 2009 年 9 月 1 日，中行人民币存款账户期初企业日记账调整前余额为 500 000 元，银行对账单调整前余额为 440 000 元，未达账项一笔，系 2009 年 8 月 31 日企业已收银行未收的转账支票 60 000 元（支票号：20000），为丽人公司支付的剩余货款。

操作步骤

（1）在【总账】窗口系统菜单中，执行【出纳】/【银行对账】/【银行对账期初录入】命令，打开【银行科目选择】对话框。

（2）单击【科目】文本框中的▼按钮，将科目选定为【中行人民币户】，单击确定按钮，打开【银行对账期初】对话框。

（3）在对话框右上方单击按钮，将银行对账启用日期设置为【2009.09.01】，分别在【单位日记账调整前余额】和【银行对账单调整前余额】中输入期初调整前余额，然后单击日记账期初未达项按钮，打开【企业方期初】对话框。

（4）单击增加按钮，在列表框中增设出一行空白栏，填入企业已收银行未收的转账支票内容，然后单击退出按钮，如图 4-37 所示。在【银行对账期初】对话框中显示出调整后余额。

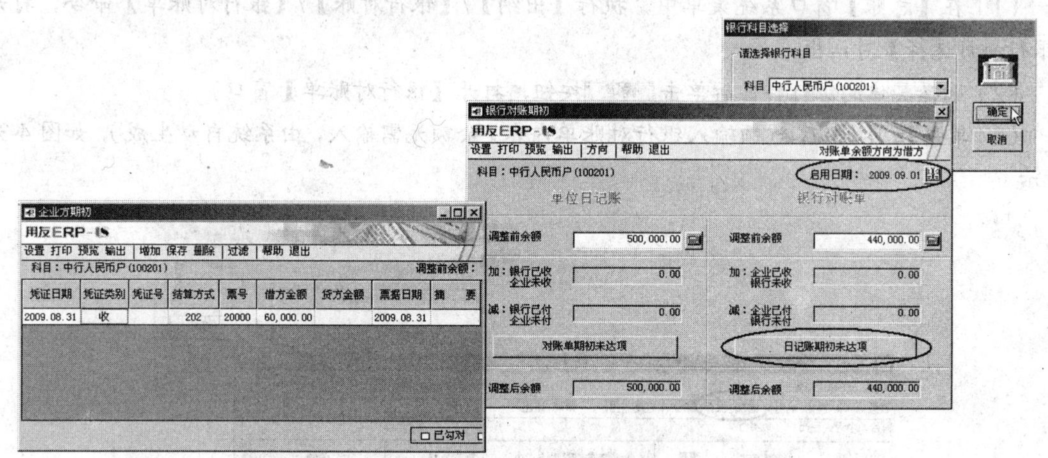

图 4-37　期初未达账项录入

（5）单击退出按钮，返回【总账】窗口。

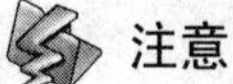

注意

- 录入的银行对账单、单位日记账期初未达项的发生日期不能大于等于此银行科目的启用日期。
- 在录入完单位日记账、银行对账单期初未达项后，不要随意调整启用日期，尤其是向前

调，这样可能会造成启用日期后的期初数不能再参与对账。

- 若某银行科目已进行过对账，在期初未达项录入中，对于已勾对或已核销的记录不能再修改。

2. 银行对账单的录入

银行对账单是银行定期发送给单位存款用户的用于核对银行存款账项的账单，它是月末各单位进行银行对账的主要依据。银行对账单可从相关数据源引入，或由操作员手工录入，在分工上，为了保证所输入的对账单的准确性，防止篡改等舞弊行为的发生，一般不应由出纳员执行此项操作。

【例 4-19】 按表 4-2 输入上海市 AAA 公司 9 月份的银行对账单。其中余额栏数字由系统自动计算生成。

表 4-2　　上海市 AAA 公司 9 月份银行对账单

日　期	结 算 方 式	票　号	借方金额（元）	贷方金额（元）	余额（元）
2009-09-01	202	20 000	60 000		500 000
2009-09-22	4	略	50 000		1 202 000
2009-09-22	202	12 345		175 500	1 076 500
2009-09-22	201	10 001		3 000	1 073 500
2009-09-22	202	12 346		55 960	1 017 540
2009-09-30	5	11 111	50 000		1 067 540

操作步骤

（1）在【总账】窗口系统菜单中，执行【出纳】/【银行对账】/【银行对账单】命令，打开【银行科目选择】对话框。

（2）选择具体的银行科目后单击 确定 按钮，打开【银行对账单】窗口。

（3）单击 增加 按钮，逐项输入银行对账单内容（余额无需输入，由系统自动生成），如图 4-38 所示。

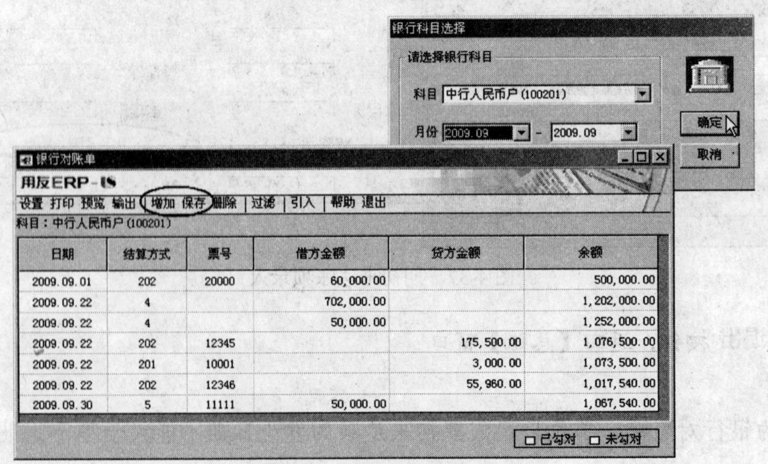

图 4-38　录入银行对账单

（4）一行内容输入完毕，按 Enter 键，继续下一行内容的输入。

（5）最后一行输入完毕，单击保存按钮，然后单击退出按钮返回。

3. 银行对账

银行对账是指将系统中的银行日记账与输入的银行对账单进行核对，以检查两者是否相符。银行对账分为自动对账与手工对账两种方式。自动对账是计算机根据对账依据自动进行的核对勾销。对账依据可由用户根据需要选择，其中，【方向，金额相同】是必选条件，其他可选条件有【票号相同】、【结算方式相同】、【日期相差（天）之内】。对于已核对上的银行业务，系统将自动在银行存款日记账和银行对账单双方打上两清标志，并视为已达账项，对于在两清栏未打上两清符号的记录，系统则视其为未达账项。手工对账是对自动对账的补充，用户使用完自动对账后，可能还有一些特殊的已达账没有对出来，而被视为未达账项，为了保证对账更为彻底和正确，用户可用手工对账来进行调整。

操作步骤

（1）在【总账】窗口系统菜单中，执行【出纳】/【银行对账】/【银行对账】命令，打开【银行科目选择】对话框，选择银行对账科目，然后单击确定按钮，打开【银行对账】对话框。

（2）单击对账按钮，打开【自动对账】对话框，在【截止日期】文本框中输入对账截止日期，并根据业务需要设置自动对账条件，系统默认的对账条件为“日期相差12天之内、结算方式相同、票号相同”，单击确定按钮，系统开始按照用户设定的对账条件对账。如图4-39所示。

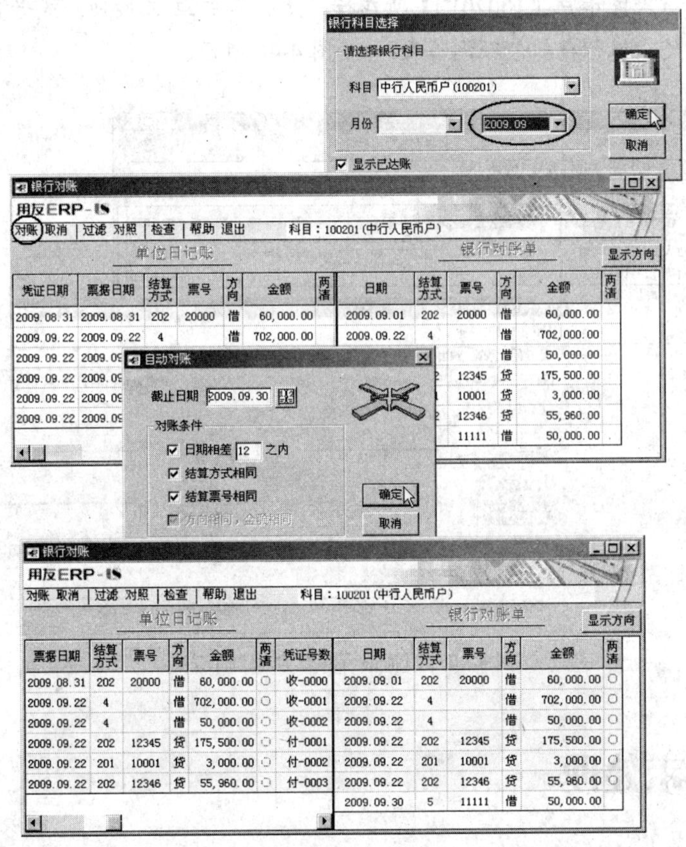

图4-39　银行对账

（3）单击**检查**按钮，可检查对账是否有错。

（4）如果对账单中有记录同当前日记账相对应却未勾对上，则在当前单位日记账的【两清】栏双击鼠标左键，将当前单位日记账标上两清标记【Y】，同样用鼠标双击银行对账单中对应的对账单的【两清】栏，标上两清标记，如果在对账单中有两笔以上记录同日记账对应，则所有对应的对账单都应标上两清标记。

说明

在窗口中已两清的款项用黄色表示，未被勾对的款项用白色表示。窗口中右边银行对账单最后一行未被勾对的款项为银行未达账项。

4. 编制银行存款余额调节表

银行存款余额调节表是月末证实银行日记账与银行实有存款账实相符的主要账表，编制和输出银行存款余额调节表是月末银行对账工作的成果体现。用户在对银行账进行两清勾对后，便可查询并输出系统自动生成的银行存款余额调节表，并检查对账是否正确。

【例 4-20】 编制上海市 AAA 公司 9 月份中行人民币户存款余额调节表。

操作步骤

（1）在【总账】窗口系统菜单中，执行【出纳】/【银行对账】/【余额调节表查询】命令，打开【银行存款余额调节表】窗口。

（2）单击【中行人民币户（100201）】所在行，然后单击**查看**按钮；或者直接双击该行，系统即显示出所生成的“银行存款余额调节表”，如图 4-40 所示。

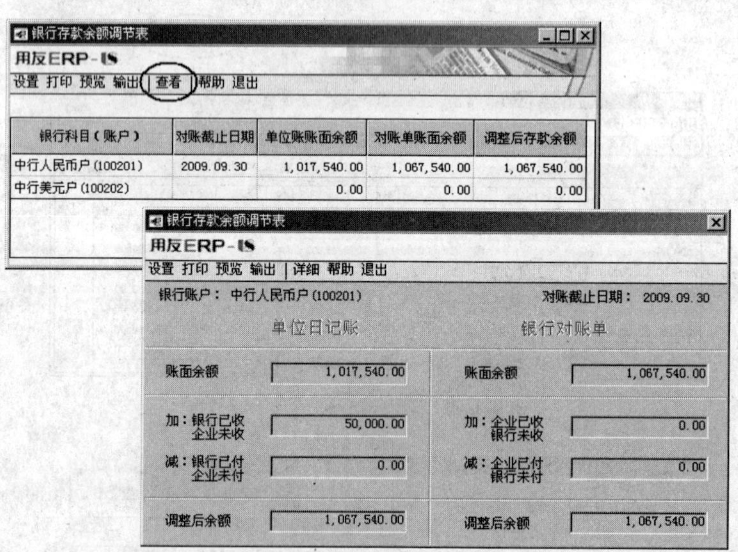

图 4-40 编制银行存款余额调节表

4.7 期末处理

总账系统核算业务的期末处理是在其他业务管理子系统完成期末处理的基础上进行的。总账

系统期末处理的主要内容是定义和生成各类转账凭证，通过转账凭证完成期末费用计提、成本结转和损益结转等核算，在对所有凭证进行了记账处理后，进行程序性的对账和结账工作，完成本期的所有期末处理业务。

4.7.1 定义转账凭证

自动转账定义就是将有关凭证的摘要、会计科目、借贷方向和金额公式输入计算机系统。在用友 ERP-U8 系列财务软件中，提供了自定义转账、对应结转、销售成本结转、售价销售成本结转、汇兑损益结转和期间损益结转等 6 种自动转账模式，它们分别适用于不同的转账定义。定义期末的自动转账相对于凭证中的其他操作，有一定难度，自动转账一次定义后基本不需改动，以后每月可直接调用，可起到事半功倍的作用。

1. 设置自定义转账

自定义转账是指用户根据企业的实际业务情况和成本计算的需要，对费用分摊、税金计算结转和辅助核算结转所进行的转账定义。具体包括以下内容。

（1）费用分摊：对已生成的费用进行费用分摊，如制造费用的期末分摊。

（2）费用提取：定期计提有关费用，如提取借款利息、摊销无形资产等。

（3）税金计算：对当期业务发生所形成的各种应交税金进行计算结转，如增值税、所得税、城建税、教育费附加等的计算与结转。

（4）辅助核算：对部门、个人往来、客户和供应商往来等各种辅助核算进行结转。

【例 4-21】 设置上海市 AAA 公司期末计提短期借款利息的自动转账，借款年利率 6%。会计分录：

借：财务费用（5503）　　　　取对方科目计算结果

　　贷：应付利息（2231）　2101 科目期末余额 × 0.06 / 12

操作步骤

（1）在【总账】窗口系统菜单中，执行【期末】/【转账定义】/【自定义转账】命令，打开【自动转账设置】对话框。

（2）单击 增加 按钮，打开【转账目录】对话框，依次输入转账序号、转账说明和凭证类别，单击 确定 按钮，返回【自定义转账设置】对话框。

（3）在【科目编码】栏中输入“5503”，双击【方向】空白栏，选择【借】。

（4）将对话框下方的滚动条向右移动，双击【金额公式】栏，单击随后显示出的按钮，打开【公式向导】对话框。

（5）在左边列表框中选择相应的公式，单击 下一步 按钮，打开下一个【公式向导】对话框。

（6）在【科目】栏输入科目代码，单击 完成 按钮，如图 4-41 所示。

（7）在【自定义转账设置】对话框中单击 增行 按钮，按步骤（2）～（4）输入贷方分录的摘要、科目编码和方向，并打开【公式向导】对话框。

（8）在【公式向导】对话框中将公式名称设置为“期末余额”，单击 下一步 按钮。

（9）在【科目】文本框中输入科目编码，单击 完成 按钮，如图 4-42 所示。

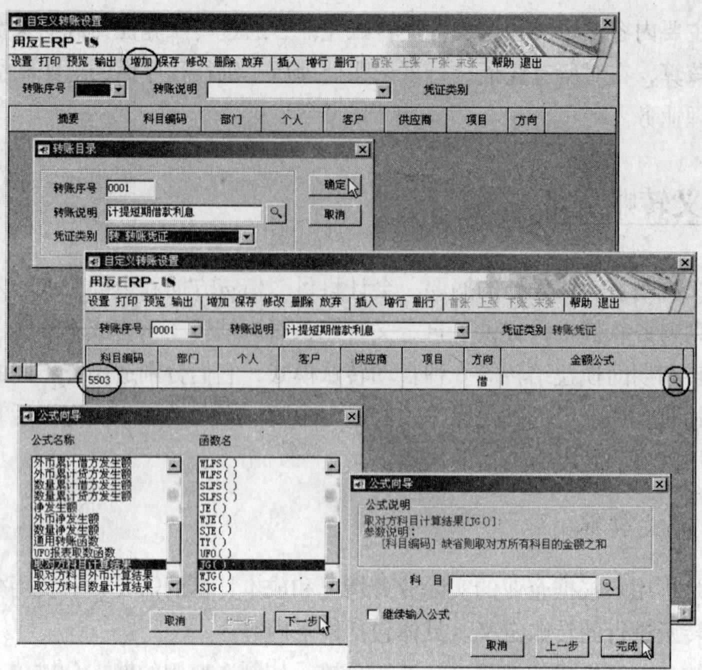

图 4-41　设置自定义转账图（1）

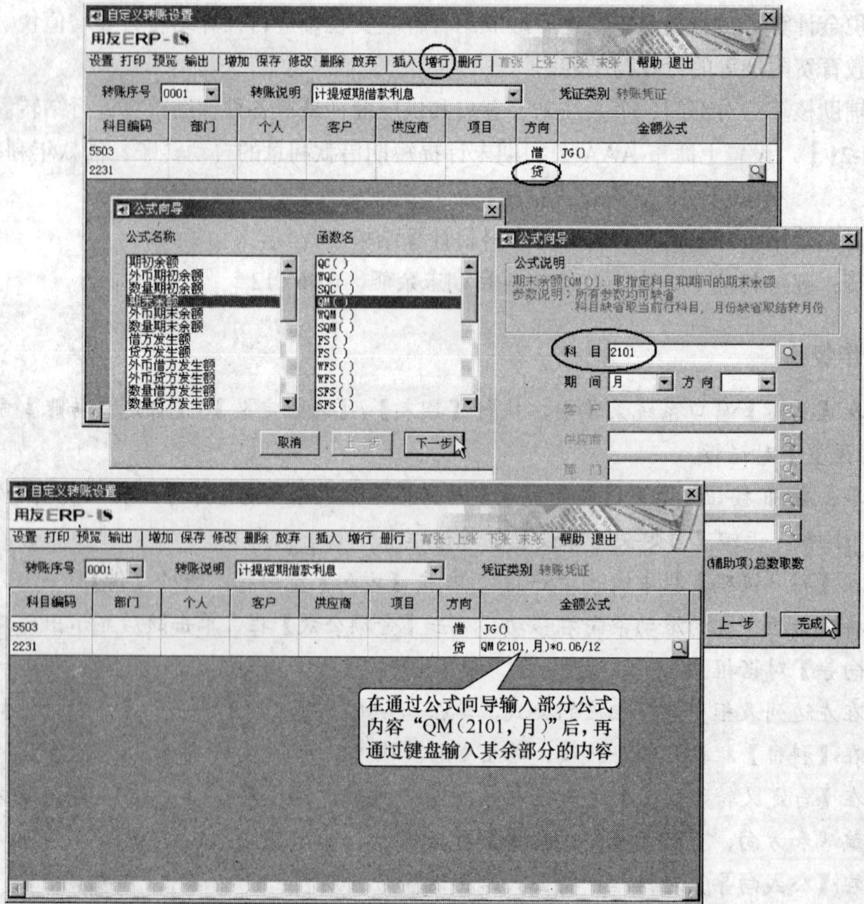

图 4-42　设置自定义转账图（2）

（10）在【自定义转账设置】对话框的【金额公式】文本框中继续输入其余的公式内容。转账分录定义完毕，单击保存按钮。

注意

- 如果用户对分录的金额公式表达式能够熟练掌握或金额公式已明确，可直接在【金额公式】栏输入公式。金额公式的输入应在半角英文标点状态下进行。
- 函数公式中一般不对方向进行定义，以避免由于出现反向余额时发生取数错误。

2. 设置对应结转

对应结转主要用于两个科目之间的转账定义。它比较适用于科目之间存在明确的对应结转关系，并且两个科目都设置了一致的辅助核算或者都没有辅助核算，如制造费用结转、本年利润结转和利润分配明细账结转等。

【例4-22】　结转本月净利润。

编号：0001；凭证类别：转账凭证；摘要：结转本月净利润；

转出科目编码：3131；转出科目名称：本年利润；

转入科目编码：314115；转入科目名称：未分配利润；结转系数：1

操作步骤

（1）在【总账】窗口系统菜单中，执行【期末】/【转账定义】/【对应结转】命令，打开【对应结转设置】对话框。

（2）逐项设置对应结账的编号、凭证类别、摘要和转出科目。

（3）单击增行按钮，再设置转入科目和结转系数，如图4-43所示。设置完毕，单击保存按钮。

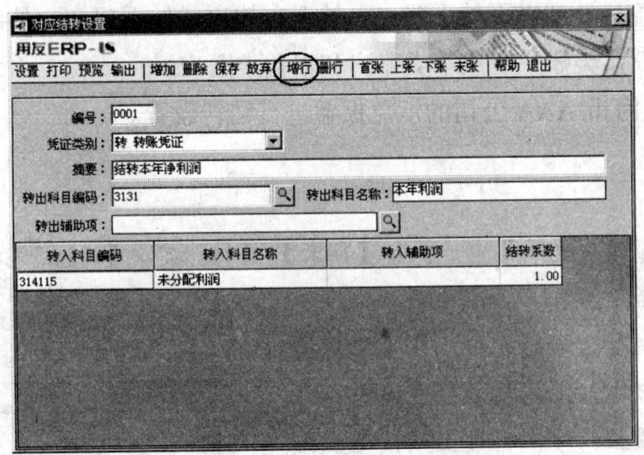

图4-43　设置对应结转

3. 设置销售成本结转

销售成本结转的全称是全月平均法销售成本结转，是将月末商品（或产成品）销售数量乘以库存商品（或产成品）的平均单价计算出各类商品的销售成本并进行结转。设置销售成本结转，要求库存商品（产成品）科目、商品（产品）销售收入科目和商品（产品）销售成本科目具有相同的明细科目结构，库存商品科目和商品销售收入科目下的所有明细科目必须都有数量核算，辅助核算类型要一致，并且不能带有往来辅助核算。如果上述条件不能满足，可通过自定义转账进行结转。

【例 4-23】 进行 T 恤 001 商品销售成本结转。

库存商品科目：124301；商品销售收入科目：510101；商品销售成本科目：540101。

操作步骤

（1）在【总账】窗口系统菜单中，执行【期末】/【转账定义】/【销售成本结转】命令，打开【销售成本结转设置】对话框。

（2）将凭证类别调整为转账凭证，逐项设置结转相关科目，然后单击 确定 按钮，如图 4-44 所示。

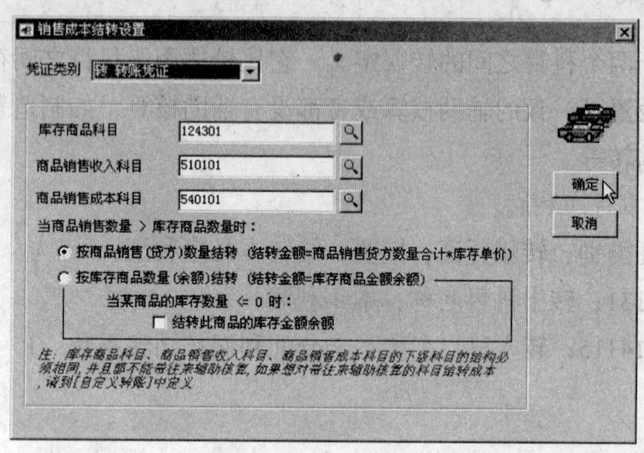

图 4-44 设置销售成本结转

4. 设置汇兑损益结转

汇兑损益结转主要用于期末自动计算外币账户的汇兑损益，并在转账生成中自动生成汇兑损益结转凭证，汇兑损益只处理以下外币账户：外汇存款户、外币现金、外币结算的各项债权和债务，但不包括所有者权益类账户、成本类账户和损益类账户。

【例 4-24】 对上海市 AAA 公司的汇兑损益进行结转设置。

操作步骤

（1）在【总账】窗口系统菜单中，执行【期末】/【转账定义】/【汇兑损益】命令，打开【汇兑损益结转设置】对话框。

（2）将凭证类别调整为转账凭证，在【汇兑损益入账科目】文本框中输入汇兑损益科目编码，将光标移到要计算汇兑损益的外币科目上，按 Space 键选择需要计算汇兑损益的科目，或用鼠标双击，选择完毕后，单击 确定 按钮，如图 4-45 所示。

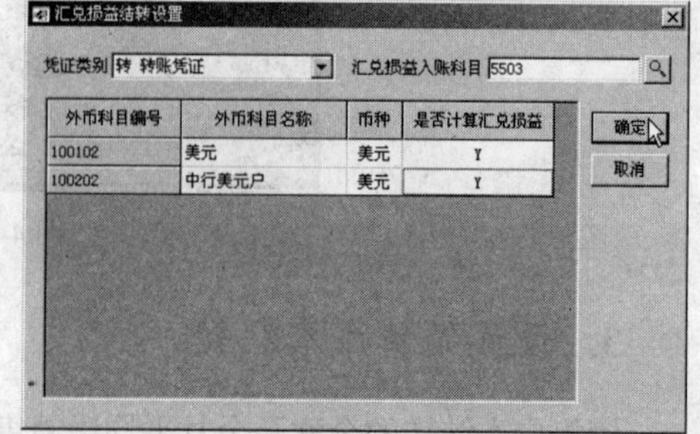

图 4-45 设置汇兑损益结转

注意

- 汇兑损益入账科目不能是辅助账科目或有数量外币核算的科目。
- 若在总账的选项设置中将【往来控制方式】设定为【客户往来业务由应收系统核算】或【供应商往来业务由应付系统核算】，则计算汇兑损益的外币科目不能是客户或供应商往来的科目。若要对客户、供应商科目计算汇兑损益，应在应收或应付款系统中进行。

5. 设置期间损益结转

期间损益结转用于期末将损益类科目的余额结转到本年利润科目中，从而及时反映企业的经营成果，期间损益科目主要包括主营业务收入、主营业务成本、营业外收支以及对销售费用、管理费用、财务费用等期间费用的结转。

【例 4-25】　对上海市 AAA 公司的期间损益进行结转设置。

（1）在【总账】窗口系统菜单中，执行【期末】/【转账定义】/【期间损益】命令，打开【期间损益结转设置】对话框。

（2）将凭证类别调整为转账凭证，在【本年利润科目】文本框中输入“本年利润”科目编码，单击下方列表框中的任意位置，在【本年利润科目编码】栏和【本年利润科目名称】栏将显示出相应的内容，如图 4-46 所示，单击 确定 按钮。

图 4-46　期间损益结转

4.7.2　生成转账凭证

自动转账定义完成后，每月月末只需利用系统自动生成转账凭证的功能，就可有选择地将已定义的自动转账生成相应的凭证，并自动追加到未记账凭证中去。

由于转账是按照已记账凭证的数据进行计算的，所以每进行一项月末转账工作之前，应先将与该转账内容有关的所有未记账凭证记账，否则，生成的转账凭证数据就可能存在错误。

用户在执行月末自动转账时，必须遵循这样一个原则，即转账业务相互之间无关联性时可以同时转账并生成记账凭证，有前后关联性的转账业务则应严格按顺序结转。这是因为自动转账功能生成的会计凭证中的借贷金额来源于会计账簿数据，执行转账功能后生成的仅仅是会计凭证，还未经审核记账，如果将前后相关的转账业务同时结转，会直接导致后续转账业务从账簿上获取的数据不完整、不准确。

1. 生成自定义转账凭证

自定义转账主要是对费用分摊和计提、税金的计算等内容的定义，这些数据可以根据期初余额或本期的业务发生额初次汇总而得，所以在期末的转账处理中，首先应从生成有关自定义转账凭证开始。

【例 4-26】 生成本期计提短期借款利息的自定义转账凭证。

操作步骤

（1）在【总账】窗口系统菜单中，执行【期末】/【转账生成】命令，打开【转账生成】对话框。

（2）选定【自定义转账】单选框，在右边列表框中显示有已设置的自定义转账内容。双击【是否结转】栏，选择自动生成的转账项目，被选中的项目的【是否结转】栏显示出【Y】标志，单击 确定 按钮。

（3）系统开始自动生成凭证，在打开的【转账生成】窗口显示有已生成的转账凭证，如 4-47 所示。单击 保存 按钮，在凭证左上角将显示出“已生成”字样，系统自动将当前凭证追加到未记账凭证中。

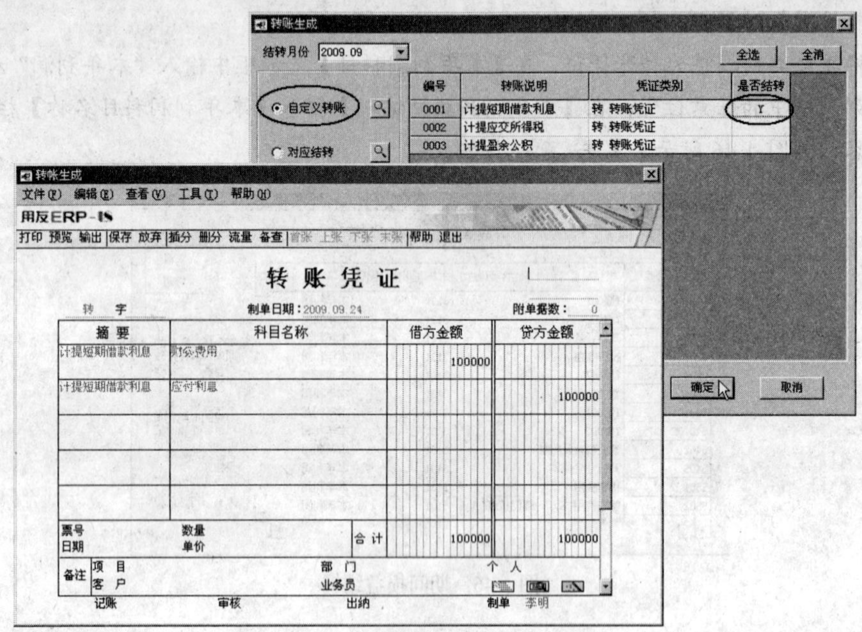

图 4-47 生成自定义转账凭证

说明

- 若转账科目有辅助核算，但未定义具体的转账辅助项，则应选择按所有辅助项结转还是按有发生的辅助项结转。
- 按所有辅助项结转：转账科目的每一个辅助项生成一笔分录，如有 10 个部门，则生成 10 笔分录，每个部门生成一笔转账分录。
- 按有发生的辅助项结转：按转账科目下每一个有发生的辅助项生成一笔分录，如有 10 个部门，其中转账科目下有 5 个部门有余额，则生成 5 笔分录，每个有余额的部门生成一笔转账分录。

2. 生成对应结转凭证和汇兑损益结转凭证

生成对应结转凭证和汇兑损益结转凭证的方法与自定义转账凭证类似，所不同的是在【转账生成】窗口应在左边列表框中分别选定相应的【汇兑损益结转】和【期间损益结转】单选框。

在实务操作中需要注意的是，生成对应结转凭证和汇兑损益结转凭证之前，需要进行一次对未记账凭证的记账工作。

【例 4-27】 2009 年 9 月的期末美元对人民币汇率为 1 美元=6.824 5 元人民币，按此计算并

生成本月的汇兑损益结转凭证。

操作步骤

（1）由账套主管在【总账】窗口系统菜单中，执行【设置】/【外币及汇率】命令，打开【外币设置】对话框。

（2）单击【调整汇率】空白栏，输入期末汇率值，然后单击 退出 按钮返回，如图 4-48 所示。

（3）由一般操作员在【总账】窗口系统菜单中，执行【期末】/【转账生成】命令，打开【转账生成】对话框。

（4）选定左边列表中的【汇兑损益结转】单选框，单击窗口右上角的 全选 按钮，然后单击 确定 按钮。

（5）在打开的【汇兑损益试算表】对话框中，拖动横向滚动条，可以查看系统所生成的汇兑损益数据，查看完毕，单击 确定 按钮。

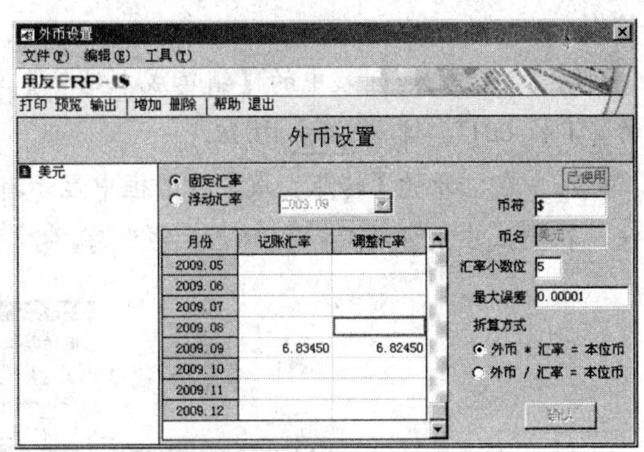

图 4-48　账套主管设置期末汇率值

（6）在打开的【转账生成】对话框中，将光标定位在凭证字位置，将凭证类别调整为付款凭证，如图 4-49 所示。

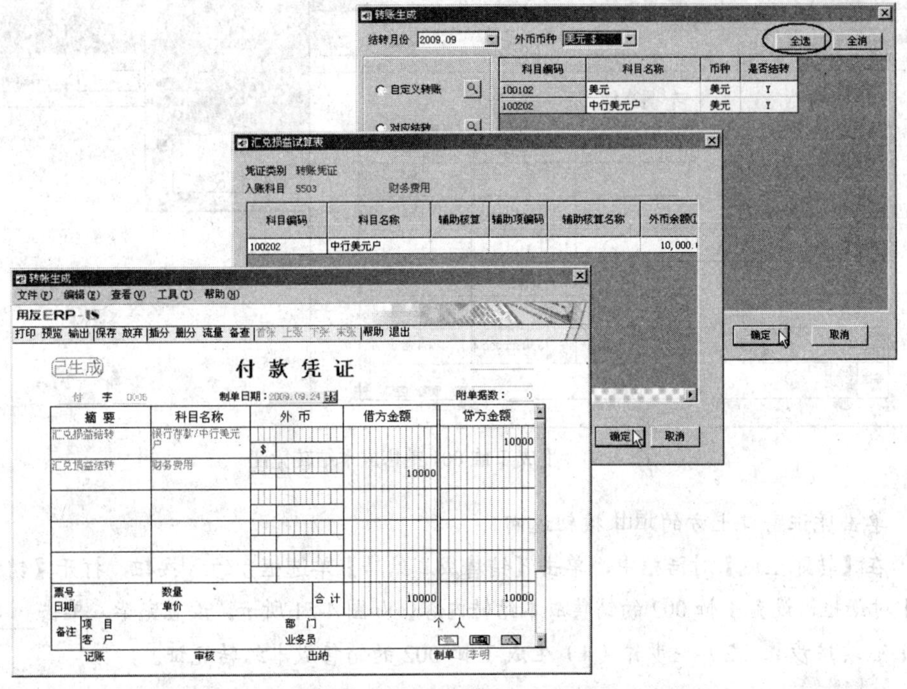

图 4-49　生成汇兑损益结转凭证

（7）修改完毕，单击 保存 按钮，凭证被保存，然后单击 退出 按钮返回。

3. 生成销售成本结转凭证

销售成本结转通常在月末登记了所有销售收入之后，并且所有与库存商品成本计算有关生产完工入库核算完毕之后才进行。系统在自动生成销售成本结转凭证时，按照事先设置，自动从已登记账簿中获取相关数据。因此，在生成销售成本结转凭证之前，必须将所有销售业务凭证、生产完工入库凭证进行审核和记账，在此基础上系统才能生成正确的销售成本结转凭证。

操作步骤

（1）在【总账】窗口系统菜单中，执行【期末】/【转账生成】命令，打开【转账生成】对话框。

（2）选定左边列表中的【销售成本结转】单选框，对话框右边显示有已设置好的成本科目名称“T 恤 001”，单击 确定 按钮。

（3）在打开的【转账生成】对话框中显示有已生成的转账凭证，如图 4-50 所示。单击 **保存** 按钮，在凭证左上方将显示出“已生成”字样，系统自动将当前凭证追加到未记账凭证中。

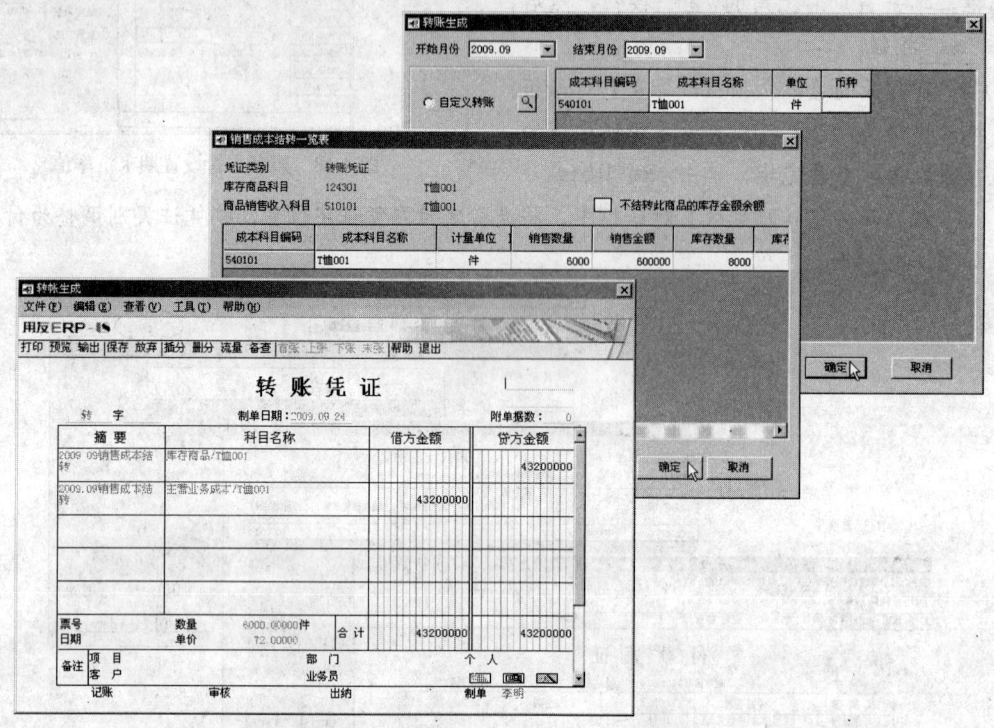

图 4-50　生成 T 恤 001 销售成本结转凭证

（4）单击凭证窗口上方的 **退出** 按钮返回。

（5）在【转账生成】对话框中，单击【销售成本结转】单选框旁的 按钮，打开【销售成本结转设置】对话框，设置 T 恤 002 的销售成本结转内容，如图 4-51 所示。设置完毕，单击 确定 按钮。

（6）继续按步骤（2）～步骤（4）生成 T 恤 002 的销售成本结转凭证。

4. 生成期间损益结转凭证

期间损益结转是指将损益类科目余额结平，转入本年利润科目进行后续利润核算的业务处理。期间损益结转通常在月末将所有损益类科目凭证全部登记入账后才进行，因此，在系统生成期间损益结转凭证之前，应先将所有的未记账凭证全部进行审核和记账。

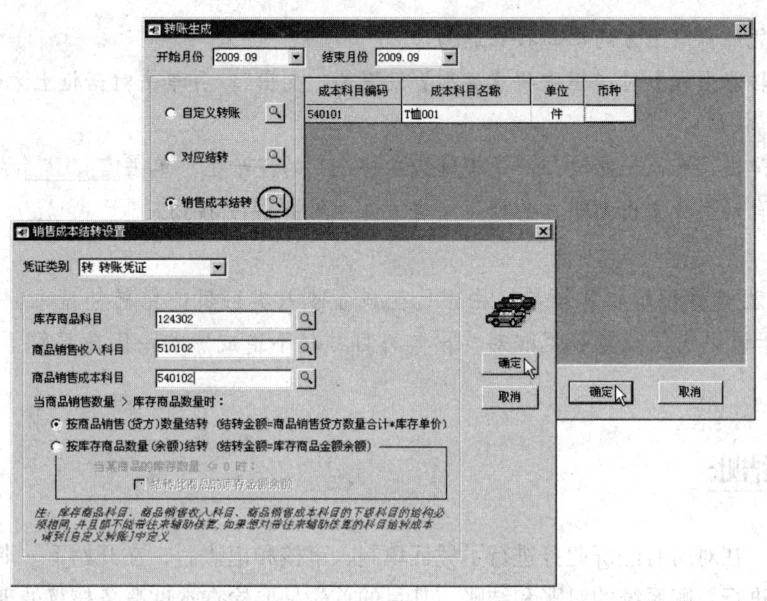

图 4-51　设置 T 恤 002 销售成本结转凭证

操作步骤

（1）在【总账】窗口系统菜单中，执行【期末】/【转账生成】命令，打开【转账生成】对话框。

（2）选定左边列表中的【期间损益结转】单选框，在对话框右边窗口显示有所有的损益类会计科目，单击对话框上方【类型】下拉按钮，将【类型】设置为“收入”。

（3）再单击对话框上方的 全选 按钮，然后单击 确定 按钮。

（4）系统自动生成收入类账户的损益结转凭证，单击 保存 按钮，在凭证左上方显示出“已生成”字样，系统自动将当前凭证追加到未记账凭证中。如图 4-52 所示。

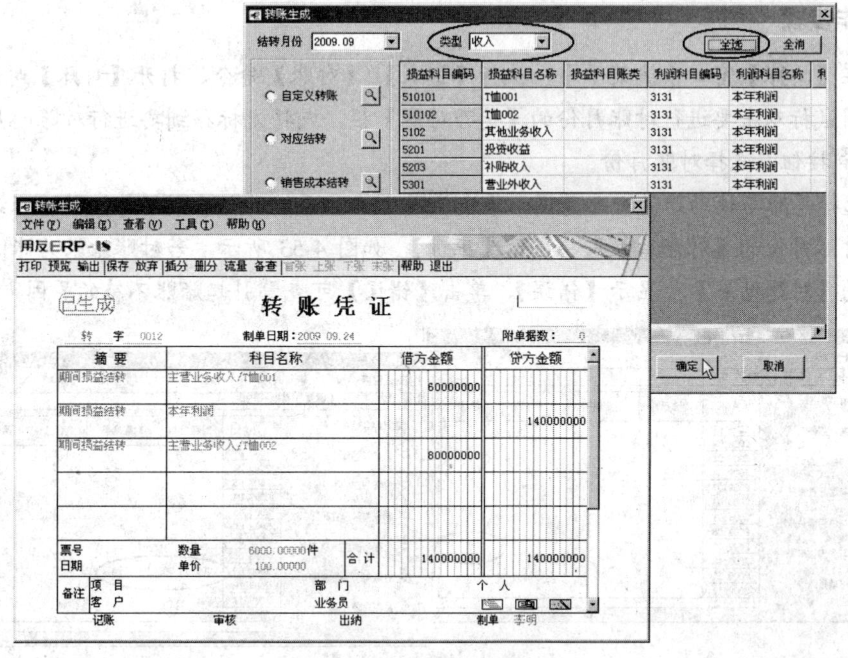

图 4-52　生成期间损益结转凭证

（5）单击凭证窗口上方的 退出 按钮返回。

（6）在【转账生成】对话框中将【类型】设置为“支出”，再单击对话框上方的 全选 按钮，然后单击 确定 按钮。

（7）系统弹出“有未记账凭证，是否继续结转？”的提示框，单击 是(Y) 按钮。

（8）系统自动生成支出类账户的损益结转凭证，单击 保存 按钮。

说明

在生成支出类科目结转凭证前，由于已生成了收入类科目的结转凭证，因此有“未记账凭证”，但由于该记账凭证是否记账对支出类科目结转不造成影响，因此可暂不做审核和记账处理。

4.7.3 结账

会计期末，在对所有经济业务进行了凭证填制、审核和记账后，在开始下一期账务核算处理之前，还必须进行总账系统的对账和结账，其目的首先是要检查本期账务核算处理的正确性，其次是通过结账将有关信息转入下期，成为下期的期初信息。

1. 对账与试算平衡

对账是对账簿数据进行核对，以检查记账是否正确，以及账簿是否平衡。主要是通过核对总账与明细账、总账与辅助账数据来完成账账核对。

试算平衡是将系统中所设置的所有会计科目的期末余额按会计平衡公式“借方余额=贷方余额”进行平衡检验，并输出科目余额表及是否平衡的信息。

对账与试算平衡一般在每月月底结账前进行，以检验系统所进行的会计数据处理的正确性。

操作步骤

（1）在【总账】窗口系统菜单中，执行【期末】/【对账】命令，打开【对账】对话框。

（2）用鼠标双击要进行对账月份的【是否对账】栏，或将光标移到要进行对账的月份，用鼠标单击 选择 按钮，选择对账月份。

（3）选择总账与辅助账的对账范围，单击 对账 按钮，系统开始自动对账。若对账结果为账账相符，则对账月份的【对账结果】栏显示【正确】，如图 4-53 所示。若对账结果为账账不符，则对账月份的【对账结果】栏显示【错误】，单击【错误】可查看引起账账不符的原因。

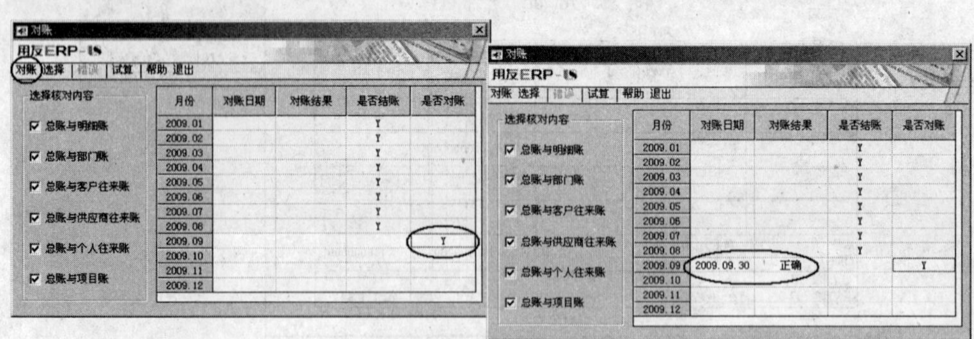

图 4-53 总账系统对账

（4）单击试算按钮，系统开始对各科目类别余额进行试算。试算完毕，显示出【试算平衡表】，如图4-54所示。

（5）试算完毕，直接单击确认按钮返回。

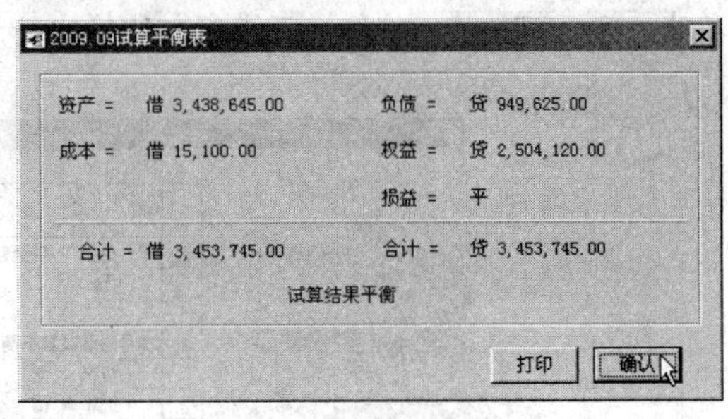

图4-54 总账系统试算平衡

2. 结账

总账系统的结账是当月期末处理的最后一项操作，结账只能在每月月底进行一次，且必须按月连续进行。在进行期末结账前，必须将本月所有未记账凭证进行记账，否则系统会拒绝结账；结账完成后，不能再输入当月的记账凭证，该月也不能再记账。结账后本月各账户的期末余额将结转为下月的月初余额，如果是年度结账，则12月末各账户的期末余额将结转为下一年度的年初余额。

操作步骤

（1）在【总账】窗口系统菜单中，执行【期末】/【结账】命令，打开【结账】对话框。

（2）在【结账——开始结账】对应的对话框中，选定要结账的月份【2009.09】，单击下一步按钮。

（3）在【结账——核对账簿】对应的对话框中，单击对账按钮，系统开始对有关账簿进行账账核对，并在下面的文本框中显示出对账结果，如图4-55所示，单击下一步按钮。

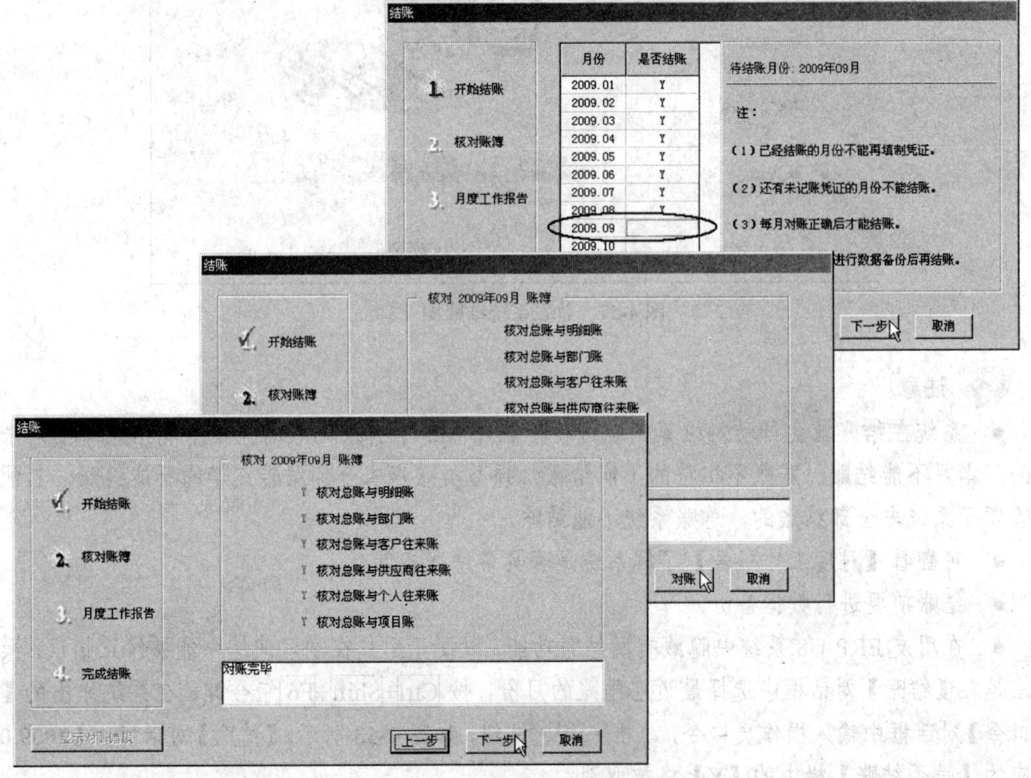

图4-55 总账系统结账图（1）

（4）在【结账——月度工作报告】对话框中显示有当前系统账务处理的状态和试算平衡结果。单击 打印月度工作报告 按钮，可进行打印输出，如图 4-56 所示。

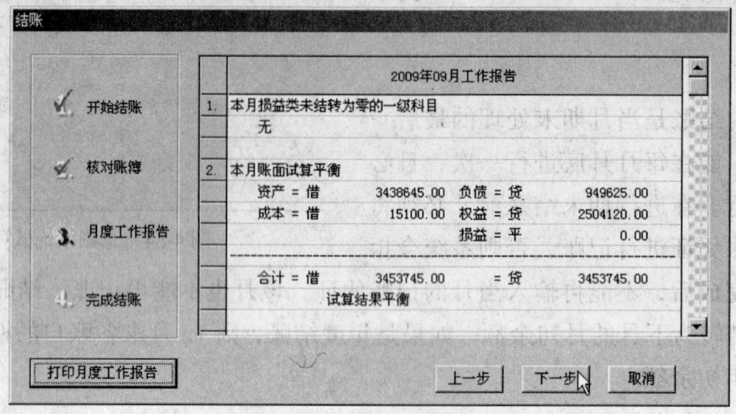

图 4-56 总账系统结账图（2）

（5）单击 下一步 按钮，进入【结账——完成结账】对话框，单击 结账 按钮，系统将进行结账，如图 4-57 所示。

图 4-57 总账系统结账图（3）

注意

- 系统在结账前会自动对核算状态进行检查，系统中有未记账的凭证不能结账；上月未结账的，本月不能结账；账账不相符的不能结账；损益类账户未全部结转完毕的不能结账；其他业务管理子系统未全部结账的，总账系统不能结账。
- 可翻看【月度工作报告】了解系统是否具备结账条件。
- 结账前要进行数据备份。
- 在用友 ERP-U8 系统中隐藏有反结账功能，以便于用户在学习演练中能够修正错误，操作方法是在【结账】对话框中选择最近已结账的月份，按 Ctrl+Shift+F6 组合键，在系统弹出的【确认口令】对话框中输入操作员口令，单击 确认 按钮，如图 4-58 所示。【结账】对话框中【2009.09】对应的【是否结账】栏中的【Y】将被取消。

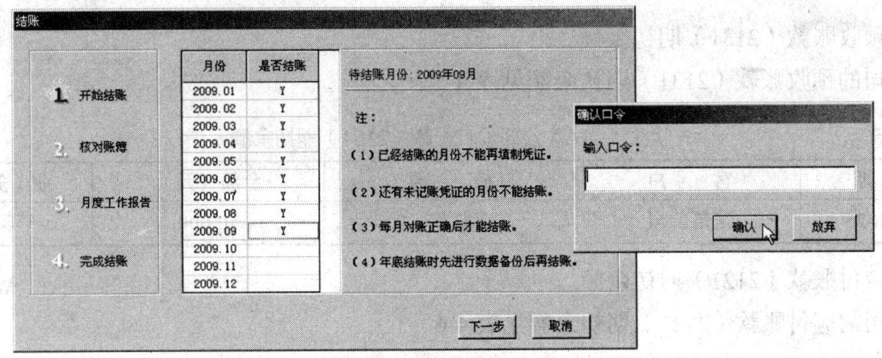

图 4-58　取消结账

上机实训

实训三：总账系统初始化

一、实训准备

完成第 3 章“实训二：基础档案设置”的操作。将计算机系统时间调整为账套操作月份，将相关账套数据引入用友 ERP-U8 系统。

二、实训内容

1. 登录总账系统
2. 设置总账系统功能参数
3. 录入总账系统期初余额

三、实训资料

1. 总账系统功能参数

凭证选项中需进行支票控制，其他为系统默认设置。

2. 期初余额

以 2009 年 9 月 1 日为例，在操作时需转换为实际操作月份。

（1）应收票据（1111）期初余额。

上海市 AAA 公司应收票据（1111）期初余额见表 4-3。

表 4-3　　上海市 AAA 公司应收票据（1111）期初余额

日　期	凭 证 号	客　户	摘　要	金 额（元）	业 务 员	票　号	票 据 日 期
2009-07-01	略	国香公司	货款	100 000	孙刚	12345	2009-07-01

（2）应收账款（1131）期初余额。

该公司应收账款（1131）期初余额见表 4-4。

表 4-4　　上海市 AAA 公司应收账款（1131）期初余额

开 票 日 期	客 户 名 称	摘　要	金额（元）	业 务 员
2009-08-27	天丽公司	货款	30 000	孙刚
2009-08-14	清雅公司	货款	50 000	李艳

（3）预收账款（2131）期初余额。

该公司的预收账款（2131）期初余额见表 4-5。

表 4-5　　上海市 AAA 公司预收账款（2131）期初余额

日　期	客　户	摘　要	金额（元）	业 务 员
2009-08-25	楚楚公司	货款	50 000	李艳

（4）应付账款（2121）期初余额。

该公司的应付账款（2121）期初余额见表 4-6。

表 4-6　　上海市 AAA 公司应付账款（2121）期初余额

日　期	供 应 商	摘　要	金额（元）	业 务 员
2009-08-29	兴盛公司	货款	117 000	孙炎

（5）应付票据（2111）期初余额。

该公司的应付票据（2111）期初余额见表 4-7。

表 4-7　　上海市 AAA 公司应付票据（2111）期初余额

日　期	供 应 商	摘　要	金额（元）	业 务 员	票　号	票据日期
2009-06-01	银狐公司	货款	80 000	陈炎	54321	2009-06-01

（6）预付账款（1151）期初余额。

该公司的预付账款（1151）期初余额见表 4-8。

表 4-8　　上海市 AAA 公司预付账款（1151）期初余额

日　期	供 应 商	摘　要	金额（元）	业 务 员
2009-08-30	新新公司	货款	20 000	陈炎

（7）其他应收款（1133）期初余额。

该公司的其他应收款（1133）期初余额见表 4-9。

表 4-9　　上海市 AAA 公司其他应收款（1133）期初余额

借款日期	部　门	个人姓名	摘　要	金额（元）
2009-08-28	办公室	李立	差旅费	6 000
2009-08-30	销售部	孙刚	差旅费	4 000

（8）原材料（1211）期初数量和金额。

该公司的原材料（1211）期初数量和金额见表 4-10。

表 4-10　　上海市 AAA 公司原材料（1211）期初数量和金额

原材料名称	数　量	金额（元）	原材料名称	数　量	金额（元）
面料 001	6 000 米	300 000	辅料 002	2 000 套	30 000
面料 002	2 000 米	100 000	纽扣 001	30 000 粒	30 000
辅料 001	6 000 套	90 000	缝纫线	500 个	10 000

（9）库存商品（1243）期初数量和金额。

该公司的库存商品（1243）期初数量和金额见表 4-11。

表 4-11　　上海市 AAA 公司库存商品（1243）期初数量和金额

商 品 名 称	数量（件）	金额（元）	商 品 名 称	数量（件）	金额（元）
T 恤 001	2 000	150 000	T 恤 002	4 000	280 000

（10）上海市 AAA 公司期初余额表。

该公司的期初余额表见表 4-12（日期：2009 年 9 月 1 日，即操作当前月月初；单位：元）。

表 4-12　　上海市 AAA 公司期初余额表

科 目 编 码	科 目 名 称	方向	期初余额（元）	科 目 编 码	科 目 名 称	方向	期初余额（元）
100101	库存现金/人民币	借	5 000	2101	短期借款	贷	200 000
100201	银行存款/中行人民币户	借	500 000	2111	应付票据	贷	80 000
100202	银行存款/中行美元户	借	￥68 345 （$10 000）	2121	应付账款	贷	117 000
1111	应收票据		100 000	2131	预收账款	贷	50 000
1131	应收账款	借	80 000	3101	实收资本	贷	2 000 000
1133	其他应收款	借	10 000	3131	本年利润	贷	200 000
1141	坏账准备	贷	1 000	314115	利润分配/未分配利润	贷	36 745
1151	预付账款	借	20 000				
1211	原材料	借	560 000				
1243	库存商品	借	430 000				
1501	固定资产	借	1 115 000				
1502	累计折旧	贷	213 600				
41010101	生产成本/基本生产成本/T 恤 001	借	4 000				
41010102	生产成本/基本生产成本/T 恤 002	借	6 000				
	资产合计		2 683 745		负债和所有者权益合计		2 683 745

（注：为简化操作，假设操作月份的月初余额即为该年的年初余额。）

四、实验步骤

（1）以账套主管的身份登录总账系统。

（2）设置总账系统参数。

（3）录入期初余额。

（4）对账。

（5）试算平衡。

（6）以 admin 的身份登录系统管理备份账套。

实训四：总账系统日常业务核算

一、实训准备

完成第 4 章“实训三：总账系统初始化”的操作。将计算机系统时间调整为账套操作月份，

将“实训三：总账系统初始化”账套数据引入用友 ERP-U8 系统。

二、实训内容

1. 填制凭证
2. 修改凭证
3. 删除凭证
4. 审核凭证
5. 记账

三、实训资料

上海市 AAA 服装有限公司 2009 年 9 月份（即账套操作月份）发生下列经济业务，要求进行相应的凭证处理。

（1）采购部业务员陈炎向永新公司购进纽扣 001 共 400 袋，不含税单价 100 元/袋，每袋 100 粒，增值税率 17%，材料已验收入库，贷款以转账支票（结算号：12344）付讫。

（需输入各原材料数量、单价；需输入结算方式和转账支票结算号。）

（2）采购部业务员陈炎向新新公司购进辅料 002 共 10 000 套，单价 15 元/套，价款 150 000 元，增值税率 17%，税额 25 500 元，货款以转账支票付讫，票号 12345。

（需输入原材料数量、单价；需输入结算方式和转账支票票号。）

（3）采购部业务员陈炎向兴盛公司购进面料 002 共 4 000 米，单价 50 元/米，增值税率 17%，开出三个月期无息商业承兑汇票一张，票据编号：23456。

（需输入原材料数量、单价；需在辅助项对话框中输入应付票据对应的供应商名称、业务员和票号。）

（4）从银行提取现金 3 000 元备用，现金支票票号为 10001。

（填制付款凭证，需输入结算方式、票号。）

（5）开出转账支票由银行代发工资 55 960 元，转账支票票号：12346。

（需输入结算方式和转账支票票号，日期为操作日期。）

（6）销售部李艳销售给楚楚公司 T 恤 001 共 6 000 件，不含税单价 100 元/件，增值税率 17%，款项已通过银行收讫。

（结算方式为电汇，票号略；需在主营业务收入辅助项对话框中输入数量和单价。）

（7）销售部孙刚销售给丽人公司 T 恤 002 共 8 000 件，单价 100 元/件，增值税率 17%，价款未收。

（需输入应收账款对应的客户名称、业务员；需在主营业务收入辅助项对话框中输入数量和单价。）

（8）收到清雅公司电汇款，金额 50 000 元，系上月该公司所欠货款。

（需输入结算方式，票号略；需在辅助项对话框中输入应收账款对应的客户名称。）

（9）办公室李立出差回来报销差旅费 8 000 元，补付现金 2 000 元。

（编制一张付款凭证，一张转账凭证。管理费用辅助项对话框中需输入部门名称；其他应收款辅助项对话框中需输入职员名称。）

（10）计算分摊本月工资费用，其中，生产 T 恤 001 工人工资 10 000 元，生产 T 恤 002 工人工资 9 000 元，制造部管理人员工资 5 200 元，销售部人员工资 8 500 元，办公室人员工资 8 360 元，财务部人员工资 7 700 元，人力资源部人员工资 3 600 元，采购部人员工资 3 600 元。会计分录：

借：生产成本/基本生产成本/T 恤 001　　10 000
　　生产成本/基本生产成本/T 恤 002　　9 000
　　制造费用　　5 200
　　销售费用　　8 500
　　管理费用（办公室）　　8 360
　　管理费用（财务部）　　7 700
　　管理费用（人力资源部）　　3 600
　　管理费用（采购部）　　3 600
　贷：应付职工薪酬　　　　55 960

（需在管理费用辅助项对话框中输入部门名称。）

（11）仓库本月发出材料汇总表，如表 4-13 所示。

表 4-13　　上海市 AAA 公司本月仓库发出材料汇总表

材料	项目	T 恤 001 耗用	T 恤 002 耗用	一般性耗用	合计金额（元）
面料 001	数量（米）	6 000			
	单价（元/米）	50			
	金额（元）	300 000			300 000
面料 002	数量（米）		5 000		
	单价（元/米）		50		
	金额（元）		250 000		250 000
辅料 001	数量（套）	6 000			
	单价（元/套）	15			
	金额（元）	90 000			90 000
辅料 002	数量（套）		5 000		
	单价（元/套）		15		
	金额（元）		75 000		75 000
纽扣 001	数量（粒）			40 000	
	单价（元/粒）			1	
	金额（元）			40 000	40 000
缝纫线 001	数量（个）			400	
	单价（元/个）			20	
	金额（元）			8 000	8 000
合计金额（元）		390 000	325 000	48 000	763 000

（注：需输入原材料的数量和单价。）

（12）用现金支付制造部办公费 100 元。

（13）经计算本月固定资产折旧费 5 440 元，其中制造部负担 2 800 元，办公室负担 2 080 元，财务部负担 80 元，人力资源部负担 80 元，销售部负担 400 元（销售部折旧计入销售费用）。

（14）按产品生产产量比例结转本月制造费用（A 产品 6 000 件，B 产品 5 000 件）。

（第一步，对未审核记账的凭证进行审核记账处理；第二步，查询制造费用总分类账的本月发生额；第三步，按产量比例计算出分摊到 T 恤 001 和 T 恤 002 的金额；第四步，填制相应的记账凭证。）

（15）结转完工产品的实际成本。本月 T 恤 001 产品完工 6 000 件，期末在产品金额为 8 600 元；T 恤 002 产品完工 5 000 件，期末在产品金额为 6 500 元。

（第一步，查询生产成本明细账，查询 T 恤 001 和 T 恤 002 的生产成本余额；第二步，根据已知各产品实际期末生产成本明细账余额推算出完工产品的生产成本；第三步，将完工产品生产成本除以各自的数量，计算出完工产品单位成本；第四步，填制完工产品结转入库的记账凭证。）

四、操作步骤

1. 填制凭证

在填制凭证时，业务日期即为当前操作日期，所附单据数可忽略不填，实训资料中未提供的其他内容在凭证填制中均可忽略。凭证摘要可简单以题号代替，第 9 题涉及两张凭证的，可用“9（1）”和“9（2）”表示。

2. 修改凭证

发现填制错误的凭证，在不同的情况下采取相应的修改方法，具体分为 3 种情况：

（1）未经审核的凭证修改；

（2）已经审核但未记账的凭证修改；

（3）已记账的凭证修改。

3. 删除凭证

只有未经审核的凭证才能被删除，如果凭证已经审核记账，则需按以上修改凭证的方法对凭证进行相应的处理。

4. 审核凭证

5. 记账

6. 备份账套

以系统管理员“admin”的身份登录系统管理备份账套。

实训五：总账系统自动转账凭证定义

一、实训准备

完成第 4 章“实训四：总账系统日常业务核算”的操作。将计算机系统时间调整为账套操作月份，将“实训四：总账系统日常业务核算”账套数据引入用友 ERP-U8 系统。

二、实训内容

进行各种期末自动转账凭证的公式定义。

三、实验资料

1. 自定义结转

（1）计提本月短期借款利息（年利率 6%）。

借：财务费用（5503）　　　　JG（）

贷：应付利息（2231）　　　　QM（2101，月，贷)*0.06/12

（2）按本月实现利润的 25%计提应交所得税。

借：所得税费用（5701）　　　　（FS（3131，月，贷)-FS（3131，月，借))*0.25

贷：应交税费/应交所得税（217106）　　　　JG（）

（3）按税后利润的 10%计提盈余公积。

借：利润分配/提取盈余公积（314102）　　　　FS（314115，月，贷）*0.1

贷：盈余公积（312101）　　　　　　　　　　JG()

2. 对应结转

（1）结转净利润。

编号：0001；凭证类别：转账凭证；摘要：结转本年净利润。

转出科目编码：3131；转出科目名称：本年利润。

转入科目编码：314115；转入科目名称：未分配利润；结转系数：1。

注：净利润通常在年末结转，但在实训中仅就一个月的经济业务进行处理，为全面掌握核算业务处理方法，所以将操作月份视同年末，在操作月末即结转净利润。

（2）结转利润分配明细账户。

编号：0002；凭证类别：转账凭证；摘要：结转利润分配明细账。

转出科目编码：314102；转出科目名称：提取法定盈余公积。

转入科目编码：314115；转入科目名称：未分配利润；结转系数：1。

3. 销售成本结转

（1）T 恤 001 商品销售成本结转。

库存商品科目：124301；商品销售收入科目：510101；商品销售成本科目：540101。

（2）T 恤 002 商品销售成本结转。

库存商品科目：124302；商品销售收入科目：510102；商品销售成本科目：540102。

4. 汇兑损益结转

汇兑损益入账科目：5503；科目 100102，100202 均需计算汇兑损益。

5. 期间损益结转

结转本月损益类科目。

四、实验步骤

（1）以账套主管的身份登录总账，按上述实训资料顺序进行转账凭证定义。其中，销售成本结转一次只能定义一张凭证，另一张凭证在生成转账凭证时再另行定义。

（2）以“admin”的身份登录系统管理备份账套。

实训六：总账系统自动转账凭证生成与审核记账

一、实训准备

完成第 4 章“实训五：总账系统自动转账凭证定义”的操作。将计算机系统时间调整为账套操作月份，将“实训五：总账系统自动转账凭证定义”账套数据引入用友 ERP-U8 系统。

二、实训内容

根据经济业务，运用系统自动转账功能自动生成会计凭证。

三、实训资料

1. 结转已销售商品成本

（在所有记账凭证均已记账的前提下，通过“销售成本结转”自动生成 T 恤 001 已售成本结转凭证和 T 恤 002 已售成本结转凭证。）

2. 计提本月短期借款利息

（通过"自定义结转"自动生成凭证。）

3. 核算本月的汇兑损益

月末 1 美元=6.824 5 元人民币。

（通过"汇兑损益结转"自动生成凭证。）

4. 结转本月损益类账户到本年利润

（第一步，对上述凭证进行审核和记账处理；第二步，通过"期间损益结转"自动生成凭证，操作中分别勾选类型中的"收入"和"支出"，分两次操作生成两张凭证。）

5. 按本月实现利润的 25%计提应交所得税

（第一步，对上述凭证进行审核和记账处理；第二步，通过"自定义结转"自动生成凭证。）

6. 结转所得税费用

（第一步，对上述凭证进行审核和记账处理；第二步，通过"期间损益结转"自动生成凭证，无需选择类型，可直接进行自动转账的操作。）

7. 结转净利润

（第一步，对上述凭证进行审核和记账处理；第二步，通过"对应结转"自动生成凭证。）

8. 按税后利润的 10%计提盈余公积

（第一步，对上述凭证进行审核和记账处理；第二步，通过"自定义结转"自动生成凭证。）

9. 结转利润分配明细账户

（第一步，对上述凭证进行审核和记账处理；第二步，通过"对应结转"自动生成凭证。）

四、操作步骤

（1）以一般操作员的身份登录总账，进行上述期末自动转账凭证的生成操作。

（2）涉及凭证审核和记账的，以账套主管的身份登录总账操作。

注意

最后一张凭证生成后，同样需要进行审核和记账。

（3）所有凭证生成、审核、记账完毕后，以"admin"的身份登录系统管理备份账套。

第5章 会计报表编制

学习目标

知识目标：

- 了解会计报表的概念和分类
- 了解用友 UFO 会计报表系统的功能
- 了解用友 UFO 会计报表的编制流程
- 掌握会计报表编制涉及的常用概念
- 掌握会计报表编制的基本方法
- 掌握生成报表数据的方法
- 掌握保存和输出报表数据的方法

能力目标：

- 能够按业务要求编制会计报表
- 能够按业务要求生成报表数据
- 能够将所编制的会计报表和报表数据按要求的方式保存和输出

5.1 会计报表编制概述

会计报表是以货币为计量单位，总括反映企业和行政、事业等单位在一定时期内的财务状况、经营成果和现金流量情况的报告文件。编制会计报表是会计核算的一项专门方法，它将日常核算中繁多分散的会计资料，按统一的会计制度的要求、规定的格式和编制的方法，加以归类、整理、汇总，形成一套完整的指标体系。由于会计报表所提供的指标比其他会计资料能够更为综合、系统、全面地反映企业的经营情况和结果，所以编制会计报表成为每个会计期间最为重要的工作之一。会计报表不仅是一个会计期间会计工作的综合成果，会计报表的完成也标志着一个会计期间工作的结束。

5.1.1 会计报表概述

会计报表按不同的标准可以进行不同的分类。首先，根据会计对象的具体内容和经济管理的要求不同，可分为企业、行政、事业单位会计报表等大类；其次，各类会计报表还可根据不同的标准进行更具体的划分。以常用的企业会计报表为例，企业会计报表可以按以下标准进行分类。

（1）按照编报时间的不同，可将会计报表分为月份会计报表、季度会计报表和年度会计报表。

（2）按照编报单位的不同，可将会计报表分为单位会计报表和汇总会计报表。单位会计报表是由自主经营、独立核算的基层企业单位编制的会计报表；汇总会计报表是由各主管单位、各地区财政部门或大型企业集团根据其所属企业上报的会计报表汇总编制的会计报表。

（3）按照会计报表的服务对象分类，可将会计报表分为对内会计报表和对外会计报表。对内会计报表主要是针对单位的经营管理者的日常经营管理需要编制的报表，如成本分析表、资金预算表、费用明细表等。这些报表由于企业经营管理需要的不同，在报表的格式、内容和编制方法上有很大的差异，被广泛运用于企业日常管理的各个领域，如在工资、应收应付款和固定资产等业务管理系统中，用户即可根据业务管理的需要自行编制各种 UFO 对内报表。对外会计报表主要是提供给单位外部的财政、税务部门、银行、投资者、债权人等，用以反映单位一定时期财务状况、经营成果和现金流量的报表。对外报表的编制必须遵循《企业会计制度》、《企业会计准则》、《企业财务报告条例》等相关财务制度的规定，一般具有统一的格式、内容和编制方法。通常对外会计报表主要是指资产负债表、利润表、现金流量表及其相关的附表和附注。

无论是何种会计报表，用户都可以在 UFO 会计报表管理系统中进行设计编制，UFO 还向用户提供了一些常用的对外报表模板，以便于减轻用户编制会计报表的工作量，更便捷地制作适合实际需要的报表。

5.1.2 UFO 会计报表管理系统简介

UFO 会计报表管理系统是用友财务软件中专门用来编制各种会计报表的子系统，它具有强大的报表编制和数据处理功能，能够根据账套中的各种会计凭证和账簿数据，按照报表的公式定义自动生成报表数据，并具有计算、统计、汇总、查询和打印输出等功能。

用友 UFO 会计报表管理系统强大的报表编制和数据处理功能，是由报表管理系统的一系列功能模块来实现的，这些功能模块分别承担着报表编制、运算审核、汇总分析、报表输出和二次开发等基本功能，如图 5-1 所示。

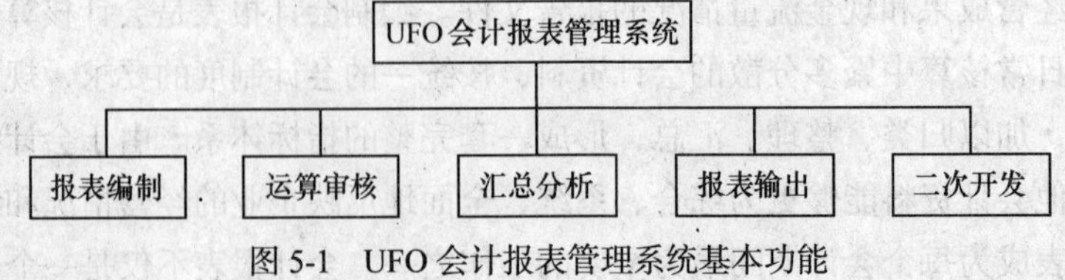

图 5-1 UFO 会计报表管理系统基本功能

报表编制：包括创建报表、设置报表格式、设置报表数据来源及运算关系。

运算审核：根据所定义的公式进行运算，并通过在报表内部设置勾稽关系，对报表加以审核，

以检验报表数据的正确性。

汇总分析：将同一报表不同期间的报表数据或其下属单位上报的报表进行汇总，生成汇总报表（合并报表），同时完成报表的统计及分析工作。

报表输出：对已编制完成的报表进行显示或打印输出。

二次开发：UFO 提供了由函数、命令、变量和语句组成的语言系统，利用 UFO 语言系统可以形成批命令文件和自定义菜单，从而开发出适合本企业的专用系统。

5.1.3　UFO 会计报表管理系统基本操作流程

UFO 会计报表管理系统的基本操作流程如图 5-2 所示。

对会计报表的操作和管理从时间段上可分为两个阶段：一是会计报表编制阶段，这是对会计报表管理的前期阶段，在这一阶段主要是对会计报表的格式、内容、数据来源和公式运算进行定义，从而形成会计报表的整体框架；二是会计报表的日常管理阶段，主要任务是根据实际业务的发生情况，将账套内的会计数据引入报表或通过手工输入，完成报表数据的采集，并对生成的数据进行运算审核和汇总分析，最后将生成的会计报表进行输出打印。

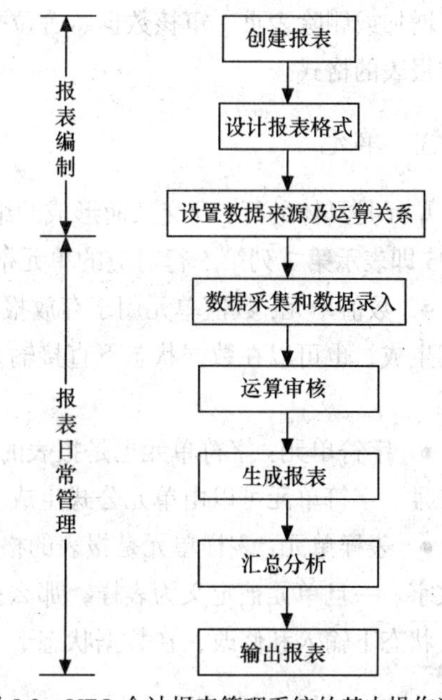

图 5-2　UFO 会计报表管理系统的基本操作流程

会计报表的前期编制工作是日常报表管理工作的基础，只有在正确编制会计报表的基础上，才能在日常报表管理中实现对报表数据的正确采集和运算，生成准确的会计报表。通常，会计报表按用户需要编制完成后，在日常工作中无需进行修改，用户可以将其作为报表文件保存起来，但如果会计制度发生了改变，或者用户使用的会计科目及其编码进行了调整，则应及时对会计报表的编制进行相应的调整。

5.1.4　UFO 会计报表管理系统基本概念

UFO 会计报表管理系统是一个具有专门操作方法，自成体系的管理系统，在使用过程中会涉及大量的基本概念，因此，熟悉 UFO 会计报表管理系统必须从了解相关的基本概念开始。

1. 报表和报表文件

● 报表：是由若干行和列组成的一个二维表。具有相同格式但数据不同的每张报表也叫表页。报表是报表管理系统存储数据的基本单位。

● 报表文件：报表数据是以文件的形式保存在存储介质中的，每个报表文件都有一个文件名，报表文件的表示方式为“文件名.rep”。

2. 格式状态和数据状态

UFO 的报表编制分为报表格式设计和报表数据处理两大部分，这两部分工作必须在相应的系统状态下进行，在 UFO 会计报表管理系统窗口中通过单击 格式 / 数据 按钮来实现两种系统状态之间的转换。

● 格式状态：在格式状态下可进行有关报表格式和公式设置的操作，主要设置内容包括表尺寸、行高和列宽、单元属性、单元风格、组合单元、关键字、可变区、单元公式、审核公式、舍位平衡公式等设置。在格式状态下所做的操作对本报表所有的表页都发生作用，但在格式状态下不能进行数据的录入、计算等操作。

● 数据状态：在数据状态下可对报表数据进行编辑和管理，主要操作内容包括输入或采集数据、增加或删除表页、审核数据、舍位平衡、制作图表、汇总、合并报表等。在数据状态下不能修改报表的格式。

3. 单元

单元是具体的行、列交叉而形成的组成报表的最小单位，单元名称也以具体的行列号来表示，如 C5 即表示第 3 列第 5 行对应的单元格。单元分为数值单元、字符单元和表样单元 3 种。

● 数值单元：数值单元用于存放报表的数据，数值单元的数据可以由单元中存放的单元公式运算生成，也可以在数据状态下直接输入。建立一个新表时，系统将所有的单元类型默认为数值单元。

● 字符单元：字符单元也是报表的数据，内容可以是汉字、字母、数字及各种键盘可以输入的符号。字符单元可以由单元公式生成，也可以在数据状态下直接输入。

● 表样单元：表样单元是报表的格式，用于定义一个没有数据的空表所需的所有文字、符号或数字。一旦单元被定义为表样，那么在其中输入的内容对所有表页都有效。表样单元的内容在格式状态下输入和修改，在数据状态下不允许修改。

4. 区域和组合单元

● 区域：是指由一组相邻的单元组成的矩形块。区域是二维的，最大的区域是一个表页的所有单元，最小的区域是一个单元。区域一般用起点单元与终点单元来表示，中间用“：”连接，如从 A1 单元到 F5 单元的矩形区域可以用“A1:F5”来表示。

● 组合单元：组合单元由相邻的两个以上的同一类型的单元组成。UFO 在处理报表时将组合单元视为一个单元。组合单元的名称可以用区域的名称或区域中单元的名称来表示。如 D3 到 D5 的组合单元可以表示为“D3”、“D4”、“D5”和“D3：D5”。

通常，设置的可变区在窗口中只显示第一行或第一列，其对应的行标或列标改用红字表示，其他可变行或列隐藏在表体内。在需要时，可以在数据状态下，选定可变区所在的行或列，执行【编辑】/【插入】(或【追加】) 命令，随时增加行或列数。有可变区的报表称为可变表，没有可变区的报表称为固定表。

5. 关键字

关键字是一种特殊的单元，它可以唯一标识一个表页。关键字不仅用于在大量的表页中对表

页进行快速选择，而且可以通过在表页中定义关键字取值，确定表页所反映的会计主体和会计期间。报表的单元公式也是根据每张表页的关键字取值来确定公式中变量的值，从而自动采集相应期间的会计数据的。UFO 提供了 6 种关键字，即“单位名称”、“单位编号”、“年”、“月”、“季”、“日”。此外，用户还可以根据需要设置自定义的关键字。每个报表可以有多个关键字。

关键字的定义分为显示位置定义和具体数值定义。显示位置定义是在格式状态下进行的，而具体的数值定义则是在数据状态下输入的。

6. 报表公式

报表公式是指能够使系统具有自动运算生成报表数据、自动进行报表数据审核和加工的函数表达式，包括计算公式、审核公式和舍位平衡公式等类型。

5.2 会计报表的编制

编制会计报表是指在 UFO 会计报表管理系统中根据需要创建报表、设置报表格式和对会计报表进行公式编辑，以使 UFO 会计报表管理系统在以后的各个会计期间根据所编制的报表，达到能够根据实际的会计期间和相应的经营业务自动取数、计算和生成报表的功能。

5.2.1 创建新表

创建新表就是在 UFO 会计报表管理系统中建立一个新的报表文件。这是编制会计报表的前提。

操作步骤

（1）在桌面单击开始按钮，执行【程序】/【用友 ERP-U8】/【财务会计】/【UFO 报表】命令，打开【UFO 报表】窗口。

（2）单击按钮，或执行【文件】/【新建】命令，系统自动生成一个名为【report1】的报表文件，如图 5-3 所示。

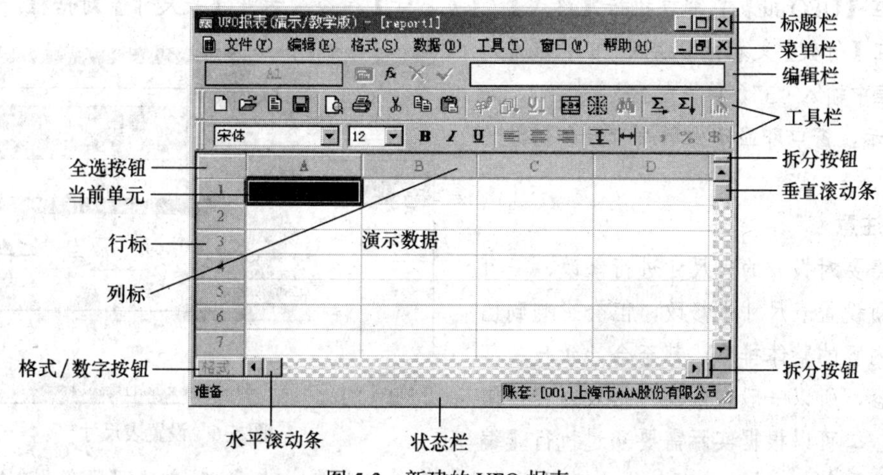

图 5-3　新建的 UFO 报表

5.2.2 设计报表格式

报表的格式设计是指对报表行数、列数、标题、表头、表体、表尾以及报表内各个单元属性和风格等内容的定义。设计报表格式是报表编制的基础，它决定了报表的外观、结构和数据录入的属性。

设计报表格式的操作流程如图 5-4 所示。

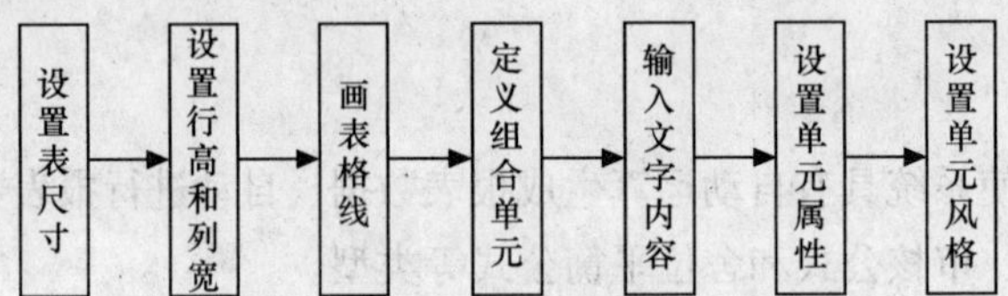

图 5-4 设计报表格式的操作流程

1. 设置表尺寸

设置表尺寸是指设定报表的行数和列数。报表的行数，是将报表的标题、表头、表体、表尾所占的行数加总求和所得的行数，报表的列数是指报表所设的栏目数。

【例 5-1】 按图 5-5 所示表格格式自定义上海市 AAA 公司产品销售分析表。

上海市 AAA 公司产品销售分析表

单位：元

	T 恤 001	T 恤 002
产品销售收入		
产品销售成本		
毛利		
毛利率		

制表人：

图 5-5 上海市 AAA 公司产品销售分析表

操作步骤

（1）在【UFO 报表】窗口执行【格式】/【表尺寸】命令，打开【表尺寸】对话框。

（2）在【行数】文本框中输入“8”，在【列数】文本框中输入“3”，单击确认按钮，如图 5-6 所示，窗口即显示出所设行数和列数的报表。

注意

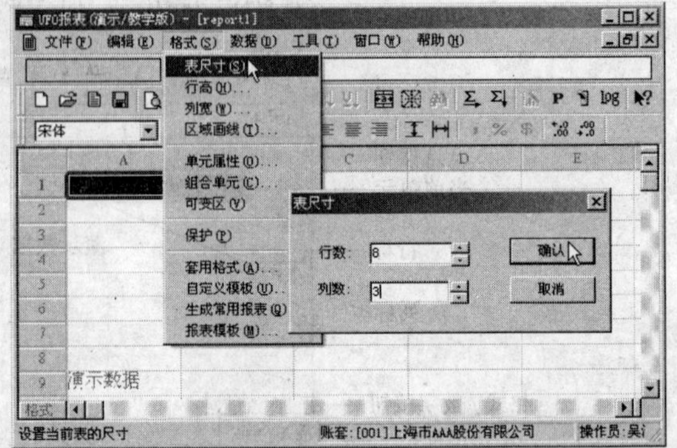

图 5-6 设置表尺寸

如果需要对报表的表尺寸进行修改，一可以通过重新设置表尺寸来修改，但会影响到已输入报表内容的整体排序，甚至会导致丧失部分报表内容，所以一般在未输入报表内容前使用该方法；二可以根据实际需要通过执行【编辑】/【插入】命令，在选定行的上方增加行或选定列的左方增加列，这种方法同样会改变原有行或

列的排列顺序，因此在插入新的行或列后，必须对报表公式进行相应的调整；三如果仅需在报表的最后一行或最后一列后面增加行或列，可以执行【编辑】/【追加】命令，这种方法不会改变原有行或列的排序；四可以通过执行【编辑】/【删除】命令，删除选定的行或列。行或列被删除后，报表会对余下的行和列重新排序，仍需注意对有关的报表公式进行调整。

2. 设置行高和列宽

在一张报表中，出于美观的考虑，对不同的行可能会设置不同的行高，对列宽的设置也要考虑到相应的单元内容，尤其是数据单元，其列宽应能放下本栏中最宽的数据。系统默认的行高值是 5mm，列宽值是 25mm。对行高和列宽的设置有两种方式：一是在窗口中直接将鼠标光标放在行标间或列标间，然后按住鼠标左键拖动鼠标进行调整，这种设置方法比较直观，但不够精确，比较适用于对个别行高或列宽的调整；二是通过执行菜单命令，对选定区域进行整体行高或列宽的设置，这种方法设置精确，且易于实现整体格式的统一。

【例 5-2】　将“上海市 AAA 公司产品销售分析表”的标题行行高设置为 15mm。

操作步骤

（1）选标题所在的开始单元 A1，按住鼠标左键拖动鼠标至表体区域的终点单元 C1，将标题行区域刷黑。

（2）执行【格式】/【行高】命令，打开【行高】对话框。

（3）在【行高】文本框中输入“15”，单击按钮，如图 5-7 所示。

注意

设置行高或列宽前必须先选定相应的区域，否则系统将按选定单元所在的行或列设置相应的行高或列宽。

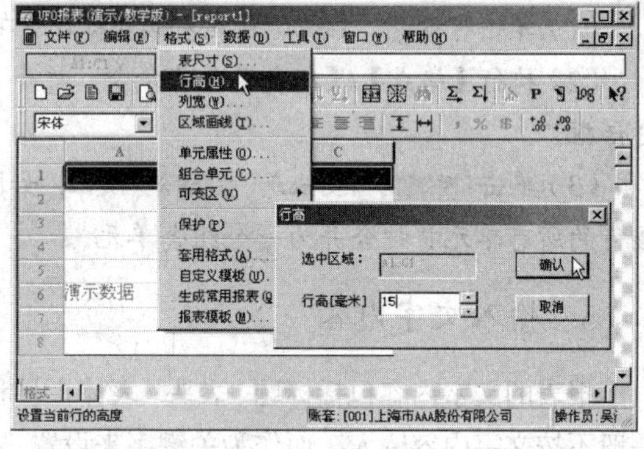

图 5-7　设置行高

3. 画表格线

新建的报表虽然在窗口中显示有浅灰色的表格线，但在报表输出时，是没有任何表格线的，为了便于对打印输出的报表进行阅读，还应根据需要在报表适当的位置上添加上表格线。

【例 5-3】　将表格的表体画上表格网线。

操作步骤

（1）选定上海市 AAA 公司产品销售分析表表体开始单元 A3，按住鼠标左键拖动鼠标至表体区域的终点单元 C8，将选定区域刷黑。

（2）执行【格式】/【区域画线】命令，打开【区域画线】对话框。

（3）选定【网线】单选框，单击 确认 按钮，如图 5-8 所示。

4. 定义组合单元

定义组合单元就是将几个单元合并为一个单元。通常报表的标题、表头和表尾的设置会用到组合单元。在一些比较复杂的报表表体中也会用到组合单元。

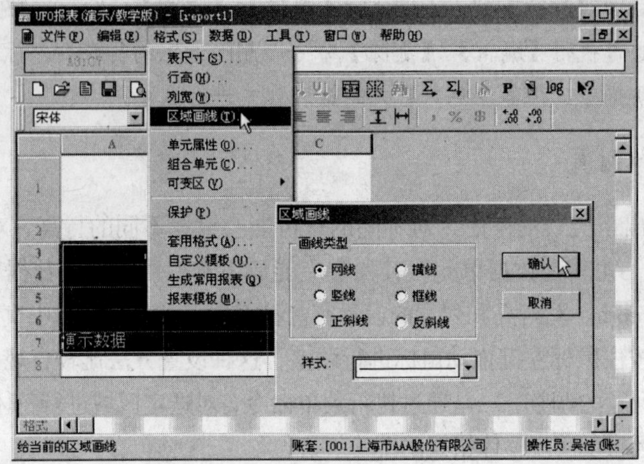

图 5-8　画表格线

【例 5-4】 将标题所在第 1 行定义为组合单元。

操作步骤

（1）单击行标 1 按钮，刷黑利润表标题所在的第一行。

（2）执行【格式】/【组合单元】命令，打开【组合单元】对话框。

（3）单击 整体组合 按钮或 按行组合 按钮，如图 5-9 所示，该行的所有单元将被合并为一个组合单元。

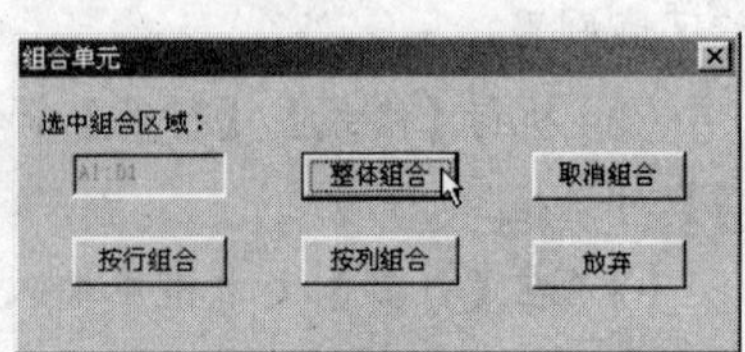

图 5-9　定义组合单元

5. 输入文字内容

报表的文字内容包括标题、表头、表体栏目和表尾内容，其中表头的“编制单位”、“年”、“月”一般不按文字内容输入，而作为关键字来设置。

文字内容输入的方法有两种：一是双击选定单元，将光标定位在单元格中，直接在单元中输入内容；二是选定单元后，将光标定位在窗口上方的编辑栏中进行输入，如图 5-10 所示。

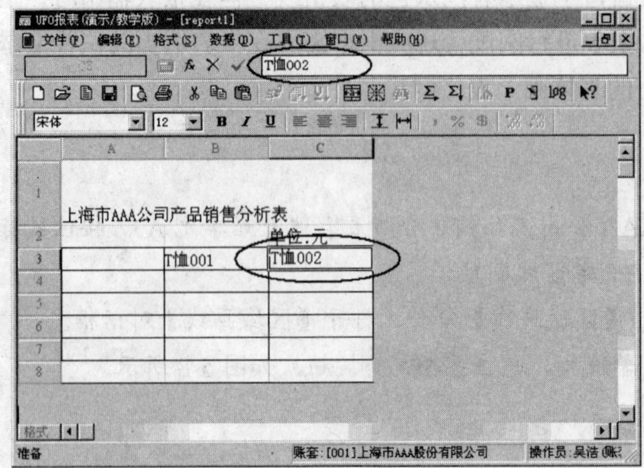

图 5-10　输入文字内容

6. 设置单元属性

单元属性是对单元性质和表现形式进行的规定，包括单元类型、字体图案、对齐、边框等内容。单元类型分为数值单元、字符单元和表样单元等 3 种类型。在格式状态下已输入文字内容的单元，系统自动将其属性设置为表样单元；未输入文字内容的单元，系统自动将其属性设置为数值单元，字符单元则需另行设置。其中，数值单元的属性设置还包括数值表示方式的内容。

【例 5-5】 将表格数值区域中除毛利率所属的 B7、C7 单元外的其他单元设置为数值单元，并要求不保留小数点，数值用千位分隔符表示。

操作步骤

（1）将 B4:C7 区域刷黑选定。

（2）执行【格式】/【单元属性】命令，打开【单元格属性】对话框。

（3）在【单元类型】列表框中选定【数值】选项，选定【逗号】复选框，单击【小数位数】文本框中的 ▾ 按钮，将【小数位数】调整为【0】。然后单击 确定 按钮，如图 5-11 所示。

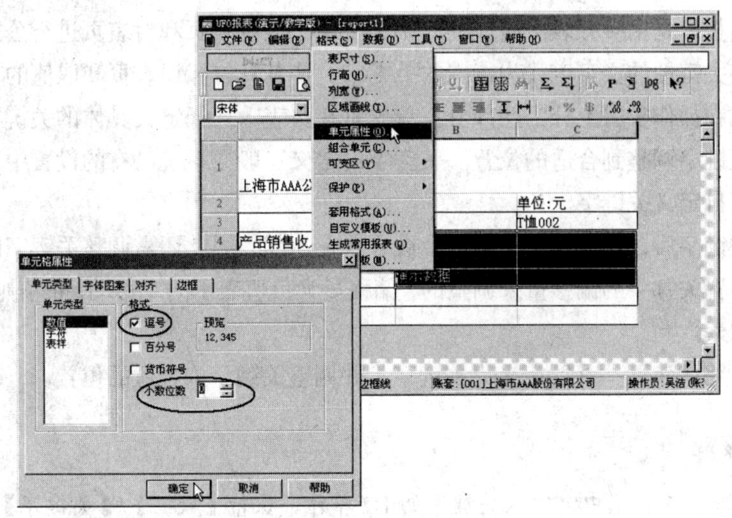

图 5-11　设置单元类型

7. 设置单元风格

单元风格是指表格单元内容在字体、字号、字型、颜色、对齐方式等的设置内容，设置单元风格的目的是使表格外观更加美观，符合阅读习惯。

【例 5-6】 将表格标题“上海市 AAA 公司产品销售分析表”设置为黑体加粗，14 号字，水平和垂直方向均为居中设置。

操作步骤

（1）选定标题所在组合单元。

（2）执行【格式】/【单元属性】命令，打开【单元格属性】对话框。

（3）打开【字体图案】选项卡，分别在【字体】、【字型】、【字号】列表框中按要求进行设置。

（4）打开【对齐】选项卡，选定【水平方向】和【垂直方向】对应的【居中】单选框，然后

单击 确定 按钮，如图 5-12 所示。

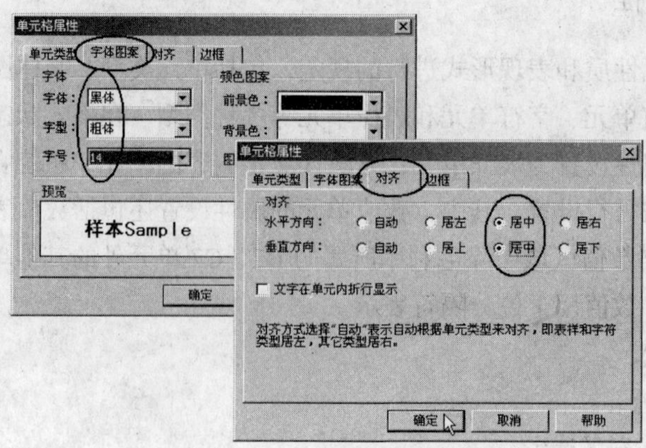

图 5-12　设置单元字体和对齐方式

5.2.3　设置关键字

如果设计的报表是由多张表页组成的，则为了便于区别表页和对表页进行公式取值，应考虑将报表中的某些关键性的文字定义为特殊的关键字，使其具有标识表页和取值的功能。

关键字定义在操作步骤上分为两部分：首先是在报表上选择定义具体的关键字；其次是在报表上将定义的关键字调整到合适的位置。关键字的定义一般在系统已有的设置中进行选择，用户也可以根据需要自定义关键字。

定义多个关键字后，可能有些关键字会被叠放在一起，因此还需调整关键字的位置，关键字的位置是通过设置关键字的偏移量来调整的，偏移量为负值表示向左移动，正值则表示向右移动，偏移量单位为像素。

【例 5-7】　将“年”、“月”定义为关键字，并调整关键字到合适的位置。

操作步骤

（1）在格式状态下，选中需输入关键字的 B2 单元，执行【数据】/【关键字】/【设置】命令，打开【设置关键字】对话框。

（2）选定【年】单选框，如图 5-13 所示，单击 确定 按钮。

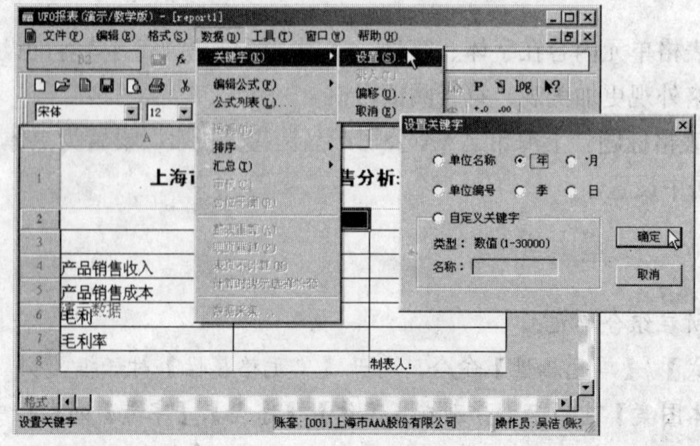

图 5-13　设置关键字

（3）按步骤（1）～（2）的方法将“月”定义为关键字。

（4）执行【数据】/【关键字】/【偏移】命令，打开【定义关键字偏移】对话框。

（5）在【年】、【月】等需要调整位置的关键字文本框中输入偏移值，如图 5-14 所示，然后单击 确定 按钮。

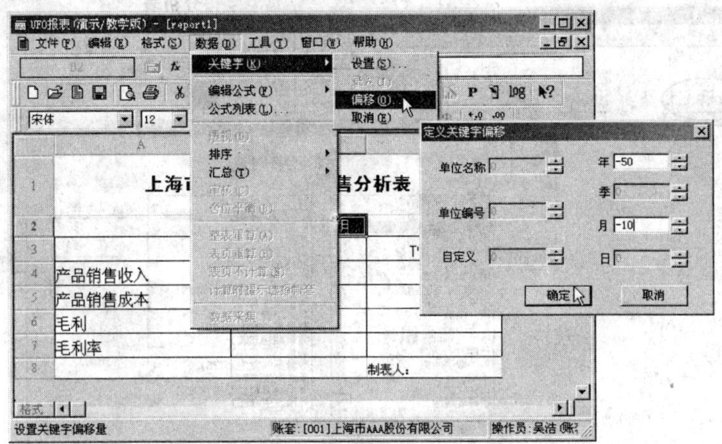

图 5-14　调整关键字位置

5.2.4　编辑报表公式

完成了会计报表的格式制作，接下来的工作就是要根据会计报表中各数据单元获取数据的来源和计算方法，在报表中进行公式编辑，使其形成固定的数据生成方式和审核方式，从而达到自动生成报表数据的功能。

UFO 会计报表管理系统提供有 3 类公式：计算公式（单元公式）、审核公式和舍位平衡公式。公式的定义必须在格式状态下进行。下面介绍常用计算公式的编辑方法。

计算公式也称为单元公式，用于定义报表数据来源以及运算关系。计算公式可以取本表页中的数据，也可以取账套中的数据，还可以取其他表页以及其他报表中的数据。

计算公式按照输入方式的不同，分为键盘输入法和引导输入法两种。键盘输入法就是直接通过键盘将设计好的计算公式输入计算机。引导输入法是指在计算机系统的提示下，逐步完成公式的设置。在对函数和公式十分熟悉的情况下，用户可以使用键盘输入法，反之，如果对公式设置要求不很熟练，则宜采用引导输入法。

【例 5-8】　用引导输入法输入上海市 AAA 公司产品销售分析表中 T 恤 001 的产品销售收入的计算公式：B4 = 510101 科目贷方月发生额，账套号和年度为默认设置。

操作步骤

（1）在格式状态下，选定 B4 单元，执行【数据】/【编辑公式】/【单元公式】命令，打开【定义公式】对话框。

（2）单击 函数向导... 按钮，打开【函数向导】对话框。

（3）在【函数分类】列表框中选择【用友账务函数】，在【函数名】列表框中选择【发生（FS）】，如图 5-15 所示。

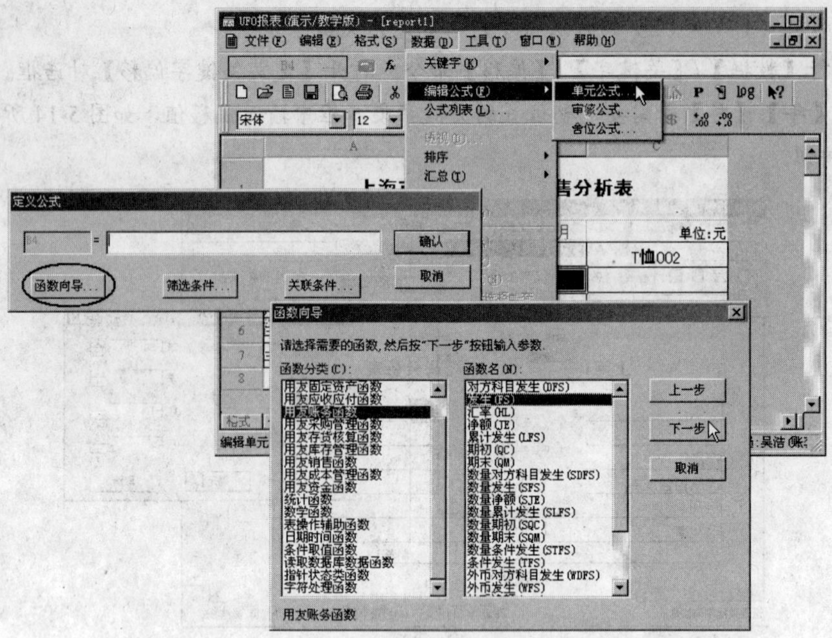

图 5-15　输入计算公式图（1）

（4）单击 下一步 按钮，打开【用友账务函数】对话框。

（5）单击 参照 按钮，打开【账务函数】对话框。

（6）在【账务函数】对话框中将【账套号】和【会计年度】设为【默认】，将【科目】设为【510101】，【期间】为【月】，【方向】为【贷】。

（7）设置完毕后，单击 确定 按钮，返回【用友账务函数】对话框，如图 5-16 所示，单击 确定 按钮。

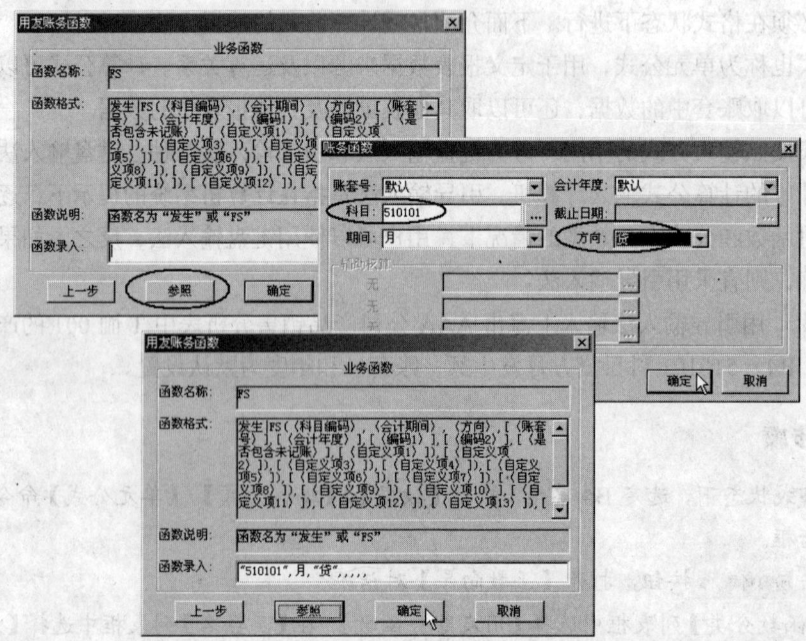

图 5-16　输入计算公式图（2）

5.2.5　应用报表模板

如前所述，由于一些会计报表结构和计算方法比较复杂，在大量的计算公式编制过程中很容易因为细小的错漏而导致报表数据的不准确，因此会计报表如果完全由用户自行编制，其工作量往往很大且容易出错。为此，UFO 会计报表管理系统提供了多种常用的对外报表格式和公式，这就是会计报表模板。利用系统中的会计报表模板，结合企业的实际业务情况稍加修改来编制报表，可以最大限度地减轻用户报表编制的工作量。

【例 5-9】　利用 UFO 会计报表系统模板生成一张上海市 AAA 公司的利润表。

操作步骤

（1）执行【文件】/【新建】命令，生成一张新的空白表。

（2）执行【格式】/【报表模板】命令，打开【报表模板】对话框。

（3）单击【您所在的行业】下拉列表框中的 ▼ 按钮，选择下拉列表中的【新会计制度科目】选项，以同样方法将【财务报表】选择为【利润表】，单击 确认 按钮。

（4）在弹出的【模板格式将覆盖本表格式，是否继续？】提示框中单击 确定 按钮，如图 5-17 所示，窗口显示出模板中的利润表。

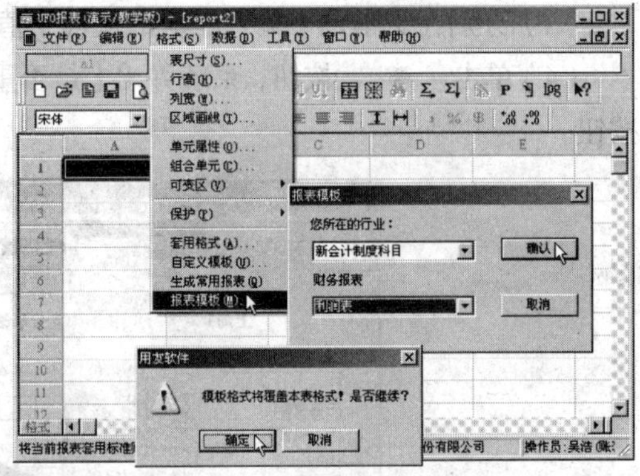

图 5-17　利用模板生成利润表

注意

选择报表模板时，对所在行业的选择应考虑到报表单元公式中会计科目编码与相应的账套中科目编码的一致性，报表模板的行业选择应与账套的行业选择相一致。

5.3　会计报表的数据处理

在 UFO 会计报表管理系统中编制出报表格式和公式，只是为系统自动生成报表提供了基本的规则和要求，随着日常经营业务的进行，用户还需按照预先编制的报表，定期从账套中采集有关账簿数据，生成相应的会计报表数据，并对报表数据进行保存和整理分析。

5.3.1　生成报表数据

生成报表是会计报表日常管理的主要工作，其任务就是要根据账套中记录的账簿数据准确无误地生成报表数据。这就需要在前述已编制的报表基础上，首先在报表与账簿之间设置对应关系，在此基础上系统才能根据计算公式自动采集数据和进行公式运算。

报表与账簿之间关系的确定需要两个方面的定义：账套和会计期间。UFO 会计报表管理系统可以通过选择【计算时提示选择账套】选项对其进行定义选择，也可以通过录入关键字值，建立报表与账套和会计期间的关系。

选择了【计算时提示选择账套】选项，则在报表重算时，系统会自动弹出【注册〖UFO 报表〗】对话框，对报表对应的账套和会计期间进行定义，并且通过操作员的密码认证，还可起到对报表数据保密的作用。

录入关键字值是通过在系统中为关键字设置具体的取值，来明确报表所属的单位和期间。关键字取值既用于区别相同类型不同期间的表页，也用于确定单元公式中“年”、“月”等变量的具体取值。

【例 5-10】 在系统中选择【计算时提示选择账套】选项，并对前述上海市 AAA 公司产品销售分析表关键字取值：2009 年 9 月。

操作步骤

（1）在【UFO 报表】窗口中数据状态下，执行【数据】/【计算时提示选择账套】命令，选中该选项。

（2）执行【数据】/【关键字】/【录入】命令，打开【录入关键字】对话框。

（3）分别在文本框中输入相应的关键字值。

（4）单击 确认 按钮，系统弹出【是否重算第 1 页】提示框，如图 5-18 所示，单击 是(Y) 按钮。

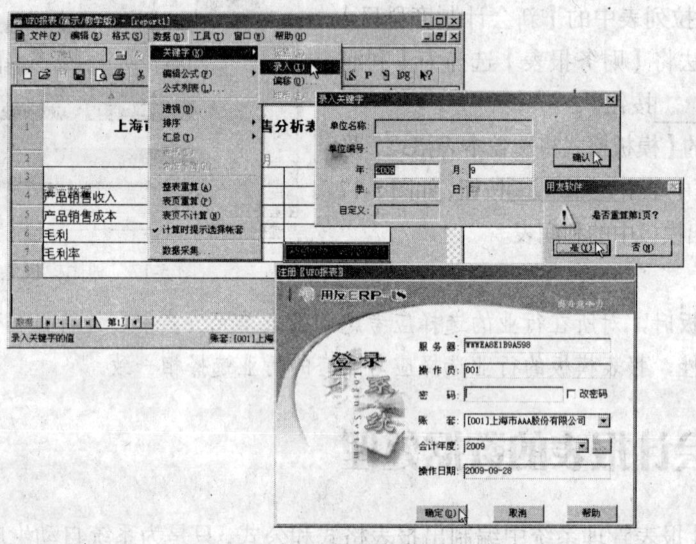

图 5-18　计算报表数据

（5）系统弹出【注册〖UFO 报表〗】对话框，输入操作员及密码，然后单击 确定(O) 按钮，系统即自动计算当前表页数据。

5.3.2　保存输出报表数据

报表在完成了格式设置之后，即可将报表保存起来。在生成了报表数据后，也可以通过保存将报表数据以其他文件格式输出保存起来。

【例 5-11】 将上海市 AAA 公司产品销售分析表数据以 Excel 的格式保存起来。

操作步骤

（1）在【UFO 报表】窗口，执行【文件】/【保存】命令，或按键盘上的 Ctrl+S 组合键，打开【保

存为】列表框。

（2）将文件类型选择为“Excel 文件”，设置好文件名，指定好磁盘路径后，单击【另存为】按钮，在弹出的提示框中单击【是(Y)】按钮，如图 5-19 所示。

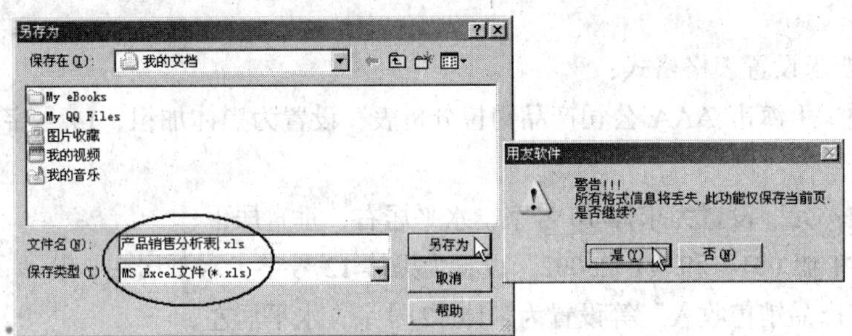

图 5-19　保存输出报表数据

上机实训

实训七：UFO 会计报表的编制

一、实训准备

完成第 4 章“实训六：总账系统自动转账凭证生成与审核记账”的操作。将计算机系统时间调整为账套操作月份，将“实训六：总账系统自动转账凭证生成与审核记账”账套数据引入用友 ERP-U8 系统。

二、实训内容

1. 根据要求编制会计报表
2. 利用会计报表模板生成资产负债表和利润表

三、实训资料

（1）编制一张如图 5-20 所示格式的产品销售分析表，并生成上海市 AAA 公司的操作月份产品销售分析表。

上海市 AAA 公司产品销售分析表

单位：元

	T 恤 001	T 恤 002
产品销售收入		
产品销售成本		
毛利		
毛利率		

制表人：

图 5-20　上海市 AAA 公司产品销售分析表示例

具体要求如下。

① 标题行高为 15mm，表头行高为 5mm，表体行高为 6mm，表尾行高为 5mm。

② 第一列列宽 45mm，第二列和第三列列宽 35mm。

③ 将标题行所有单元进行合并。

④ 将表格数值区域中除毛利率所属的 B7、C7 单元外的其他单元设置为数值单元，并要求不保留小数点，数值用千位分隔符表示；将毛利率所在数值单元 B7 和 C7 设置为百分号格式，保留两位小数。

⑤ 按以下要求设置表格格式：

将表格标题“上海市 AAA 公司产品销售分析表”设置为黑体加粗，14 号字，水平和垂直方向均为居中；

表头“单位：元”设置为宋体 10 号字，水平居右，垂直居下；

纵栏标题“T 恤 001”和“T 恤 002”设置为黑体 12 号字，水平居中；

横行标题“产品销售收入”等设置为宋体 12 号字，水平居左；

表尾“制表人:”设置为宋体 10 号字，水平居左。

⑥ 将“年”、“月”设置为关键字，并将“年”、“月”放在表头中间位置，与“单位：元”同一行。

⑦ 按以下要求设置单元公式。

T 恤 001 产品销售收入 = 取 510101 科目贷方月发生额，账套号和年度为默认。

T 恤 002 产品销售收入 = 取 510102 科目贷方月发生额，账套号和年度为默认。

T 恤 001 产品销售成本 = 取 540101 科目借方月发生额，账套号和年度为默认。

T 恤 002 产品销售成本 = 取 510102 科目借方月发生额，账套号和年度为默认。

T 恤 001 毛利 = T 恤 001 产品销售收入−T 恤 001 产品销售成本 = B4 − B5。

T 恤 002 毛利 = T 恤 002 产品销售收入−T 恤 002 产品销售成本 = C4 − C5。

T 恤 001 毛利率 = T 恤 001 毛利/T 恤 001 产品销售收入 = B6/B4*100。

T 恤 002 毛利率 = T 恤 001 毛利/T 恤 002 产品销售收入= C6/C4*100。

（说明：因为毛利率数值单元选择了百分号格式，需将小数换算为百分值，故公式中需乘以 100。）

（2）根据会计报表模板，生成上海市 AAA 公司资产负债表和利润表。

其中资产负债表需做以下修改：

将 E17 单元“预提费用”修改为“应付利息”；

将 F17 和 G17 单元公式中的科目编码由原来的“2 191”修改为“2 231”。

四、操作步骤

1. 编制上海市 AAA 公司产品销售分析表

（1）进行报表格式编辑。

（2）进行报表公式定义。

（3）生成报表数据。

（4）保存报表数据。

2. 分别编制上海市 AAA 公司资产负债表和利润表

（1）引入报表模板。

（2）修改报表模板。

（3）生成报表数据。

（4）保存报表数据。

第6章 应收应付款管理

学习目标

知识目标：

- 了解应收应付款管理的意义和内容
- 了解用友 ERP-U8 应收款系统和应付款系统的功能
- 掌握应收款系统和应付款系统基础设置的内容和方法
- 掌握应收款系统和应付款系统日常业务处理的内容和方法
- 掌握应收款系统和应付款系统期末业务处理的内容和方法

能力目标：

- 能够按业务要求设置应收款系统和应付款系统选项
- 能够完成应收款系统和应付款系统的基础设置
- 能够根据业务发生情况进行单据录入、核销、转账、票据管理、制单和坏账等业务处理
- 能够完成期末对应收款和应付款的账表分析
- 能够对应收款系统和应付款系统进行结账处理

6.1 应收应付款管理概述

应收款是企业因对外赊销产品、材料、提供劳务等业务而应向购货方、接收劳务的单位或个人收取的款项，包括应收销售款、其他应收款、应收票据等。

应付款是企业因对外采购材料、产品或接受劳务而应向供货方、提供劳务的单位或个人支付的款项，包括应付采购款、其他应付款、应付票据等。

应收款和应付款管理是企业流动资金管理的重要组成部分，在企业提高资金利用效率、降低资金成本和提高经济效益方面有着重要影响。

6.1.1 应收应付款管理的意义和内容

出于竞争的需要，很多企业把赊销作为促销的一种手段，在选择供应商时也把能否赊购作为采购的重要条件，所以企业在经营中往往会发生应收或应付的往来款项。应收应付款管理的意义表现在以下几个方面。

（1）通过应收款政策能够促进企业增加销售，显著提高企业市场占有率和利润水平。

（2）通过应收款政策能够促成产成品存货减少，降低存货仓储、保险等管理费用，缩短产成品的库存时间，加速资金周转。

（3）通过制定合理的应收款信用政策，能够有效降低坏账比例，减少应收款的坏账成本。

（4）通过合理利用供应商的信用政策形成应付款，能够使企业获得低成本的资金来源，降低流动资金成本。

（5）通过合理的应付款管理，及时支付各项欠款，能够提升企业的信用形象。

（6）通过应收应付款的统筹管理，能够及时清理各种往来款项，理清债权债务关系，减少经济纠纷和坏账发生的可能性。

应收款管理的内容主要包括以下方面。

（1）制定合理的信用政策，包括信用标准、信用条件和收账政策等方面的规定。

（2）及时核算已发生的应收账款。应收账款应按应收单位建立明细账并逐日逐笔登记入账，准确及时地反映应收账款的发生和结存情况。

（3）跟踪应收账款的回收情况。对应收单据进行全程管理，对于已收回的应收款项及时进行核销。

（4）对拖欠款项及时催收，建立坏账准备金制度。

应付款管理的主要内容有以下几点。

（1）准确了解供应商的信用政策。充分利用信用条件获得短期赊账资金。

（2）及时核算已发生的应付款。应付账款应按应付单位建立明细账并逐日逐笔登记入账，准确及时地反映应付账款的发生和结存情况。

（3）跟踪应付账款的支付情况。对应付单据进行全程管理，对于已支付的应付款项及时进行核销。

（4）对拖欠款项及时组织资金还款。

应收应付款项与企业资金管理中有着密切的关系。在资金管理中既要准确核算与外单位的往来资金情况，又要充分利用和合理制定信用政策，保证资金的正常周转，同时努力降低资金周转成本和风险。

6.1.2 应收应付款管理系统简介

在传统的会计核算中，应收应付款是通过建立往来款项明细账的方式进行往来账款的核对与管理的。其最大的缺陷是往来账款的记录分散于多个明细账户中，难以对往来账项进行汇总和管理，如果经营中客户或供应商较多，款项往来比较频繁，就可能会造成往来账款核销关系混乱，

账款催收不及时等问题，不仅资金利用效率低，还易导致坏账损失。正因如此，对于往来单位较多、往来关系复杂的企业来说，往来账款的管理不仅是一个企业管理水平的体现，而且对企业经济效益起着举足轻重的作用。

在电算化会计中，根据用户往来账款业务量及核算与管理程度的不同，对应收应付款的核算有以下两种选择。

一是在总账系统中核算往来账款。这种方案适用于往来业务较少，往来关系比较简单的企业。企业可以选择在总账系统中建立客户往来和供应商往来辅助核算，利用辅助核算功能对往来账款进行核算和管理。本书总账系统的实训要求按此方式核算应收和应付款项。

二是在应收应付款系统核算往来账款。这种方案适用于往来业务量大，往来关系较为复杂的企业。本书所附实训和综合实训，要求按此方式处理应收和应付款项核算和管理。

用友的应收应付款管理系统在往来账款管理方面能提供以下主要功能。

（1）通过建立客户和供应商档案，输入单据和凭证，进行往来账款的日常核算，动态地反映与客户和供应商的往来账款情况。

（2）通过系统的自动汇总，帮助用户便捷地进行往来账款的核销。

（3）通过设置坏账准备的参数和对应科目，系统自动计提坏账准备并生成凭证。

（4）通过设置账龄分析参数，系统自动汇总编制账表供用户进行账龄分析。

（5）通过设置报警级别，提醒用户及时催收欠款，并帮助用户对各类客户的信用进行评级。

在使用应收应付款系统对往来账进行管理时，需要注意的是，往来账款在科目设置上要有所改变。与往来账有关的科目，如应收账款、应收票据、预付账款、应付账款、应付票据、预收账款等在总账中不应再设立明细科目，而应设置为客户往来或供应商往来辅助核算，且受控系统应为相应的“应收系统”或“应付系统”，通过设立客户、供应商和存货等分类档案，集中在应收应付款系统中进行往来账款的管理。在业务处理上，与往来账有关的凭证输入和款项的查询也在应收应付款系统中进行，总账系统不再对与往来账有关的凭证进行凭证填制的业务处理。应收应付款系统生成的数据将通过凭证传输到总账系统，达到数据共享。如果客户建有购销存管理系统，则应收应付款系统与购销存系统之间也可以传递业务数据。

由于应收款管理系统和应付款管理系统在功能和操作方法上都极为相似，所以本书将两个业务管理子系统合并在一起介绍。

6.1.3 应收应付款管理系统操作流程

应收款管理系统和应付款管理系统的操作流程基本类似，其主要的差别是在应收款管理系统中涉及坏账的处理，而应付款管理系统不需进行坏账处理。图 6-1 所示为应收款管理系统的操作流程。

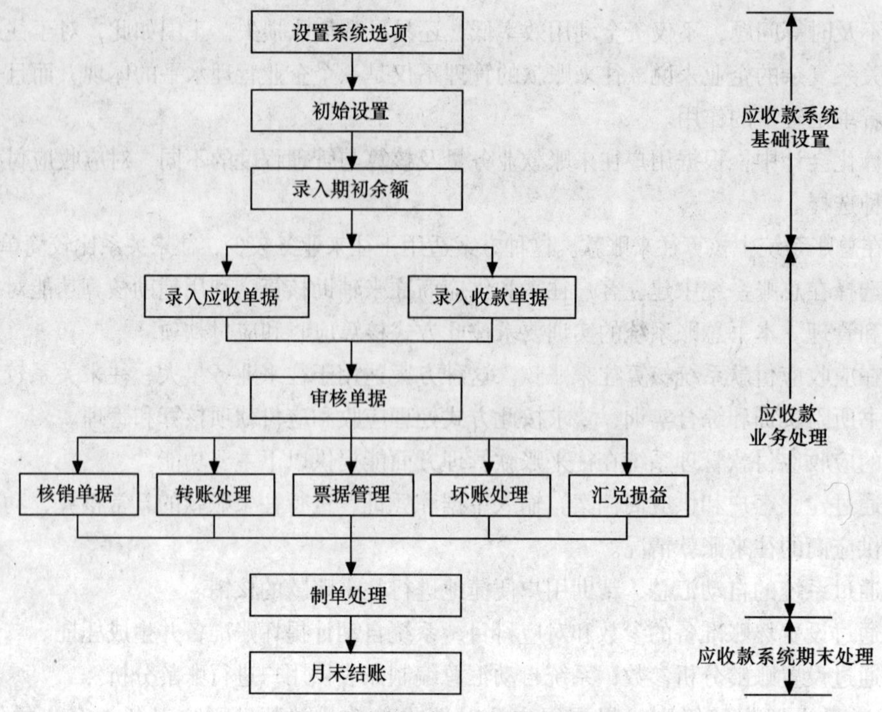

图 6-1 应收款管理系统操作流程

6.2 应收应付款系统基础设置

应收应付款系统基础设置是指在进行应收款和应付款业务处理之前必须完成的系统功能设置和基础信息的录入，主要包括启用系统、设置系统选项、初始设置和录入期初余额。

启用应收款系统和应付款系统的方法在第 3 章基础档案设置的 3.2 节中已做介绍，这里不再赘述。

6.2.1 设置系统选项

启用应收应付款系统进行业务管理，首先要为业务处理制定基本的规则，如坏账的处理方式、汇兑损益的处理方式、系统的制单方式等，由于业务处理规则往往是多元化的选择和组合，因此系统制定了基本的选项供用户选择，这一过程也称为系统的初始化，是通过设置账套选项的方式来完成的。

【例 6-1】 设置上海市 AAA 公司应收款系统账套选项。

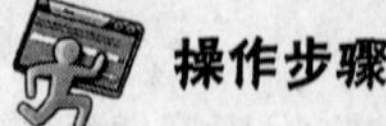

（1）单击桌面上的开始按钮，在打开的开始菜单中执行【程序】/【用友 ERP-U8】/【财务会计】/【应收款管理】命令，打开【注册〖应收〗】对话框，输入密码后单击确定(O)按钮，或者登录【用友 ERP-U8 门户】窗口，在【我的工作】选项卡或【控制台】选项卡中的【财务会计】菜单中，选择【应收款管理】，进入【U8-应收款管理】窗口。

（2）在窗口系统菜单中，执行【设置】/【选项】命令，打开【账套参数设置】对话框。

（3）单击编辑(E)按钮，激活对话框。

（4）分别对【常规】、【凭证】、【权限与预警】选项卡下各参数进行选择设置，如图 6-2 所示。

图 6-2　设置应收款系统账套选项

（5）完成以上设置后单击 确定(O) 按钮。

说明

● 系统提供的应收款核销方式有两种，即按单据和按产品核销。如选择按单据核销，则系统将满足条件的未结算单据全部列出，由用户选择要结算的单据，并根据所选择的单据进行核销。如选择按产品核销，则系统将满足条件的未结算单据按存货列出，由用户选择要结算的存货，并根据所选择的存货进行核销。对于单位价值较高的存货，企业可以采用按产品核销，即收款指定到具体存货上。对于一般企业，选择按单据核销即可。在账套使用过程中，该参数的设置可以随时修改。

● 系统提供的单据审核日期有两种，即单据日期和业务日期。如选择单据日期，则在单据处理功能中进行单据审核时，自动将单据的审核日期（即入账日期）记为该单据的单据日期。如选择业务日期，则在单据处理功能中进行单据审核时，自动将单据的审核日期（即入账日期）记为当前业务日期（即登录日期）。因为单据需经审核后才能记账，故单据审核日期依据单据日期还是业务日期，决定了业务总账、业务明细账、余额表等的查询期间取值。如果用户使用单据日期为审核日期，则月末结账时单据必须全部审核，因为下月无法以单据日期为审核日期。业务日期则无此要求。在账套使用过程中，可以随时将选项从按单据日期改成按业务日期。但若需要将选项从按业务日期改成按单据日期，则需要判断当前未审核单据中有无单据日期在已结账月份的单据。若有，则不允许修改；反之，才允许修改。

● 系统提供的汇兑损益方式有两种，即外币余额结清时计算和月末处理。选择外币余额结清时计算，则系统仅当某种外币余额结清时才计算汇兑损益，在计算汇兑损益时，界面中仅显示外币余额为 0 且本币余额不为 0 的外币单据。选择月末计算，则系统每个月末计算汇兑损益，在计算汇兑损益时，界面中显示所有外币余额不为 0 或者本币余额不为 0 的外币单据。在账套使用

过程中，此参数可以修改。

● 系统提供两种坏账处理的方式，即备抵法和直接转销法。如果选择备抵法，则还需选择具体的方法，系统提供的方法有应收余额百分比法，销售收入百分比法和账龄分析法。这三种方法需要在初始设置中录入坏账准备期初余额和计提比例或输入账龄区间等。在账套使用过程中，如果当年已经计提过坏账准备，则此参数不可以修改，只能下一年度修改。

● 代垫费用类型解决从销售管理系统传递的代垫费用单在应收系统用何种单据类型进行接收的问题。系统默认为其他应收单，用户也可在单据类型设置中自行定义单据类型，然后在系统选项中进行选择。该选项可随时修改。

● 系统提供两种应收款管理系统的应用模型，即简单核算和详细核算。如选择简单核算，则应收款管理系统只是完成将销售传递过来的发票生成凭证并传递给总账这样的工作。如果用户的销售业务以及应收账款业务不复杂，或者现销业务很多，则可以选择此方案。如选择详细核算，则应收款管理系统可以对往来款项进行详细的核算、控制、查询、分析。如果用户的销售业务以及应收款核算与管理业务比较复杂，或者用户需要追踪每一笔业务的应收、已收等情况，或者用户需要将应收款核算到产品一级，则需选择详细核算。需要注意的是，在系统启用时或者还没有进行任何业务（包括期初数据录入）处理前才允许从简单核算改为详细核算；从详细核算改为简单核算随时可以进行，但用户要慎重，一旦有数据，简单核算就改不回详细核算。

● 是否自动计算现金折扣：若选择自动计算，则需在发票或应收单中输入付款条件，则在核销处理界面中系统就会依据付款条件自动计算该发票或应收单可享受的折扣，用户可输入本次折扣进行结算。在账套使用过程中可以修改该参数。

● 是否进行远程应用：如选择了进行远程应用，则系统在后续处理中提供远程传输收付款单的功能。但必须在此填上远程标识号，远程标识号必须为两位（01～99）。如果用户在异地有应收业务，则可通过远程应用功能，在两地之间，进行单据等的传递。该选项可随时修改。

● 是否登记支票：选择登记支票，则系统自动将具有票据管理结算方式的付款单登记支票登记簿。若不选择登记支票登记簿，则用户也可以通过付款单上的〖登记〗按钮，进行手工填制支票登记簿。该选项可以随时修改。

● 应收控制科目指在会计科目中设置的、所有带有客户往来辅助核算并受控于应收系统的科目。

● 系统对于受控科目提供两种制单方式，即明细到客户和明细到单据。如选择明细到客户，则当用户将一个客户的多笔业务合并生成一张凭证时，如果核算多笔业务的控制科目相同，系统将自动将其合并成一条分录。这种方式的目的是便于用户在总账系统中能够根据客户来查询其详细信息。如选择明细到单据，则当用户将一个客户的多笔业务合并生成一张凭证时，系统会将每一笔业务形成一条分录。这种方式的目的是使用户在总账系统中也能查看到每个客户的每笔业务的详细情况。

● 系统对于非受控科目提供三种制单方式，即明细到客户、明细到单据和汇总制单方式。如选择明细到客户，则当用户将一个客户的多笔业务合并生成一张凭证时，如果核算这多笔业务的非受控制科目相同、且其所带辅助核算项目也相同，则系统自动将其合并成一条分录。这种方式的目的是在总账系统中能够根据客户来查询其详细信息。如选择明细到单据，则当用户将一个客户的多笔业务合并生成一张凭证时，系统会将每一笔业务形成一条分录。这种方式的目的是在总账系统中也能查看到每个客户的每笔业务的详细情况。如选择汇总制单，则当用户将多个客户

的多笔业务合并生成一张凭证时，如果核算这多笔业务的非控制科目相同、且其所带辅助核算项目也相同，则系统自动将其合并成一条分录。这种方式的目的是精简总账中的数据，用户在总账系统中只能查看到该科目的一个总的发生额。

- 系统提供 3 种控制科目依据，即按客户分类、按客户和按地区分类。按客户分类设置是指用户根据一定的属性将往来客户分为若干大类，例如用户可以根据时间将客户分为长期客户、中期客户和短期客户；也可以根据客户的信用将其分为优质客户、良性客户、一般客户和信用较差的客户等。在这种方式下，用户可以针对不同的客户分类设置不同的应收科目和预收科目。按客户设置是指针对不同的客户在每一种客户下设置不同的应收科目和预收科目。按地区设置是指针对不同的地区分类设置不同的应收科目和预收科目。例如，将客户分为华东、华南、东北等地区，在不同的地区分类下设置科目。

- 控制科目如果按客户分类，则在【设置科目】-【控制科目设置】中系统列示客户分类，进行控制科目设置。如果按客户设置，则在【设置科目】-【控制科目设置】中系统列示客户明细，进行控制科目设置。如果按地区设置，则在【设置科目】-【控制科目设置】中系统列示地区分类，进行控制科目设置。对单据制单时，若单据上有科目，则直接取单据上的科目，若无，则取【控制科目设置】中设置的科目。若在【控制科目设置】设置处未设置控制科目，则系统将取【设置科目】-【基本科目设置】中设置的应收科目。若在【基本科目设置】中未设置科目，则需用户手工输入凭证科目。

- 系统提供了两种设置销售科目的依据，即按存货分类和按存货设置。在此设置的销售科目，是系统自动制单科目取值的依据。如选择按存货分类设置，用户需根据存货的属性对存货划分成若干大类，然后在这些存货分类下设置不同的科目。如选择按存货设置，则需直接针对不同的存货设置不同的科目。

- 设置销售科目依据是为了在【产品科目设置】中可以针对不同的存货（存货分类）设置不同的产品销售收入科目、应交增值税科目。对单据制单时，若单据上未带科目，则取在【产品科目设置】设置处设置的产品科目，若未设置产品科目，则系统将取【设置科目】-【基本科目设置】中设置的销售科目及税金科目。若在【基本科目设置】中未设置科目，则需手工输入凭证科目。

- 月末结账前是否需要全部制单：如果选择了月末结账前需要将全部的单据和业务处理进行制单，则在进行月末结账时将检查截止到结账月是否有未制单的单据和业务处理。若有，系统将提示不能进行本次月结处理，但可以详细查看这些记录；若没有，才可以继续进行本次月结处理。如果选择了在月末结账前不需要将全部的单据和处理进行制单，则在月结时只是允许查询截止到结账月的未制单单据和业务处理，不进行强制限制。

- 方向相反的分录是否合并：如选择合并，则在制单时若遇到满足合并分录的要求，且分录的情况如上所描述的，则系统自动将这些分录合并成一条，根据在哪边显示为正数的原则来显示当前合并后分录的显示方向。如选择不合并，则在制单时即使遇到满足合并分录的要求，且分录的情况如上所描述的，也不能合并这些分录，还是根据原样显示在凭证中。需要注意的是，即使选择合并分录，在坏账收回制单时也不合并应收账款科目，即该选项对坏账收回制单无效。

- 核销是否生成凭证：如选择否，则不管核销双方单据的入账科目是否相同均不需要对这些记录进行制单。如选择是，则需要判断核销双方的单据其当时的入账科目是否相同，不相同时，需要生成一张调整凭证。如发票的入账科目为 113101，收款单冲销的入账科目为 113102，则当这

张收款单核销这张发票后，应该生成如下凭证。

借：113102

贷：113101

- 红票对冲是否生成凭证：如选择是，则对于红票对冲处理，当对冲单据所对应的受控科目不相同时，需要生成一张转账凭证。如选择否，则对于红票对冲处理，不管对冲单据所对应的受控科目是否相同均不需要生成凭证。选择需要生成凭证的情况下，月末结账时需要对红票对冲处理分别检查有无需要制单的记录；在选择不需要生成凭证的情况下，月末结账时不需要检查红票对冲处理制单情况。
- 是否启用客户权限：只有在企业门户【控制台-数据权限控制设置】中客户进行记录级数据权限控制时，该选项才可设置；账套参数中对客户的记录级权限不进行控制时，应收系统中不对客户进行数据权限控制。选择启用，则在所有的处理、查询中均需要根据该用户的相关客户数据权限进行限制。通过该功能，企业可加强客户管理的力度，提高数据的安全性。
- 启用客户数据权限，且在应收系统中查询包括对应供应商数据时，不考虑该用户是否对对应供应商有权限，即只要该用户对客户有权限就可以查询包含其对应供应商的数据。
- 是否启用部门权限：只有在企业门户【控制台-数据权限控制设置】中对部门进行记录级数据权限控制时，该选项才可设置；账套参数中对部门的记录级权限不进行控制时，应收款管理系统中不对部门进行数据权限控制。选择启用，则在所有的处理、查询中均需要根据该用户的相关部门数据权限进行限制。通过该功能，企业可加强部门管理的力度，提高数据的安全性。
- 是否根据单据自动报警：如果选择了根据信用方式或折扣期自动报警，则还需要设置报警的提前天数。每次登录本系统时，系统会自动进行单据检查。如按信用方式报警，其单据到期日是根据客户档案中信用期限而定的；如按折扣期报警，则根据单据中的付款条件最大折扣日期计算。
- 是否根据信用额度自动报警：选择根据信用额度进行自动预警时，需要输入预警的提前比率，且可以选择是否包含信用额度为零的客户。当选择自动预警时，系统根据设置的预警标准显示满足条件的客户记录，即只要该客户的信用比率小于等于设置的提前比率时就对该客户进行报警处理。若登录的用户没有信用额度报警单查看权限，就算设置了自动报警也不显示该报警单信息。选择自动预警的其他条件有客户全部、已经审核过的所有单据、截止日期为登录日期和币种为全部。该参数的作用范围仅限于在本系统中增加发票和应收单时。信用额度控制值选自客户档案的信用额度。信用比率=信用余额/信用额度，信用余额=信用额度-应收账款余额。
- 录入发票时显示提示信息：选择了显示提示信息，则在录入发票时，系统会显示该客户的信用额度余额，以及最后的交易情况。
- 是否信用额度控制：如果选择了进行信用控制，则在应收款管理系统保存录入的发票和应收单时，若票面金额+应收借方余额-应收贷方余额>信用额度，则系统会提示本张单据不予保存处理。该参数的作用范围仅限于在本系统中增加发票和应收单时候。信用额度控制值选自客户档案的信用额度。

6.2.2 初始设置

在账套参数设置完毕后，应收应付款系统即可使用，但要实现系统功能还要为系统做一些功

能设置。如为了简化日常核算中填制凭证的工作，可以预先将应收应付款业务中常用的会计科目设置好；为了加强应收应付款的管理，要分别对坏账准备、账龄区间和报警级别进行设置。这些工作集中在应收款系统和应付款系统中的【初始设置】窗口。

【例 6-2】　对上海市 AAA 公司的应收款系统进行初始设置。

操作步骤

（1）在【应收款管理】窗口系统菜单中，执行【设置】/【初始设置】命令，打开【初始设置】窗口。

（2）在【初始设置】窗口的左边列表框中显示有各初始设置选项的文件夹，单击该文件夹使其处于打开状态，即可在右边的对话框中进行编辑设置。在【基本科目设置】文件夹处于打开的状态下，按要求输入相应科目的编码。

（3）单击【控制科目设置】文件夹，打开【控制科目设置】对话框，双击【应收科目】下的空白栏，使空白栏变为可编辑状态，按要求输入相应科目编码，并以同样方法输入预收科目。

（4）单击【产品科目设置】文件夹，打开【产品科目设置】对话框，双击“T 恤 001”对应的【销售收入科目】空白栏，使空白栏变为可编辑状态，按要求输入相应科目编码。

（5）单击【结算方式科目设置】文件夹，打开【结算方式科目设置】对话框，双击【结算方式】下的空白栏，使空白栏变为可编辑状态，单击▼按钮，选择结算方式中的【现金结算】。以同样方法输入其他栏目内容，如图 6-3 所示。

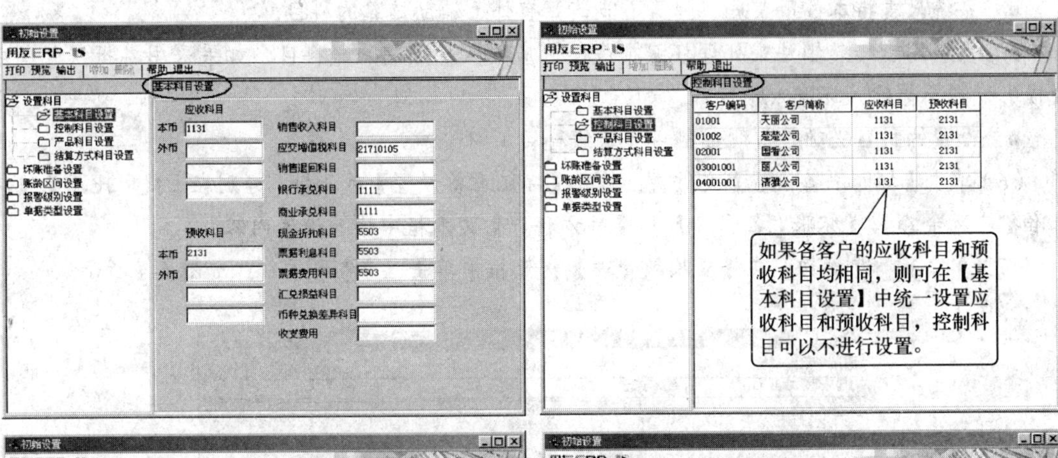

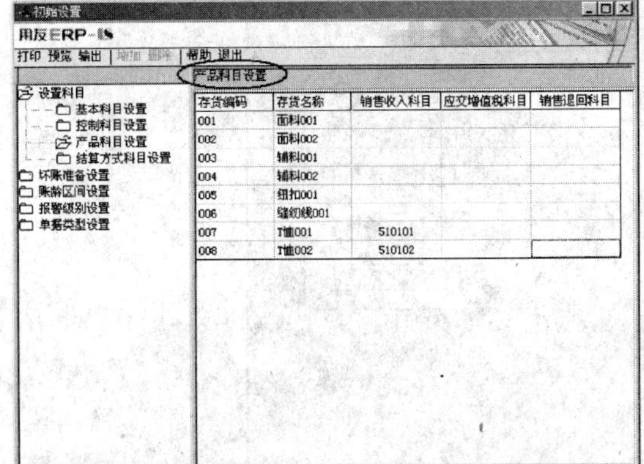

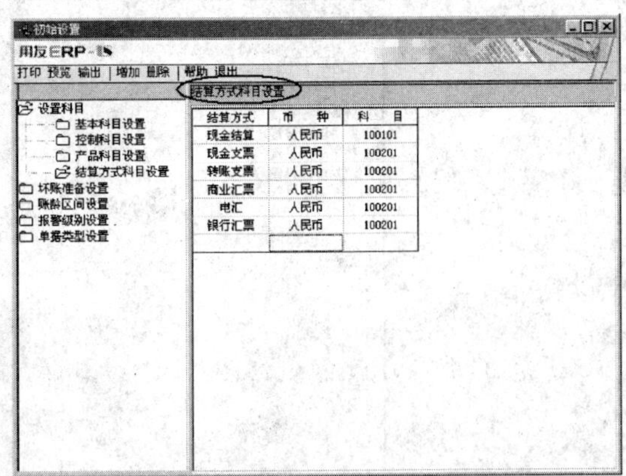

图 6-3　应收款系统初始设置（1）

注意

- 基本科目是指在核算应收款项时经常用到的科目。在系统中设置了基本科目，系统便会在生成凭证时自动填制相关的会计科目。如果用户未在此设置基本科目，则在系统生成凭证时，需由操作员手工输入相关的会计科目。
- 在应收款系统中，如果用户为不同的客户（客户分类、地区分类）分别设置了应收款核算科目和预收款核算科目，则可以在此处不输入这些科目，而在【控制科目设置】中按不同的客户分别设置应收款和预收款核算科目。同样，在应付款系统中，如果用户为不同的供应商（供应商分类、地区分类）分别设置了应付款核算科目和预付款核算科目，则也不必在【基本科目设置】中输入这些科目。
- 在应收款系统中，如果用户为不同的存货（存货分类）分别设置了销售收入核算科目，则可以在此处不输入这些科目，而在【产品科目设置】中按不同的存货类别分别设置销售收入和销售税金科目。同样，在应付款系统中，如果用户为不同的存货（存货分类）分别设置了采购核算科目，则也不必在【基本科目设置】中输入这些科目。
- 应收和预收科目必须是有客户往来辅助核算的科目。同样，应付和预付科目必须是有供应商往来辅助核算的科目。
- 只有设置了应收应付票据（银行承兑、商业承兑）科目，才可以使用票据登记簿功能，才能在期初余额中录入期初应收单据。
- 应收票据科目必须是有客户往来辅助核算的科目，应付票据必须是有供应商往来辅助核算的科目。
- 系统只支持本位币票据，因此不能核算有外币辅助核算的科目。
- 当采用直接转销法来处理坏账损失时，应输入坏账的入账科目；如果采用备抵法处理坏账损失，则不需输入坏账入账科目。
- 设置的科目必须是最明细科目（末级科目）。

（6）单击【坏账准备设置】文件夹，打开【坏账准备设置】对话框，分别在【提取比率】、【坏账准备期初余额】、【坏账准备科目】和【对方科目】文本框中输入设置内容。

（7）单击 确认 按钮，在【应收款管理】提示框中单击 确定 按钮。如图 6-4 所示。

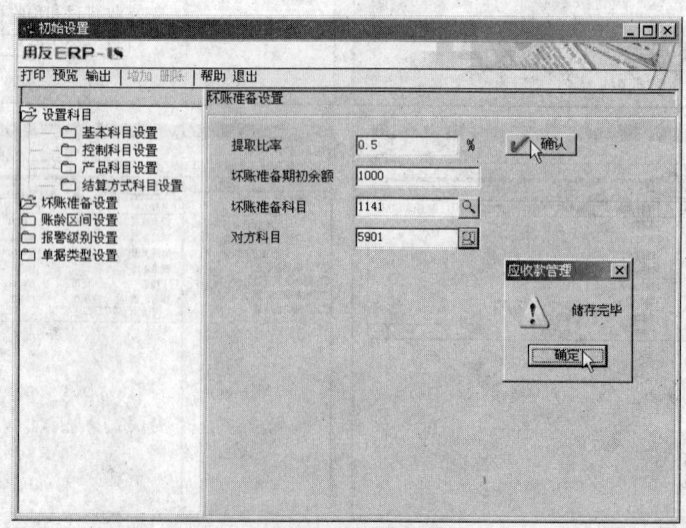

图 6-4　应收款系统初始设置（2）

（8）单击【账龄区间设置】文件夹，打开【账龄区间设置】对话框，单击【总天数】空白栏，使其处于可编辑状态，输入数据，然后按 Enter 键。以同样方法继续下一栏的数据输入，如图 6-4 所示。

（9）单击【报警级别设置】文件夹，打开【报警级别设置】对话框，单击【总比率】空白栏，使其处于可编辑状态，输入数据，然后按 Enter 键，或直接单击【级别名称】空白栏，输入级别名称，如图 6-5 所示。最后一行【总比率】栏空白，在【级别名称】栏输入“一”。

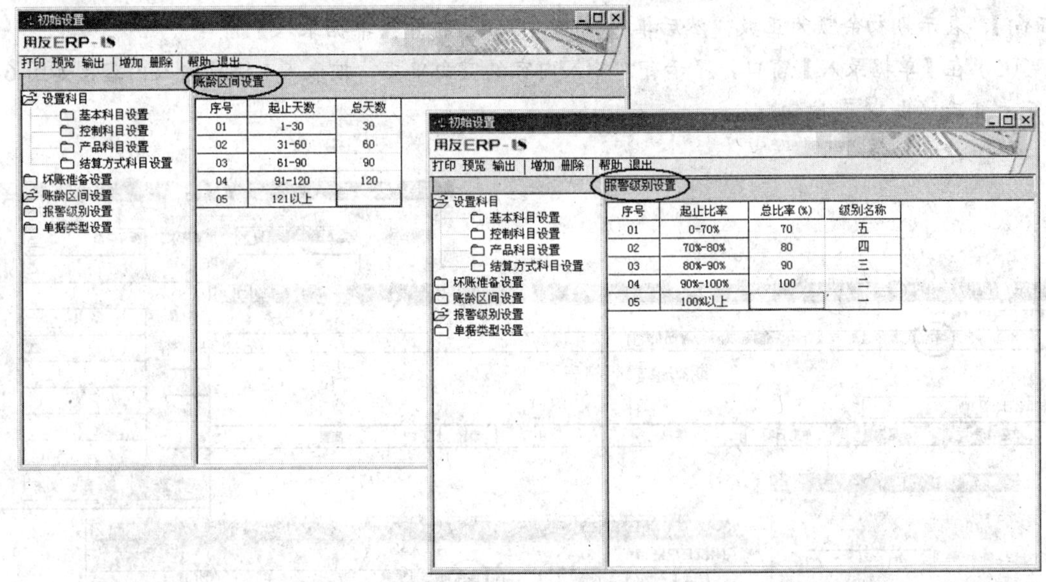

图 6-5　应收款系统初始设置（3）

（10）所有初始设置项目均已输入完毕后，单击 退出 按钮返回【应收款系统】窗口。

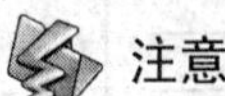

如果账龄区间设置和报警区间设置输入错误，可以单击相应的栏目进行修改。如果要删除整行，则选定该行后，单击 删除 按钮，该行即被删除，系统将自动重新排序。但最后一行设置只有在其他行被删除后，才能被删除。

6.2.3　录入期初余额

在应收应付款系统中设置了核算所需确定的选项和档案资料后，最后一项基础设置工作便是输入期初余额。应收应付款管理系统的期初余额与总账系统有着对应关系，但在数据管理上又存在着独立性，所以必须在应收应付款管理系统中另行录入期初余额，并且要与总账系统进行对账，以检查期初余额数据的准确性。

【例 6-3】　录入上海市 AAA 公司应收款系统有关科目期初余额。以输入第一项应收账款期初余额为例，见表 6-1。科目编码：1131；方向：正；付款条件：01。

表 6-1　应收账款期初余额

单据名称	单据类型	开票日期	客户名称	金额（元）	销售部门	业务员	付款条件
应收单	其他应收款	2008-08-31	天丽公司	30 000	销售部	孙刚	01

操作步骤

（1）在【应收款管理】窗口的系统菜单中，执行【设置】/【期初余额】命令，打开【期初余额—查询】对话框。

（2）单击 确认 按钮，打开【期初余额】窗口。

（3）单击 增加 按钮，打开【单据类别】对话框。

（4）将【单据名称】选定为【应收单】，【单据类型】选定为【其他应收单】，【方向】选定为【正向】，表示期初余额为正数。然后单击 确认 按钮，打开【单据录入】窗口。

（5）在【单据录入】窗口，显示有需输入内容的空白单据，按表 6-1 逐项输入内容，如图 6-6 所示，然后单击 保存 按钮。

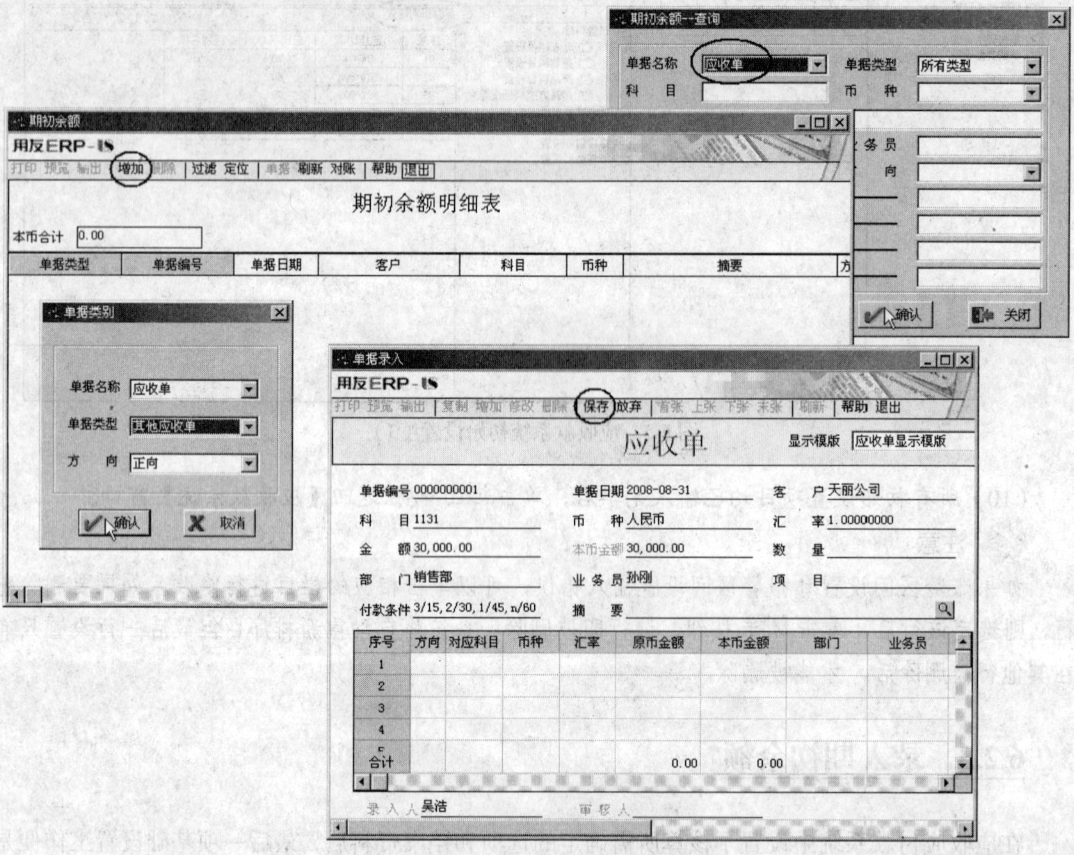

图 6-6 录入期初余额

（6）单击 增加 按钮，按步骤（5）输入其他的应收账款期初余额的单据内容。输入完毕后，单击 退出 按钮，在【应收款管理—期初余额】窗口中单击 刷新 按钮，将显示已输入的期初余额内容。

（7）单击 增加 按钮，在打开的【单据类别】对话框中，将【单据名称】选定为【应收票据】，【单据类型】选定为【商业承兑汇票】，然后单击 确认 按钮。按步骤（5）的方法输入应收票据的期初余额。

（8）以步骤（7）同样的方法输入预收账款的期初余额。

（9）全部期初余额单据输入完毕，在【期初余额】窗口单击 对账 按钮，可以与总账系统输入的期初余额进行对账检查，以验证所输入期初余额的准确性，如图 6-7 所示。

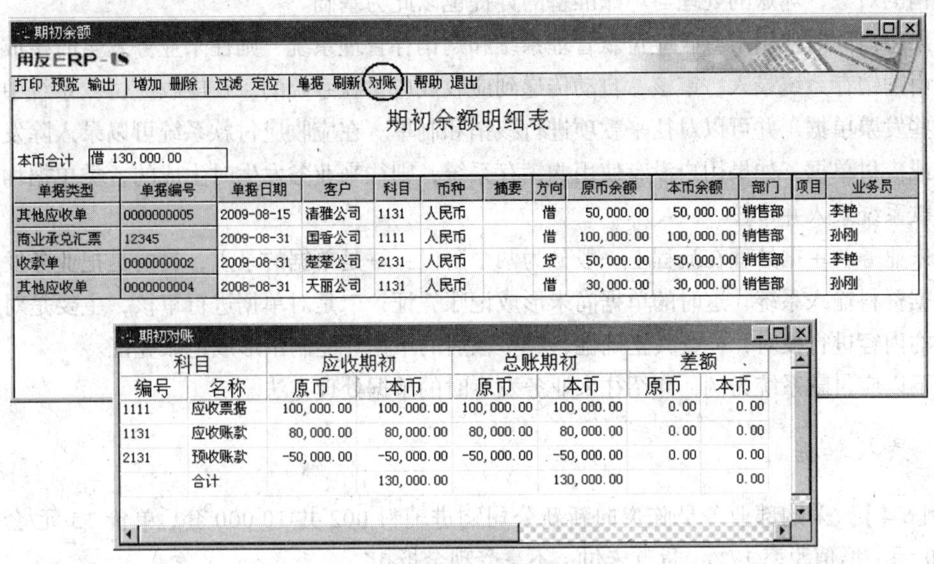

单据类型	单据编号	单据日期	客户	科目	币种	摘要	方向	原币余额	本币余额	部门	项目	业务员
其他应收单	0000000005	2009-08-15	清雅公司	1131	人民币		借	50,000.00	50,000.00	销售部		李艳
商业承兑汇票	12345	2009-08-31	国香公司	1111	人民币		借	100,000.00	100,000.00	销售部		孙刚
收款单	0000000002	2009-08-31	楚楚公司	2131	人民币		贷	50,000.00	50,000.00	销售部		李艳
其他应收单	0000000004	2008-08-31	天丽公司	1131	人民币		借	30,000.00	30,000.00	销售部		孙刚

科目		应收期初		总账期初		差额	
编号	名称	原币	本币	原币	本币	原币	本币
1111	应收票据	100,000.00	100,000.00	100,000.00	100,000.00	0.00	0.00
1131	应收账款	80,000.00	80,000.00	80,000.00	80,000.00	0.00	0.00
2131	预收账款	-50,000.00	-50,000.00	-50,000.00	-50,000.00	0.00	0.00
	合计		130,000.00		130,000.00		0.00

图 6-7　对账

应付账款、预付账款和应付票据的期初余额在【应付款管理】中输入，方法与上述应收款期初余额输入类似，这里不再赘述。

清除期初余额的方法：在【期初余额】窗口，单击选定需删除的期初余额项目所在行，然后单击 删除 按钮。如果期初余额单据已被核销制为凭证，则需先取消核销、删除凭证后才能删除有关的期初余额单据。

6.3 应收应付款业务处理

在建立了应收应付款管理系统的条件下，用户日常往来业务形成的单据，如发票、费用单、结算单据等全部在应收或应付款系统中输入并生成凭证，系统根据录入的原始单据信息，自动记录和汇总与各往来单位的款项数据，并向用户提供对往来账款的统计分析。对于操作员来说，在应收应付款管理系统初始化设置结束以后，其日常核算的主要工作就是单据的处理，包括往来业务发生时的单据处理，往来业务结算的单据处理，往来账款冲销的单据处理，根据输入的单据制单生成凭证，对往来票据的管理等内容。

应收款系统是用来核算与客户之间资金往来关系的，应收账款、应收票据和预收账款的有关单据均在应收款系统中输入。相应地，应付款系统是用来核算与供应商之间资金往来关系的，应付账款、应付票据和预付账款的有关单据在应付款系统中输入。

6.3.1 应收应付款单据处理

往来业务的发生是指由于赊销或赊购等原因导致应收款或应付款的增加。应收业务发生时，一般会生成销售发票或应收单据；应付业务发生时，一般会生成采购发票或应付单据。其中发票

单据又可分为专用发票和普通发票两类；应收应付单据在实务中主要是指运费等代垫款项。往来业务的日常处理以这些原始单据的录入为起点，往来业务发生时录入的单据和凭证是往来账款结算和核销的对象，坏账的处理与坏账准备的计提也以此为基础。

如果用户同时使用了应收应付款管理系统和购销存管理系统，则往来业务发生时生成的发票单据是由购销存系统录入、审核，自动传递到应收或应付款系统的。在应收应付款系统中可以查询到这些发票单据，并可以对往来款项进行核销和制单。在应收应付款系统可以录入除发票以外的应收或应付单据。如果用户没有使用购销存系统，则往来业务发生时生成的各类单据均在应收或应付款系统录入并审核。

往来业务的单据处理在流程上一般分为两个阶段：一是单据的录入，目的是把业务发生时的原始单据资料输入系统，这时的单据尚未形成记账凭证；二是对单据进行审核，主要是对已录入的单据的内容进行校对，检查其正确性，经审核后的单据才能制单形成记账凭证。

以下以应付款系统为例，介绍往来业务发生时的单据处理方法。

1. 录入单据

【例 6-4】 采购部业务员陈炎向新新公司购进辅料 002 共 10 000 套，单价 15 元/套，价款 150 000 元，增值税率 17%，货款未付，不享受现金折扣。

操作步骤

（1）在【应付款系统】窗口系统菜单中，执行【日常处理】/【应付单据处理】/【应付单据录入】命令，打开【单据类别】对话框。

（2）选择需输入的单据名称和类型，单击 ✔确认 按钮。

（3）在打开的【采购发票】窗口显示有所选单据类型的空白单据，逐项输入单据内容，如图 6-8 所示，然后单击 保存 按钮。

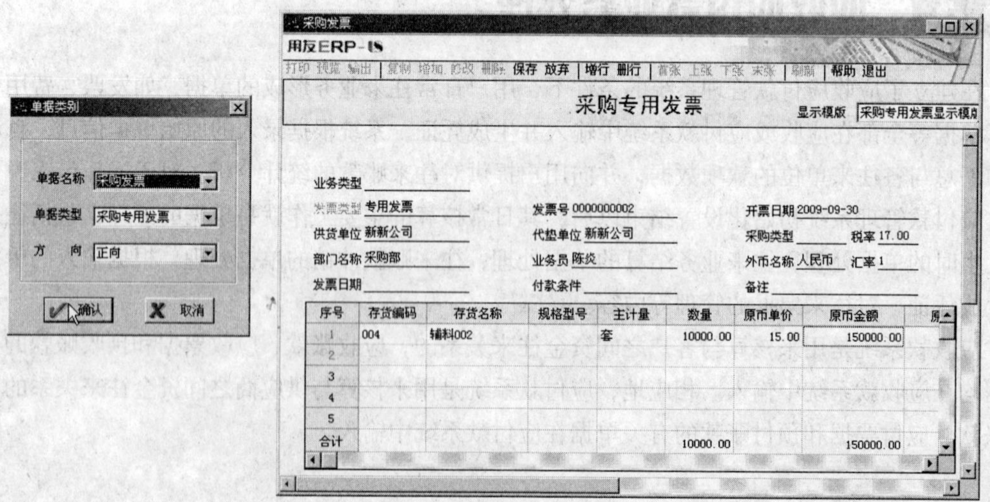

图 6-8 录入应付单据

2. 审核单据

录入的单据必须经过审核才能进行后续的核销、转账、制单等处理。在应收应付款管理系统

中，单据的填制与审核可以由同一人进行，但在实务中，单据的填制与审核最好能由不同的操作员承担，通过操作员之间的相互检查，可以有效减少单据填制可能出现的差错和防止舞弊行为的发生。

（1）由单据填制人自己审核单据。

操作步骤

在填制的单据被保存后，**审核** 按钮被激活，对录入的单据进行校对检查，确认准确无误后，单击**审核** 按钮。

（2）由其他操作员审核单据。

操作步骤

（1）在【应付款管理】窗口系统菜单中，执行【日常处理】/【应付单据处理】/【应付单据审核】命令，打开【单据过滤条件】对话框，选取【未审核】单选框，然后单击**确认**按钮。

（2）在打开的【单据处理】对话框中显示有已填制的单据明细表，如果已查看过有关单据的详细内容，确定单据填制无误，可双击该单据的【选择】空白栏，打上【Y】标记，然后单击**审核**按钮，即完成了对该单据的审核，如图 6-9 所示。

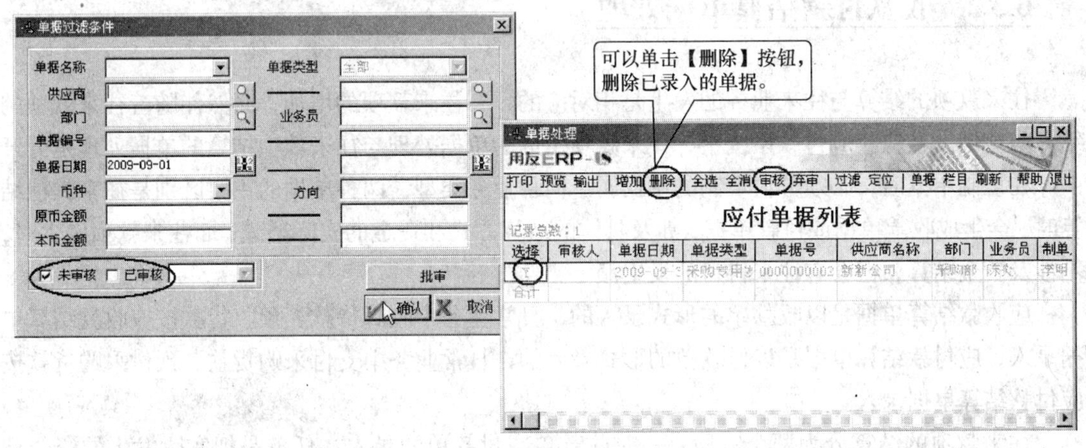

图 6-9　审核单据

如果需要详细查看单据内容，可以在选择单据后单击**单据** 按钮，或者直接双击单据所在行，在打开的【单据录入】窗口对填制的单据内容进行校对，然后单击**审核** 按钮。

注意

- 单据在未被审核前，可以由操作员自行修改和删除；如果要修改和删除已经审核的单据，则必须先取消审核，然后再对单据进行修改和删除。
- 取消审核的方法与上述审核方法类似。
- 单据的名称和类型、税率、币种是不能进行修改的，如果这些单据内容出现错误，只能删除该单据，然后再重新填制一张正确的单据。
- 录入的发票和应收单据的日期必须大于已经结账的日期，且小于或等于当前业务日期。

● 单据录入时涉及的往来单位、结算方式、付款条件、部门和业务员等内容仅限于系统中存有的档案资料，如果单据录入时涉及新增的内容，应先增加相应的档案资料。

3. 删除单据

录入的单据在未审核之前，可以手动删除，如果单据已经制成凭证或已经核销、审核，则必须先删除凭证，取消核销、审核，才能删除单据。

操作步骤

方法一：在【应付款管理】窗口系统菜单中，执行【日常处理】/【应付单据处理】/【应付单据审核】命令，打开【单据过滤条件】对话框，选取【未审核】单选框，然后单击 确认 按钮。在打开的【单据处理】对话框中，双击需删除单据的【选择】空白栏，打上【Y】标记，然后单击 删除 按钮，如图 6-9 所示。

方法二：在【应付款管理】窗口系统菜单中，执行【日常处理】/【应付单据处理】/【应付单据录入】命令，在【单据类别】对话框中选择单据类别后进入相应的单据填制窗口，单击工具栏中的 放弃 按钮，再单击 上张 或 下张 按钮进行选择，找到需删除的单据后单击 删除 按钮。

6.3.2 收款付款结算单据处理

往来款项的结算与往来业务的发生是相对应的，有往来款项的增加，必然伴随着往来款项的结算与核销。在应收应付款系统中，往来款项生成的单据处理与往来款项结算的单据处理是分开的。在填制单据时，必须分清填制的单据属于何种业务类型，两种单据的主要区别是往来款项结算时，会生成收款单据或付款单据，涉及具体的结算方式和资金的实际增减；而往来款项发生时，不涉及资金结算，但会有往来科目的发生额。

应收款结算单据是以收款单的形式录入的，日常业务中收到货款、预收货款按应收款结算单据录入；应付款结算单据是以付款单的形式录入的，日常业务中支付采购货款、预付采购货款按应付款结算单据录入。

往来款项的结算分为两个阶段：一是收款单或付款单的录入，任务是把实际发生的资金结算业务数据录入到系统中；二是对往来款项进行核销，也就是要指定所录入的收（付）款单是对哪笔往来业务款项进行结算。明确了核销关系后，可以进行精确的账龄分析，更好地管理往来账款。

【例 6-5】 以电汇方式，支付上月欠兴盛公司货款 117 000 元。

操作步骤

（1）在【应付款管理】窗口系统菜单中，执行【日常处理】/【付款单据处理】/【付款单据录入】命令，打开【结算单录入】对话框。

（2）单击 增加 按钮，根据实际发生的付款结算业务逐项输入单据内容，然后单击 保存 按钮，在【结算单录入】窗口中显示出对该供应商的未结清单据，如图 6-10 所示。

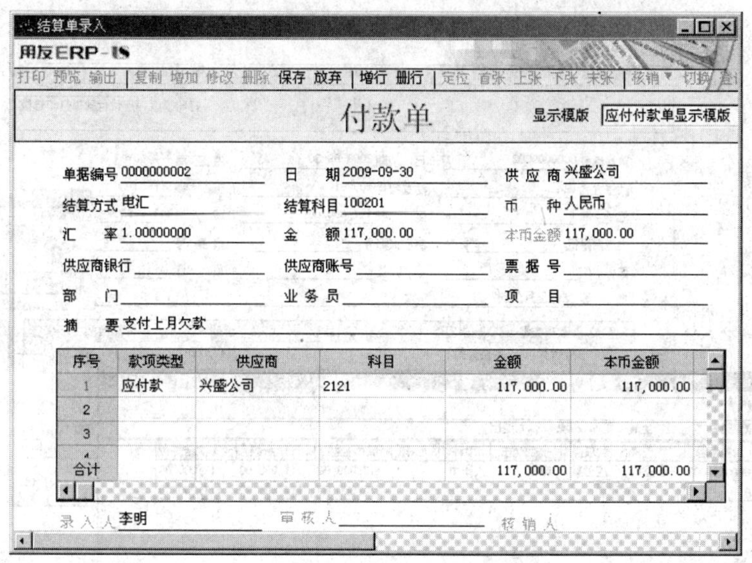

图 6-10　录入付款结算单据

6.3.3　核销单据

核销单据是指在收到货款时确认其所对应的应收款项，或在支付货款时确认其所对应的应付款项。在操作上即是在录入收款单后，确认该收款单与之前开出的发票、应收款之间的对应关系，或是在录入付款单后，确认该付款单与之前收到的发票、应付款之间的对应关系。

单据核销有以下 3 种操作方法。

1．录入兼核销

这种方法适用于在结算单据录入保存后，直接进行核销处理。

操作步骤

（1）在结算单据录入保存后，单击【结算单录入】对话框上方的 **核销▼** 按钮，系统弹出【是否立即制单】提示框，单击 否(N) 按钮，可暂不制单生成凭证。

（2）系统弹出【单据核销】对话框，拖动列表框中的横向滚动条，在本次付款所需核销单据的【本次结算】栏中输入金额，然后单击 **保存** 按钮，系统将按此核销单据款项。也可单击 **分摊** 按钮，由系统自动进行核销，如图 6-11 所示。

说明

- **核销▼**：结算单据保存后，单击 **核销▼** 按钮，可以由操作员手动确定本次付（收）款所要核销的往来款项。
- **分摊**：结算单据保存后，单击 **核销▼** 按钮，再单击 **分摊** 按钮，系统将按用户在应付（收）款系统初始设置时所选择的核销方式自动进行核销。
- **切换**：用于收款单与付款单之间的转换，付款单通过单击 **切换** 按钮，可转换为红字的收款单，同样，收款单通过单击 **切换** 按钮，可转换为红字的付款单。

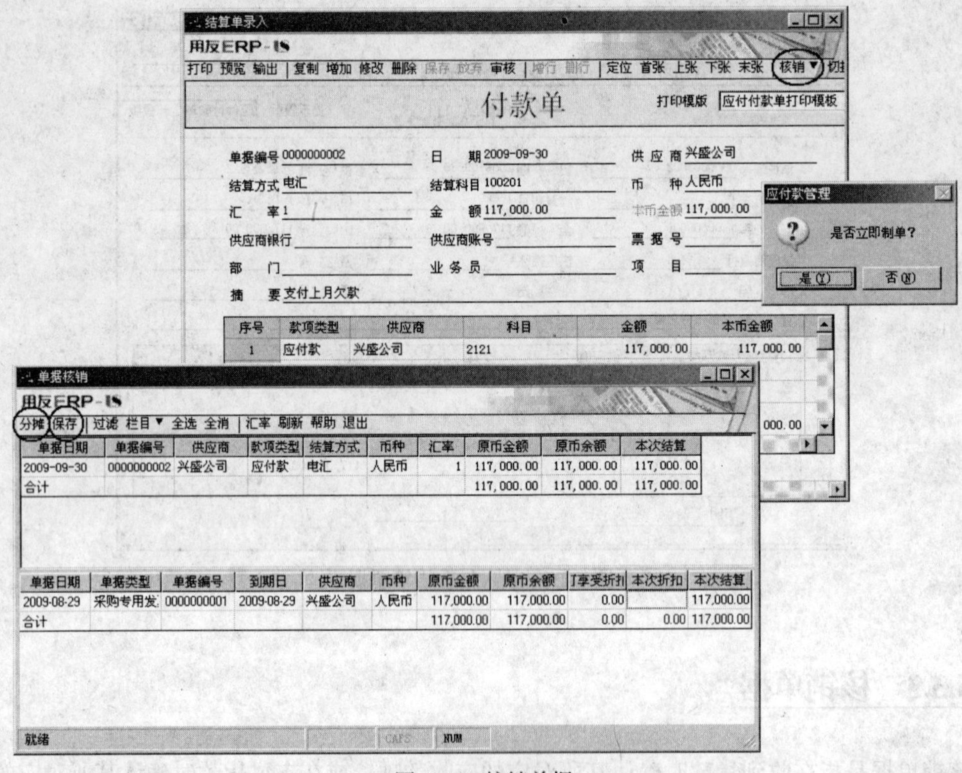

图 6-11 核销单据

2. 手动核销

这种方法适用于关闭【结算单录入】对话框后，有针对性地进行核销。

操作步骤

（1）在【应付款管理】窗口系统菜单中，执行【日常处理】/【核销处理】/【手工核销】命令，打开【核销条件】对话框。

（2）在【核销条件】对话框中，单击【供应商】的按钮，选择所要进行核销的供应商，然后单击确认按钮。

（3）系统弹出【单据核销】对话框，拖动列表框中的横向滚动条，在本次付款所需核销单据的【本次结算】栏中输入金额，然后单击保存按钮，系统将按此核销单据款项。也可单击分摊按钮，由系统自动进行核销，如图 6-12 所示。

3. 自动核销

这种方法适用于关闭【结算单录入】对话框后，由系统自动进行核销。

操作步骤

（1）在【应付款管理】窗口系统菜单中，执行【日常处理】/【核销处理】/【自动核销】命令，打开【核销条件】对话框。

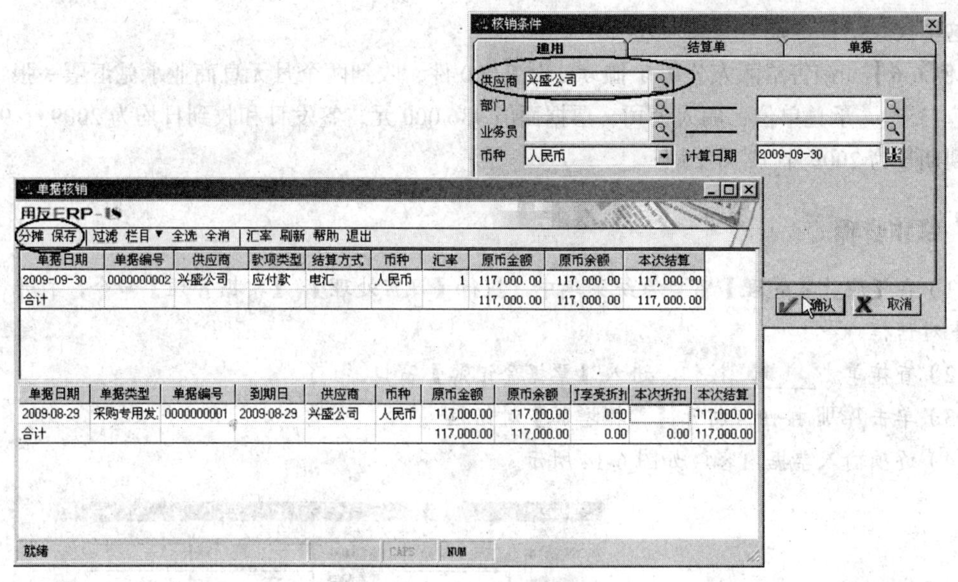

图 6-12　手工核销

（2）可以在【核销条件】对话框中选择所要进行核销的供应商，也可以直接单击【确认】按钮，系统即开始进行自动核销处理。

（3）系统弹出【自动核销报告】对话框，如图 6-13 所示。直接关闭对话框退出。

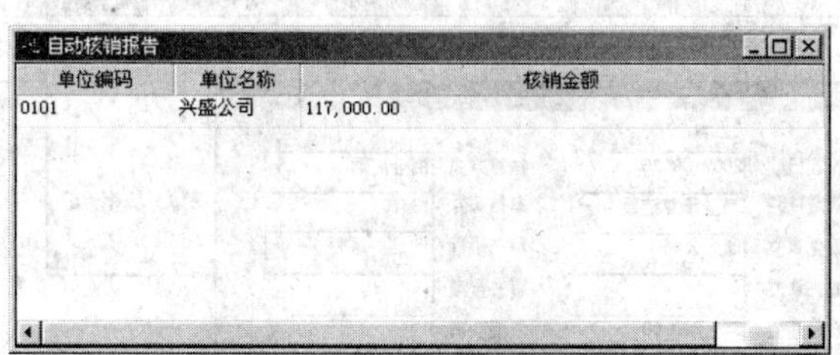

图 6-13　自动核销

6.3.4　票据管理

企业在日常经营业务结算中，往往会采用银行承兑汇票或商业承兑汇票的结算方式，这就形成了应收票据和应付票据，对票据的管理是企业日常资金管理的重要组成部分。在用友应收应付款系统中都设置有票据管理功能，供用户记录票据的详细信息，包括票据金额、利率、日期、贴现、背书、计息、结算和转出等内容，并可以灵活地设置查询条件找到所要查询的票据。

需要注意的是，使用票据登记簿管理功能，必须将应收（付）票据科目设置成为带有客户（供应商）往来辅助核算的科目。

1. 增加票据

票据按形成的时间区段分为期初票据和日常经营形成的票据，相应地增加票据的方式也分为两种，即期初票据的录入和日常票据的录入。期初票据的录入方法在 6.2.3 录入期初余额中已有介

绍，这里仅介绍日常票据的录入方法。

【例 6-6】 销售给丽人公司 T 恤 002 共 8 000 件，收到两个月无息商业承兑汇票一张，票据编号：13579，承兑单位：丽人公司，票据面值 936 000 元，签发日和收到日均为 2009 年 9 月 25 日，到期日为 2009 年 12 月 25 日。

操作步骤

（1）在【应收款管理】窗口系统菜单中，执行【日常处理】/【票据管理】命令，打开【票据查询】对话框。

（2）直接单击 确认 按钮，进入【票据登记簿】窗口。

（3）单击 增加 按钮，打开【票据增加】对话框。

（4）逐项输入票据内容，如图 6-14 所示。

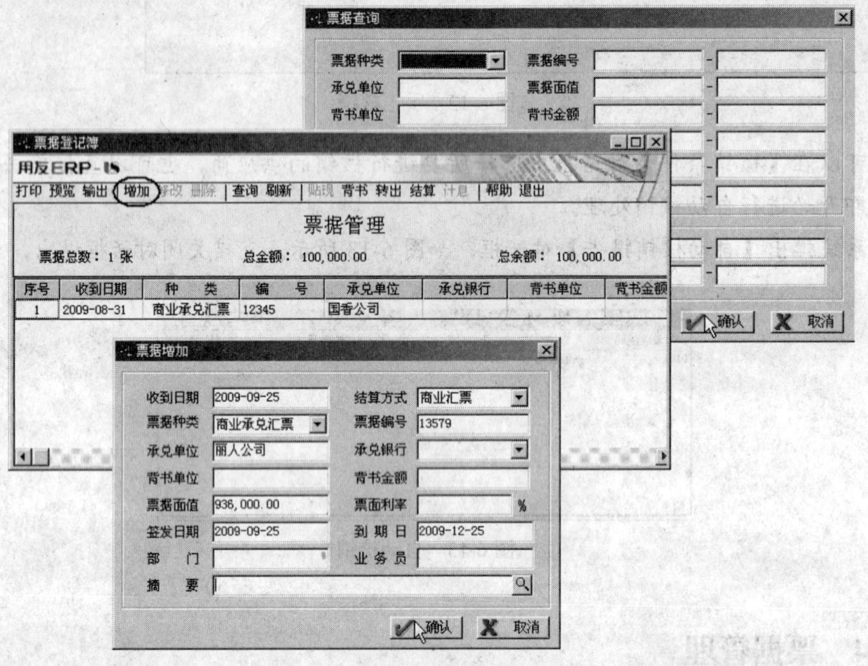

图 6-14 增加票据

（5）单击 确认 按钮，该票据将列示在【票据登记簿】列表中。

2. 票据管理

票据管理是指对企业现存的应收和应付票据的处理情况所进行的控制和核算。对票据的处理包括票据的贴现、背书、转出、结算和计息等内容。

【例 6-7】 国香公司的商业承兑汇票款 100 000 元到期，款项已划入银行账户。

操作步骤

（1）在【票据登记簿】窗口选定应收国香公司票据所在行，单击 结算 按钮，打开【票据结算】对话框。

（2）输入【结算日期】、【结算金额】等结算内容，如图 6-15 所示，然后单击 确认 按钮。

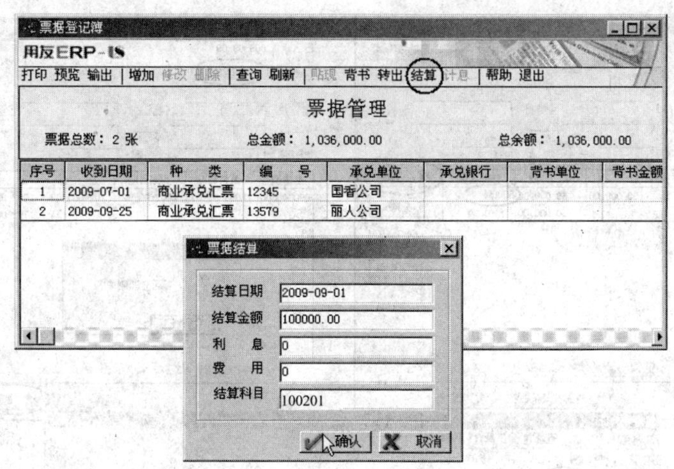

图 6-15　票据结算

（3）系统弹出【是否立即制单】提示框，单击 否(N) 按钮，暂不制单。

6.3.5　转账处理

在日常往来业务中，由于往来款项发生频繁，在账面上对一个往来单位可能既存在债权关系，又存在债务关系，如果不及时清理，一方面会导致往来账过于庞大；另一方面也不利于理清与往来单位的债权债务关系。为此，在用友 ERP-U8 应收应付款管理系统中，设置有转账处理的功能，帮助用户对往来账做进一步的清理。

1．应收款系统的转账处理

应收冲应收：将某客户所欠的应收款转入到另一客户名下。

预收冲应收：某客户有预收款时，可用收取的该客户的预收款冲其所欠的应收款。

应收冲应付：若某客户同时又是供应商，则可以用对该客户的应收款冲减对该单位的应付款。

红字对冲：当发生退货时，可用红字发票对冲蓝字发票。

2．应付款系统的转账处理

应付冲应付：将对某供应商的欠款转入到另一供应商名下。

预付冲应付：若对某供应商已支付了预付款，则可以用预付款冲减对该供应商的应付款。

应付冲应收：若某供应商同时又是客户，则可以用对该供应商的应付款冲减其所欠的应收款。

红票对冲：当发生退货时，可用红字发票对冲蓝字发票。

【例 6-8】　将楚楚公司的预收款和应收款 50 000 元相互冲销。

操作步骤

（1）在【应收款管理】窗口系统菜单中，执行【日常处理】/【转账】/【预收冲应收】命令，打开【预收冲应收】对话框。

（2）在【预收款】标签下输入客户名称，单击 过滤 按钮，在列表框中显示出对客户“楚楚公司”当前的预收款情况，在【转账金额】栏输入转账金额“50 000”，如图 6-16 所示。

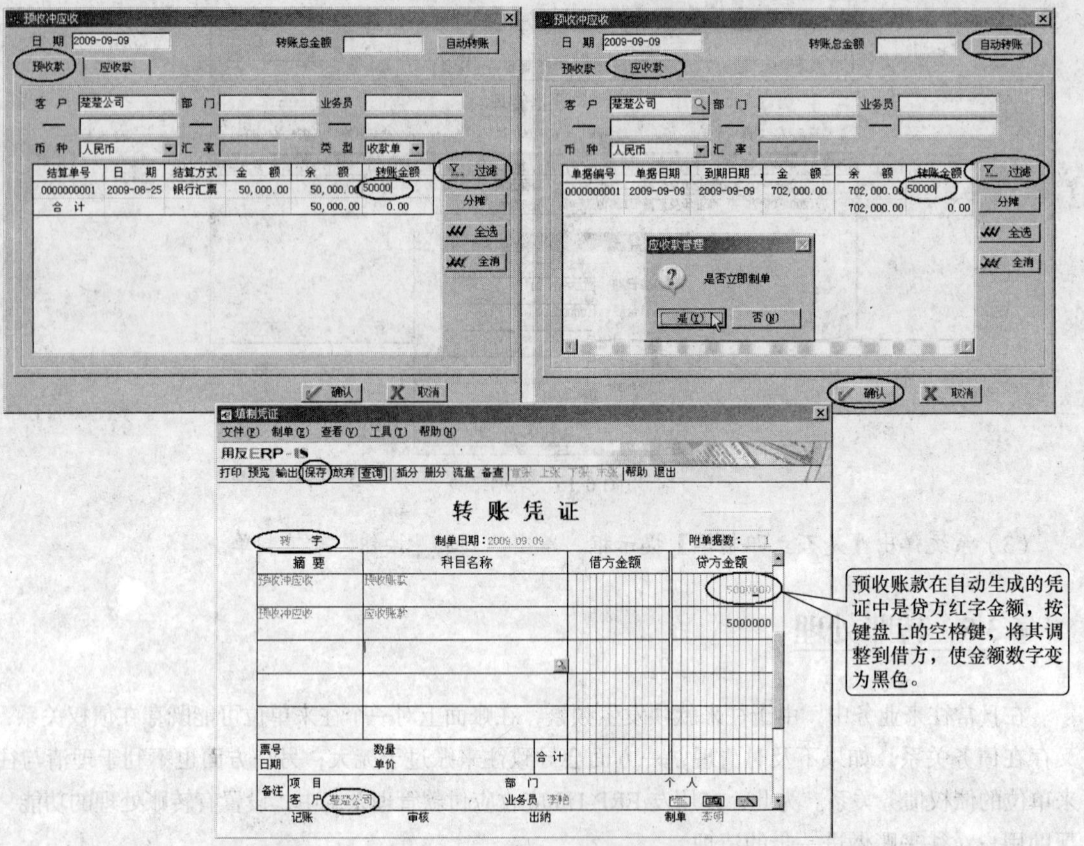

预收账款在自动生成的凭证中是贷方红字金额，按键盘上的空格键，将其调整到借方，使金额数字变为黑色。

图 6-16　转账处理——预收冲应收

（3）单击【应收款】标签，输入客户名称，单击 过滤 按钮，在列表框中显示出对客户“楚楚公司”当前的应收款情况，同样在【转账金额】栏输入转账金额“50 000”。

（4）单击对话框上方的 自动转账 按钮，或下方的 确认 按钮，系统提示是否立即制单，单击 是(Y) 按钮。

（5）在打开的【填制凭证】对话框中，单击窗口左上方凭证【字】左侧，将凭证类型调整为转账凭证。

（6）将光标定位在红字金额数字上，按空格键，调整金额方向，如图 6-16 所示。

（7）单击 保存 按钮，系统开始生成凭证并将凭证传送到总账系统。

注意

- 由于应收账款科目使用了客户往来辅助核算，所以在会计分录中不能显示客户名称，但系统已进行了转账处理，将光标定位在会计科目所在行，在填制凭证窗口的左下方备注中显示有往来科目所核算的客户名称。
- 系统原制凭证虽然借贷相等，但没有贷方，不符合编制会计分录“有借必有贷，借贷必相等”的基本原则，所以必须调整红字分录的金额方向。

6.3.6 坏账处理

在企业的日常经营业务中，由于客户方面的原因，坏账是经常遇到的经营风险，因此坏账处

理是应收款系统不可缺少的业务内容。坏账的处理包括坏账发生、坏账收回和坏账计提。其中，坏账的发生和收回是根据往来款业务情况在日常核算中进行的，而坏账的计提则只在年末进行，并且是由应收款系统根据用户对坏账计提方法的设置自动计算，然后制单完成的。

1. 发生坏账

【例 6-9】 天丽公司因经营不善破产清算，其所欠货款 30 000 元已无法收回，经批准做坏账处理。

操作步骤

（1）在【应收款管理】窗口系统菜单中，执行【日常处理】/【坏账处理】/【坏账发生】命令，打开【坏账发生】对话框。

（2）输入客户名称、部门等基本信息，单击 确认 按钮，打开【发生坏账损失】对话框。

（3）在【本次发生坏账金额】栏输入坏账金额，然后单击 确认 按钮，系统提示是否制单，单击 是(Y) 按钮，可以直接制单，也可单击 否(N) 按钮暂不制单，如图 6-17 所示。

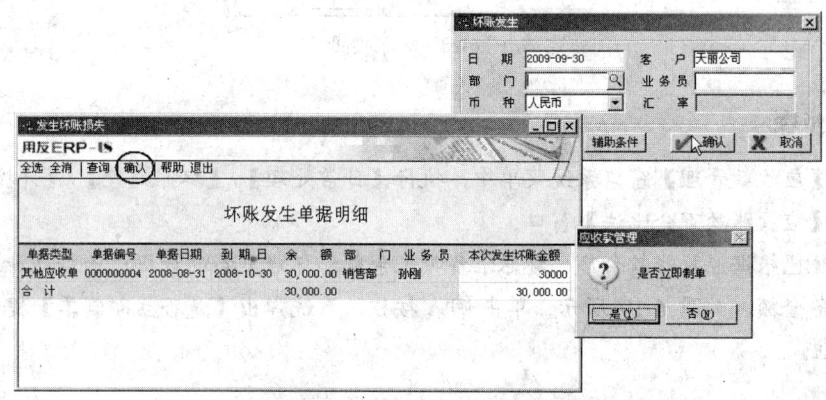

图 6-17　发生坏账的处理

2. 收回坏账

【例 6-10】 名达公司前欠货款 25 000 元已做坏账处理，现该公司已电汇归还了所欠货款。

操作步骤

（1）录入结算单据。在【应收款管理】窗口系统菜单中，执行【日常处理】/【收款单据处理】/【收款单据录入】命令，按前述录入结算单据的方法录入收款单内容并保存。

（2）进行坏账收回的处理。在【应收款管理】窗口系统菜单中，执行【日常处理】/【坏账处理】/【坏账收回】命令，打开【坏账收回】对话框。

（3）输入客户名称、金额、结算单号等内容，如图 6-18 所示，然后单击 确认 按钮，系统提示是否立即制单，单击 是(Y) 按钮，可以直接制单，也可单击 否(N) 按钮暂不制单。

3. 计提坏账准备

按照会计制度的有关规定，每至年终，都要进行坏账准备的计提和调整。在电算化会计中，坏账准备是根据用户对坏账准备计提方法和比例的设置自动计算和生成有关凭证的，因此计提坏账准备必须先在【初始设置】中进行坏账准备的计提比例、期初余额和有关入账科目的设置。坏账准备每年只能计提一次，已执行了计提坏账准备的操作，本年度内将不能再次计提坏账准备。

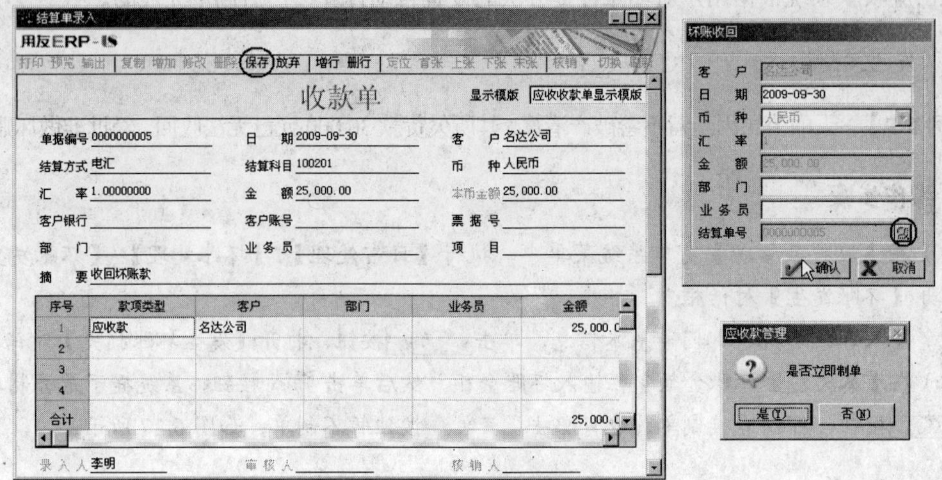

图 6-18　坏账收回

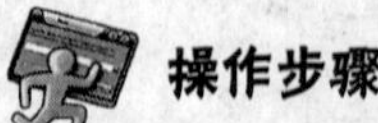

操作步骤

（1）在【应收款管理】窗口系统菜单中，执行【日常处理】/【坏账处理】/【计提坏账准备】命令，打开【应收账款百分比法】窗口。

（2）系统已根据应收账款余额、坏账准备期末余额和坏账准备的计提比例自动计算出本年计提的坏账准备金额，如图 6-19 所示。单击 确认 按钮，系统弹出【是否立即制单】提示框，单击 是(Y) 按钮。

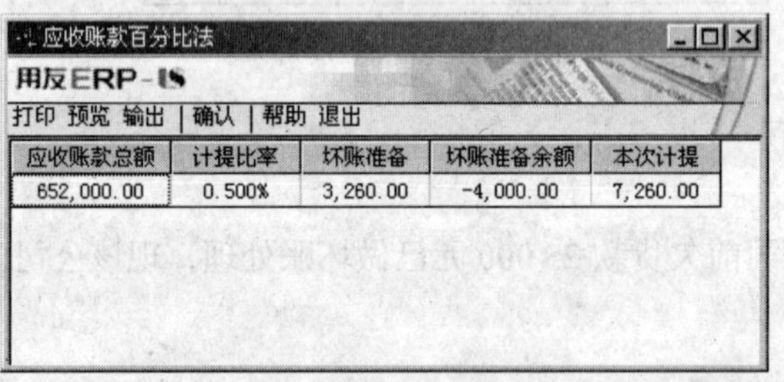

应收账款总额	计提比率	坏账准备	坏账准备余额	本次计提
652,000.00	0.500%	3,260.00	-4,000.00	7,260.00

图 6-19　计提坏账准备

（3）系统打开【填制凭证】窗口，将凭证类别调整为转账凭证，单击 保存 按钮，凭证左上方出现“已生成”字样，表明此凭证已传递到总账。

注意

● 系统弹出【应收账款百分比法】对话框是因为在应收款系统初始设置时，将坏账准备的计提方法设置为【应收账款百分比法】。

● 如果已计提的坏账准备尚未生成凭证，可以通过执行【工具】/【取消操作】命令，在【取消操作条件】对话框中，将【操作类型】设置为【坏账处理】，单击 确认 按钮，在【取消操作】对话框中进行取消计提坏账准备操作的处理。如果计提的坏账准备已生成凭证，但在总账系统尚未进行记账处理，可以通过在总账系统取消凭证审核，在应收款系统删除该凭证的方法，使系统

恢复到未计提坏账准备的状态。

6.3.7　制单处理

制单就是将录入的原始单据制作成记账凭证。通过制单，应收应付款系统生成的往来业务数据才能传送到总账系统，实现应收应付款系统与总账系统信息的共享。

制单处理分为立即制单和批量制单。立即制单就是在进行单据处理、转账处理、票据处理及坏账处理的操作过程中，当系统提示是否立即制单时，单击 是(Y) 按钮，立即进行制单生成凭证。批量制单是指在所有业务处理完成之后，使用系统的制单功能集中进行制单处理。

【例 6-11】　在应付款系统中，将已录入的发票单据制单生成凭证。

操作步骤

（1）在【应付款管理】窗口系统菜单中，执行【日常处理】/【制单处理】命令，打开【制单查询】对话框。

（2）在【制单查询】对话框左边列表中选中【发票制单】复选框，然后单击 确认 按钮。

（3）在打开的【制单】对话框中列示有尚未进行制单处理的发票单据，双击【选择标志】空白栏，对需制单的发票单据进行选择并排序，然后单击 制单 按钮。

（4）在打开的【填制凭证】窗口中，将凭证字调整为转字，科目名称已由系统自动生成，如图 6-20 所示。可根据实际业务情况重新填写摘要，然后单击 保存 按钮，系统生成凭证并同时将凭证传送到总账系统，处理完毕，在该凭证左上方会显示出“已生成”的红色字框。

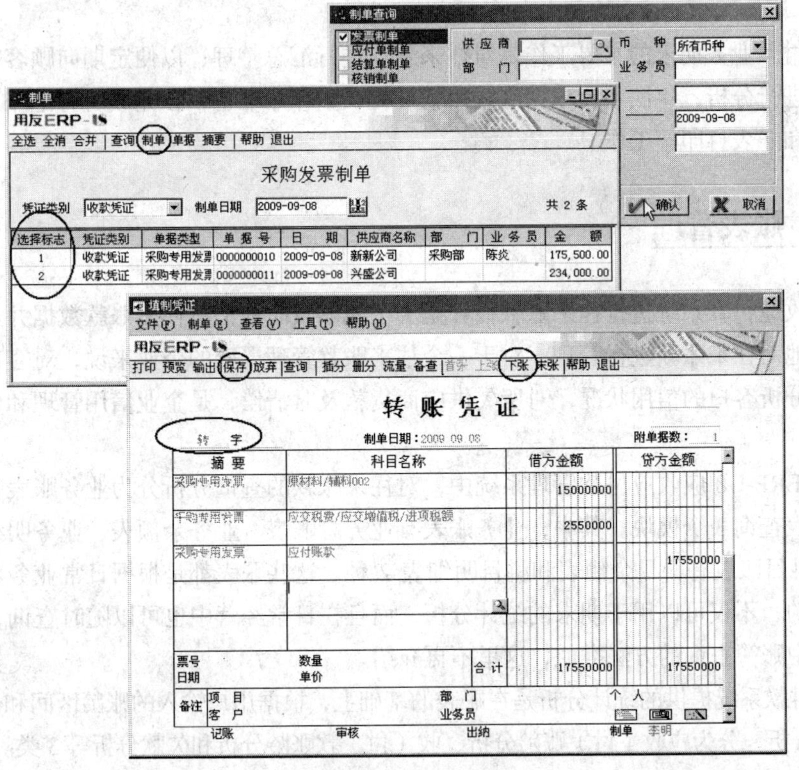

图 6-20　制单

（5）如果同时有多个单据制单，一张凭证保存后，单击 下张 按钮，按步骤（4）继续生成其他凭证。

注意

- 如果对所选单据需生成的凭证类别已明确，可直接在【制单】对话框中单击【凭证类别】的下拉框按钮▼，调整凭证类型。
- 选择了单据后单击 制单 按钮，制单不能进行，通常是由于计算机名中带有 SQL Server 2000 安装不允许的字符。
- 由于一张单据在制成凭证时可能有多行分录，在凭证字旁会注明此凭证总页数及当前显示页的页码，拖曳窗口中的纵向滚动条，可以翻动屏幕，逐项录入和查看凭证。
- 制单时，不能对已生成的数据进行修改或删除，也不能插入新的分录，只能在原有单据信息的基础上，对会计科目进行编辑。
- 输入带有辅助核算的往来科目时，会弹出【辅助项】对话框，但内容不可编辑，直接单击 确认 按钮即可。
- 外部凭证在总账系统中不能进行修改、删除、作废的处理，在应收应付款系统生成的凭证只能在应收或应付款系统中进行删除处理，然后再重新填制单据和制单。
- 删除已生成的凭证的方法是在应收或应付款系统中执行【统计分析】/【凭证查询】命令，打开【凭证查询】对话框，选定需删除的凭证，然后单击 删除 按钮，系统弹出【确定要删除此凭证吗】提示框，单击 是(Y) 按钮，凭证即被删除。

6.4 应收应付款系统期末处理

应收应付款业务期末的主要工作是对往来款项进行汇总整理，以便定期向顾客寄送对账单并对往来账款进行分析，年底还要根据应收账款计提调整坏账准备，在完成所有记账工作后进行程序性的结账和账表打印等工作。

6.4.1 账表管理

运用应收应付款系统进行往来账款核算是为了能够及时地汇总往来账款数据并进行分析，以便于更合理地对往来账款进行管理。对于一个往来账款管理严密的企业来说，对客户定期发送对账单，及时分析客户的信用状况，对所欠供应商货款及时清偿，是企业信用管理和资金管理的重要内容。

在用友 ERP-U8 应收应付款管理系统中，对往来账款的查询分析分为业务账表查询、统计分析和科目账表查询 3 个模块。其中，业务账表有业务总账表、业务余额表、业务明细账和对账单 4 种类型；科目账表有科目余额表和科目明细表 2 种。这些账表都是根据日常业务数据由系统自动汇总而成的，不仅可以用于期末的统计分析，而且在日常经营中也可以随时查询，其查询方法与总账系统中账簿查询的方法类似，这里不再介绍。

应收应付款系统提供的统计分析是在账表的基础上，根据用户输入的账龄区间和信用额度等参数而进行的分析，分为应收（付）账龄分析、收（付）款账龄分析和欠款分析等 3 类。

应收款管理系统的业务分析用于帮助企业评价客户的信用状况。其中，应收账龄分析是对当

前客户所欠账款按照设置的账龄区间进行的分析，根据对应收账款分析的实际需要，可以选择是否包括未审核的单据，账龄的区间设置也可以进行相应的调整；收款账龄分析是对本期收到的货款所对应的原应收账款结算日期或单据日期进行的分析，目的是对客户的付款能力进行评价，以便确定客户的信用等级和信用额度；欠款分析用于分析截止到某一日期，客户、部门或业务员的欠款金额，以及欠款组成情况。

应付款管理系统的统计分析用于帮助企业进行自身的信用维护，并促进资金的有效管理。其中，应付账龄分析是对当前企业所欠供应商账款按照设置的账龄区间进行的分析，这有利于企业总体掌握对供应商的欠款情况；付款账龄分析是对本期支付的货款所对应的原应付账款结算日期或单据日期进行的分析，目的是对本企业偿债能力进行评价，以便更有针对性地进行信用管理；欠款分析用于分析截止到某一日期，供应商、各部门或业务员的欠款金额，以及欠款组成情况。

【例 6-12】　查询分析上海市 AAA 公司所有客户的欠款情况。

操作步骤

（1）在【应收款管理】窗口系统菜单中，执行【账表管理】/【统计分析】/【欠款分析】命令，打开【欠款分析】对话框。

（2）选定【包含未审核单据】、【显示百分比】、【显示报警级别】和【显示最后业务信息】等 4 个复选框，单击 确认 按钮，窗口显示出客户的欠款分析报表，如图 6-21 所示。

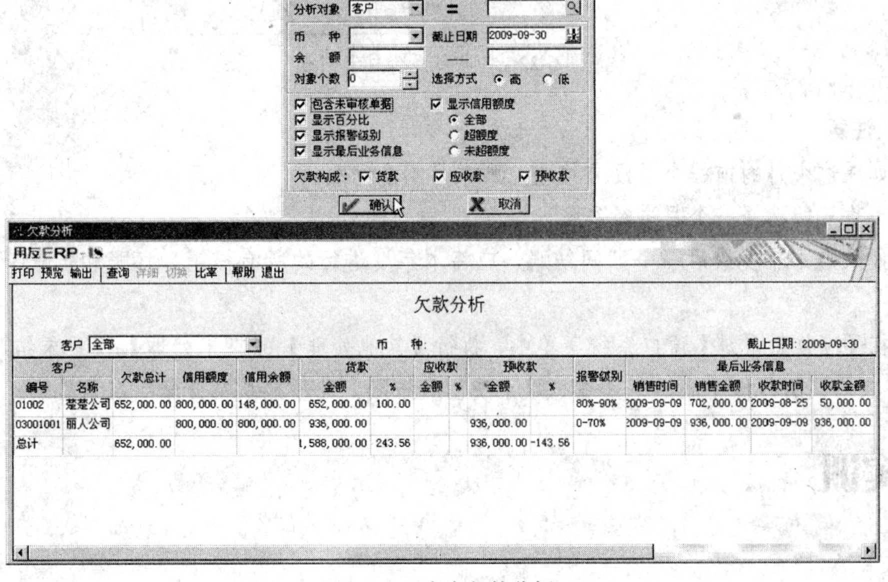

客户编号	客户名称	欠款总计	信用额度	信用余额	货款金额	货款%	应收款金额	应收款%	预收款金额	预收款%	报警级别	销售时间	销售金额	收款时间	收款金额
01002	莹莹公司	652,000.00	800,000.00	148,000.00	652,000.00	100.00					80%-90%	2009-09-09	702,000.00	2009-08-25	50,000.00
03001001	丽人公司		800,000.00	800,000.00	936,000.00				936,000.00		0-70%	2009-09-09	936,000.00	2009-09-09	936,000.00
总计		652,000.00			1,588,000.00	243.56			936,000.00	-143.56					

图 6-21　客户欠款分析

6.4.2 结账

在本月的各项业务处理结束之后，便可进行期末结账工作了，应收应付款系统进行期末结账必须在“本月单据全部记账”和“本月结算单全部核销”的条件下才能进行。在进行结

账时，系统还对“本月单据全部制单”、“本月核销全部制单”、“本月票据处理全部制单”和“本月其他处理全部制单”等 4 项工作内容进行检查，但并不强制要求在结账前全部完成这 4 项工作。

操作步骤

(1) 在【应收款管理】窗口系统菜单中，执行【其他处理】/【期末处理】/【月末结账】命令，打开【月末处理】对话框。

(2) 双击结账月份的【结账标志】空白栏，打上【Y】标志，单击【下一步】按钮，系统显示出月末结账的检查结果，单击【确认】按钮，如图 6-22 所示。系统进行本月结账，并弹出【结账成功】提示框，单击【确定】按钮。

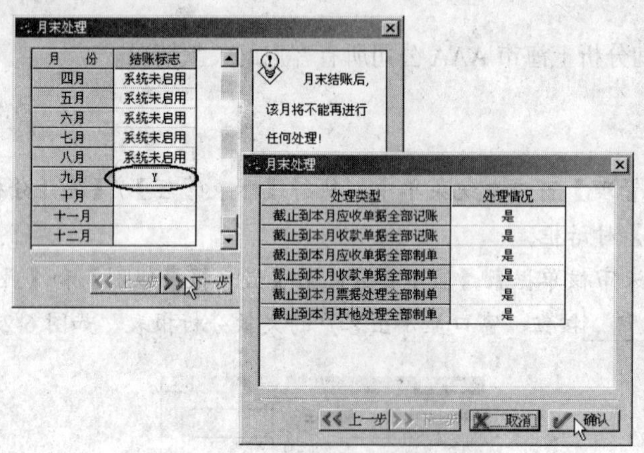

图 6-22　应收款系统月末结账

注意

- 如果这个月的前一个月没有结账，则本月不能结账。
- 一次只能选择一个月进行结账。
- 如果是本年度最后一个期间结账，应将本年度进行的所有核销、坏账和转账等处理全部制单。
- 在【应收款系统】窗口系统菜单中，执行【其他处理】/【期末处理】/【月末结账】命令，可取消存在错误的月份结账，但如果总账系统已经结账，则不能执行此命令取消结账。

上机实训

实训八：应付款系统基础设置

一、实训准备

完成第 3 章“实训三：总账系统初始设置”的操作。将计算机系统时间调整为实训账套的操作月份，将“实训三：总账系统初始设置”的备份账套数据引入用友 ERP-U8 系统，并修改表 6-2 所示的往来科目的受控系统。

表 6-2　上海市 AAA 公司需修改往来科目表

科目编码	中文科目名称	核算类型
1111	应收票据	客户往来（受控系统：应收系统）
1131	应收账款	客户往来（受控系统：应收系统）
1141	预付账款	供应商往来（受控系统：应付系统）
2111	应付票据	供应商往来（受控系统：应付系统）
2121	应付账款	供应商往来（受控系统：应付系统）
2131	预收账款	客户往来（受控系统：应收系统）

（说明：只需修改以上科目的受控系统，其他科目的设置与实训三资料相同。）

操作步骤

请参照修改会计科目的有关内容。在修改了受控系统后，在系统弹出的“此科目已使用，修改受控系统可能会造成数据错误！是否继续？”提示框中，单击[确定]按钮。

二、实训内容

1. 设置账套参数

2. 进行初始设置

3. 录入期初余额

三、实训资料

1. 应付款账套参数

（1）常规选项。

需修改选项：自动计算现金折扣；登记支票。其他采用系统默认设置。

（2）凭证选项。

需修改选项：核销生成凭证。其他采用系统默认设置。

（3）权限与预警选项。

无需修改，采用系统默认设置。

2. 应付款初始设置

（1）基本科目设置。

按表 6-3 所示内容对应付款系统基本科目进行设置。

表 6-3　应付款系统基本科目设置

科目	编码	科目	编码
应付科目（本币）	2121	商业承兑汇票	2111
预付科目（本币）	1151	票据利息科目	5503
采购税金科目	21710101	票据费用科目	5503
银行承兑科目	2111		

（2）控制科目设置。

不需设置。

（3）产品科目设置。

面料 001 采购科目：121101；面料 002 采购科目：121102；辅料 001 采购科目：121103；辅

料 002 采购科目：121104；纽扣 001 采购科目：121105；缝纫线 001 采购科目：121106。

（4）结算方式科目设置。

现金结算科目：100101；其余各结算方式科目均为：100201。币种均为人民币。

（5）账龄区间设置。

总天数分隔为 30 天、60 天、90 天、120 天、121 天以上。

（6）报警级别设置。

总比率 70%，五级；总比率 80%，四级；总比率 90%，三级；总比率 100%，二级；总比率 100%以上，一级。

3. 期初余额

应付款系统期初余额的相关数据见表 6-4～表 6-6。

注意

以下各项日期设置是按账套启用月（2009 年 9 月）为核算起点设置的，操作时如采用操作的自然月份，请做相应调整。例如，操作月份为 2010 年 5 月，则表 6-4 所示的应付款开票日期“2009-08-29”宜修改为“2010-04-29”，其他日期设置以此类推。

表 6-4　应付账款（2121，正向）期初余额

单据名称	单据类型	开票日期	供应商名称	部门	业务员	付款条件	货物名称	数量（米）	单价（元）	价税合计（元）
采购发票	专用发票	2009-08-29	兴盛公司	采购部	陈炎	无	面料 001	2 000	50	117 000

表 6-5　应付票据（2111，正向）期初余额

单据名称	单据类型	票据编号	收票单位	科目	票据面值（元）	票面利率	签发日	到期日	收到日	部门
应付票据	商业承兑汇票	54321	银狐公司	2111	80 000	0	2009-06-01	2009-09-01	2009-06-01	采购部

表 6-6　预付账款（1151，正向）期初余额

单据名称	单据类型	结算日期	供应商	结算方式	金额（元）	部门名称	业务员
预付款	付款单	2009-08-30	新新公司	电汇	20 000	采购部	陈炎

四、实训步骤

以账套主管的身份注册登录应付款系统，进行基础设置。

（1）设置账套选项。

（2）进行初始设置。

（3）录入期初余额。

如果账套启用和业务操作采用操作的自然月份，请注意调整期初余额的相关时间。

（4）以“admin”的身份登录系统管理备份账套。

实训九：应收款系统基础设置

一、实训准备

完成第 6 章“实训八：应付款系统基础设置”的操作。将计算机系统时间调整为实训账套的

操作月份，将“实训八：应付款系统基础设置”的备份账套数据引入用友 ERP-U8 系统。

二、实训内容

1. 设置账套参数

2. 进行初始设置

3. 录入期初余额

三、实训资料

1. 应收款账套选项

（1）常规选项。

需修改选项：坏账处理方式：应收余额百分比法；自动计算现金折扣；登记支票。其他采用系统默认设置。

（2）凭证选项。

需修改选项：核销生成凭证。其他采用系统默认设置。

（3）权限与预警选项。

无需修改，采用系统默认设置。

2. 应收款初始设置

（1）基本科目设置。

按表 6-7 所示内容对应收款系统基本科目进行设置。

表 6–7　应收款系统基本科目设置

科　目	编　码	科　目	编　码
应收科目（本币）	1131	商业承兑汇票	1111
预收科目（本币）	2131	现金折扣科目	5503
应交增值税科目	21710105	票据利息科目	5503
银行承兑科目	1111	票据费用科目	5503

（2）控制科目设置。

不需设置。

（3）产品科目设置。

T 恤 001 销售收入科目：510101；T 恤 002 销售收入科目：510102。

（4）结算方式科目设置。

现金结算科目：100101；其余各结算方式科目：均为 100201。币种均为人民币。

（5）坏账准备设置。

提取比率：0.5%；坏账准备期初余额：1000；坏账准备科目：1141；对方科目：5901。

（6）账期内账龄区间设置。

总天数分隔为 30 天、60 天、90 天、120 天、121 天以上。

（7）报警级别设置。

总比率 70%，五级；总比率 80%，四级；总比率 90%，三级；总比率 100%，二级；总比率 100%以上，一级。

3. 期初余额

应收款系统期初余额的相关数据见表 6-8～表 6-10。

注意

以下各项日期设置是按账套启用月（2009 年 9 月）为核算起点设置的，操作时如采用操作的自然月份，请做相应调整。例如，操作月份为 2010 年 5 月，则表 6-8 应收款开票日期“2009-08-27”宜修改为“2010-04-27”，其他日期设置以此类推。

表 6-8　　应收账款（1131，正向）期初余额

单据名称	单据类型	开票日期	客户名称	金额（元）	销售部门	业务员	付款条件
应收单	其他应收款	2008-08-27	天丽公司	30 000	销售部	孙刚	01
应收单	其他应收款	2009-08-14	清雅公司	50 000	销售部	李艳	01

表 6-9　　应收票据（1111，正向）期初余额

单据名称	单据类型	票据编号	开票单位	票据面值（元）	票面利率	科目	签发日和收到日	到期日	销售部门	业务员
应收票据	商业承兑汇票	12345	国香公司	100 000	0	1111	2009-07-01	2009-09-01	销售部	孙刚

表 6-10　　预收账款（2131，正向）期初余额

单据名称	单据类型	结算日期	业务员	结算方式	结算科目	金额（元）	客户名称	部门名称
预收款	收款单	2009-08-25	李艳	银行汇票	100201	50 000	楚楚公司	销售部

四、实训步骤

以账套主管的身份注册登录应收款系统，进行基础设置。

（1）设置账套选项。

（2）进行初始设置。

（3）录入期初余额。

如果账套启用和业务操作采用操作的自然月份，请注意调整期初余额的相关时间。

（4）以“admin”的身份登录系统管理备份账套。

实训十：应付款系统业务处理

一、实训准备

完成第 6 章“实训九：应收款系统基础设置”的操作。将计算机系统时间调整为实训账套的操作月份，将“实训九：应收款系统基础设置”的备份账套数据引入用友 ERP-U8 系统。

二、实训内容

1. 日常应付款业务处理
2. 期末应付款业务处理
3. 应付款系统结账

三、实训资料

（1）以电汇方式，支付上月欠兴盛公司货款 117 000 元。系统自动生成的会计凭证是

借：应付账款（兴盛公司）　　　　117 000

贷：银行存款/中行人民币户　　　117 000

（操作提示：需录入付款单据，并进行核销和制单。）

（2）采购部业务员陈炎向新新公司购进辅料 002 共 10 000 套，单价 15 元/套，价款 150 000 元，增值税率 17%，货款未付，不享受现金折扣。系统自动生成的会计凭证是

借：原材料/辅料 002　　　　　　　　150 000

　　应交税费/应交增值税/进项税额　　25 500

贷：应付账款（新新公司）　　　　　175 500

（操作提示：需录入应付单据，并进行审核和制单。）

（3）向兴盛公司购进面料 002 共 4 000 米，单价 50 元/米，增值税率 17%，开出 3 个月期无息商业承兑汇票一张。票据编号：23456；收票单位：兴盛公司；票据面值：234 000 元；签发日期：2009 年 09 月 01 日（当前操作月 1 日）；到期日：2009 年 11 月 01 日（当前操作月顺延 2 个月）。系统自动生成的会计凭证是

凭证一：　借：原材料/面料 002　　　　　　　200 000

　　　　　　　应交税费/应交增值税/进项税额　34 000

　　　　　贷：应付账款（兴盛公司）　　　　234 000

凭证二：　借：应付账款（兴盛公司）　　　　234 000

　　　　　贷：应付票据（兴盛公司）　　　　234 000

（操作提示：第一步，先录入应付单据，并进行审核和制单，系统自动生成凭证一；第二步，登记商业承兑汇票，其中票据日期为当前操作月的 1 日，到期日也请注意调整；第三步，进行付款单据审核并制单，系统自动生成凭证二。）

（4）欠银狐公司的商业承兑汇票 80 000 元到期，用银行存款支付。会计凭证是

借：应付票据（银狐公司）　　　　80 000

贷：银行存款/中行人民币户　　　80 000

（操作提示：对到期票据进行结算处理并制单，需手动填制银行存款科目。结算方式：商业汇票；票号：54321。）

（5）将新新公司的预付款和应付款 20 000 元相互冲销。

（操作提示：先进行转账处理，然后制单生成凭证。）

四、实训步骤

以一般操作员的身份（编号：学号 + 0）注册登录应付款系统，进行日常应付款业务和期末结账的操作。

（1）处理应付款业务。

根据上述实训资料填制有关单据并生成凭证。

（2）进行期末结账。

（3）以“admin”的身份登录系统管理备份账套。

实训十一：应收款系统业务处理

一、实训准备

完成第 6 章“实训十：应付款系统业务处理”的操作。将计算机系统时间调整为实训账套的

操作月份，将“实训十：应付款系统业务处理”的备份账套数据引入用友 ERP-U8 系统。

二、实训内容

1. 日常应收款业务处理
2. 期末应收款业务处理
3. 应收款系统结账

三、实训资料

（1）月初（15 日前），收到清雅公司电汇款，金额 49 000 元，系上月该公司所欠货款。按规定可享受现金折扣 2%。系统自动生成的会计凭证如下。

凭证一：　借：银行存款/中行人民币户　　49 000

　　　　　　贷：应收账款（清雅公司）　　49 000

凭证二：　借：财务费用　　1 000

　　　　　　贷：应收账款（清雅公司）　　1 000

（操作提示：登录应收款系统时间调整为当前操作月 15 日之前。第一步，录入收款单据，并进行审核，暂不制单；第二步，进行核销，系统自动计算出现金折扣；第三步，制单处理，通过结算单制单，生成凭证一，通过核销制单，生成凭证二。）

（2）销售部李艳销售给楚楚公司 T 恤 001 共 6 000 件，不含税单价 100 元/件，增值税率 17%，账款未收，不享受现金折扣。系统自动生成的会计凭证如下。

借：应收账款（楚楚公司）　　702 000

　贷：主营业务收入/T 恤 001　　600 000

　　　应交税费/应交增值税/销项税额　　102 000

（操作提示：需录入应收单据，并进行审核和制单。）

（3）销售部孙刚销售给丽人公司 T 恤 002 共 8 000 件，单价 100 元/件，收到 2 个月无息商业承兑汇票一张，票据编号：13579，承兑单位：丽人公司，票据面值 936 000 元，签发日和收到日均为 2009 年 9 月*日（当前操作月），到期日为 2009 年 12 月*日（当前操作月顺延 3 个月）。系统自动生成的会计凭证如下。

凭证一：　借：应收账款（丽人公司）　　936 000

　　　　　　贷：主营业务收入/T 恤 002　　800 000

　　　　　　　　应交税费/应交增值税/销项税额　　136 000

凭证二：　借：应收票据（丽人公司）　　936 000

　　　　　　贷：应收账款（丽人公司）　　936 000

（操作提示：第一步，先录入应收单据，并进行审核和制单，系统自动生成凭证一；第二步，登记商业承兑汇票，其中票据日期为当前操作月的操作日，到期日也请注意调整；第三步，进行收款单据审核并制单，系统自动生成凭证二。）

（4）国香公司的商业承兑汇票款 100 000 元到期，款项已划入银行账户。会计凭证是

借：银行存款/中行人民币户　　100 000

　贷：应收票据（国香公司）　　100 000

（操作提示：对到期票据进行结算处理并制单，需手动填制银行存款科目。结算方式：商业汇票；票号：12345。）

（5）将楚楚公司的预收款和应收款 50 000 元相互冲销。系统自动生成的会计凭证是

借：预收账款（楚楚公司）　　　50 000

　贷：应收账款（楚楚公司）　　50 000

（操作提示：先进行转账处理，然后制单生成凭证。）

（6）天丽公司因经营不善破产清算，其所欠货款 30 000 元已无法收回，经批准做坏账处理。系统自动生成的会计凭证是

借：坏账准备　　　　　　　　　30 000

　贷：应收账款（天丽公司）　　30 000

（7）名达公司前欠货款 25 000 元已做坏账处理，现该公司已电汇归还了所欠货款。系统自动生成的会计凭证是

借：银行存款/中行人民币户　　25 000

　　应收账款（名达公司）　　25 000

　贷：应收账款（名达公司）　25 000

　　　坏账准备　　　　　　　25 000

（8）在进行了上述业务处理后，计提坏账准备。系统自动生成的会计凭证是

借：资产减值损失　　　　　　7 260

　贷：坏账准备　　　　　　　7 260

四、实训步骤

以一般操作员的身份（编号：学号+0）注册登录应收款系统，进行日常应收款业务和期末结账的操作。

（1）处理应收款业务。

根据上述实训资料填制有关单据并生成凭证。

（2）进行期末结账。

（3）以“admin”的身份登录系统管理备份账套。

第7章 固定资产管理

学习目标

知识目标：

- 了解固定资产管理的意义和内容
- 了解用友 ERP-U8 固定资产系统的功能
- 掌握固定资产系统基础设置的内容和方法
- 掌握固定资产业务处理的内容和方法
- 掌握固定资产系统期末对账和结账方法

能力目标：

- 能够按业务要求设置固定资产账套
- 能够完成固定资产类别、部门对应折旧科目、增减方式对应入账科目、录入固定资产原始卡片等基础设置
- 能够根据业务发生情况进行计提折旧、增加固定资产、减少固定资产、计提固定资产减值准备等业务处理
- 能够完成固定资产系统期末对账和结账

7.1 固定资产管理概述

固定资产通常是指使用期限超过一年的房屋、建筑物、机器、机械、运输工具以及其他与生产经营有关的设备、器具和工具等。固定资产是企业开展日常业务必备的物质基础，固定资产核算对企业财务状况和经营成果都有着重大影响，固定资产管理是企业财务管理的重要内容。

7.1.1 固定资产管理的意义和内容

固定资产是影响企业生产经营能力的重要因素。固定资产管理的意义表现为以下几方面。

（1）确保企业资产完整完好，并能正常维护、正确使用和有效利用，为生产经营打好物质基础。

（2）充分发挥现有固定资产效能，使企业固定资产保持高效运行状态，相对降低企业的生产经营成本和资金占用。

（3）适时提升固定资产技术装备水平，提高企业生产经营的竞争力。

（4）及时处置和准确评估待清理的固定资产，促进资金的有效配置和周转。

固定资产管理工作的主要内容有以下几点。

（1）固定资产的实物管理。该管理工作主要是通过建立固定资产的责任归口分级管理制度，把固定资产的管理权限和责任分解到各使用部门，并落实到班组和个人，使各部门使用的固定资产都有专人负责管理。

（2）固定资产的价值管理。通过建立固定资产卡片和核算制度，及时做好固定资产增加、折旧、清理和价值的后续计量核算。

（3）固定资产的维护保养。通过建立、健全必要的维修保养和管理的责任制度，对固定资产使用情况进行定期检查，提高固定资产的利用率和完好率。

（4）固定资产清查盘点。通过建立固定资产定期盘点清查制度，保证固定资产账账相符、账卡相符、账物相符，及时掌握固定资产的实有状况并做出相应的处理。

（5）固定资产分析。通过对固定资产的构成分析、增减变动分析、新旧程度分析等，对固定资产的现状和发展进行评价，为企业固定资产运营决策提供依据。

在以上固定资产管理内容中，固定资产的价值管理是核心内容。健全的固定资产核算是固定资产的实物管理、维护保养、清查盘点和固定资产分析决策的基础。

7.1.2　固定资产管理系统简介

固定资产管理的主要特点是资产的价值大、种类多、分布较为分散，加强固定资产的核算和管理，最大限度地杜绝资产的浪费和流失，促进资源的有效利用是一项重要而艰巨的管理任务。利用固定资产管理系统进行固定资产的日常核算和管理，不仅可以帮助这类用户便捷地实现固定资产增减变动和折旧核算，而且能够自动生成有关的固定资产账表，及时提供固定资产管理所需的信息。采用固定资产管理系统进行资产管理主要有以下优势。

（1）通过建立固定资产原始卡片和准确及时地进行固定资产的增减变动核算，自动更新固定资产卡片，有利于企业即时掌握固定资产的总体情况，保护资产的安全完整。

（2）通过设置固定资产折旧处理参数，可以自动计算折旧和进行有关的核算业务处理，有利于减轻财务人员的核算强度。

（3）通过对固定资产的分类和汇总，形成固定资产账表，有利于帮助企业进行固定资产分析。

用户建立了固定资产管理系统后，有关的固定资产业务核算将全部在固定资产管理系统中进行。固定资产管理系统与总账系统在数据上建立有共享关系，在固定资产管理系统中进行的固定资产增减变化核算和折旧计提等数据会通过记账凭证的形式传输给总账系统，固定资产系统还可以通过系统对账来检查与总账系统的平衡关系。如果用户建立有成本管理系统，固定资产系统还可以为成本管理系统提供计提折旧的有关数据。

7.1.3 固定资产管理系统的操作流程

固定资产管理系统适用于企业和行政事业单位，其操作流程有所不同，图 7-1 是企业使用固定资产管理系统的操作流程。

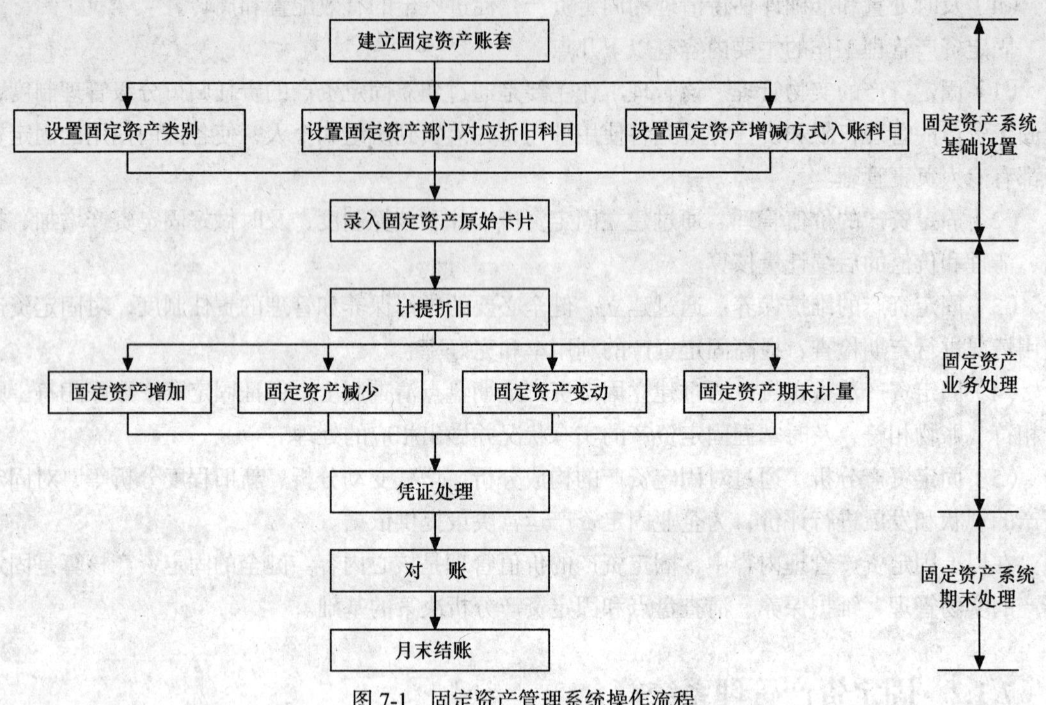

图 7-1 固定资产管理系统操作流程

7.2 固定资产系统基础设置

固定资产系统基础设置是指在进行固定资产业务处理之前必须完成的系统功能设置和固定资产核算数据的录入，主要包括启用固定资产系统、建立固定资产账套、设置固定资产类别、设置固定资产核算默认科目和录入固定资产原始卡片。

7.2.1 设置固定资产系统账套

在使用固定资产管理系统之前，首先要根据企业固定资产核算的具体情况在系统中建立基本的业务处理方法，业务处理方法是通过在系统中选择相应的业务控制选项建立的。在固定资产管理系统中，涉及的业务控制选项主要有启用月份、折旧信息、编码方式、账务接口、凭证制作等方面的内容。这些参数的设置有些是通过固定资产系统初始化，建立账套完成的，还有一些要在系统启用后，通过选项设置来完成。

【例 7-1】 按平均年限法（一）计提折旧，折旧分配周期为 1 个月，固定资产编码方式：按“类别编码 + 部门编码 + 序号”自动编码，类别编码规则为 2-1-1-2，卡片序号长度为 2；要求与账

务系统进行对账，固定资产对账科目为“1501 固定资产”；累计折旧对账科目为“1502 累计折旧”；在对账不平情况下允许进行月末结账。

固定资产默认入账科目为“1501，固定资产”；累计折旧默认入账科目为“1502，累计折旧”。业务发生后要立即制单，月末结账前一定要完成制单登账业务，已注销的卡片 5 年后删除，录入固定资产卡片时连续增加。

操作步骤

（1）登录【用友 ERP-U8 门户】，在【我的工作】选项卡中或【控制台】选项卡中的【财务会计】菜单中，选择【固定资产】。

（2）首次启动固定资产管理系统，系统弹出【是否进行初始化】提示框，单击 是(Y) 按钮，系统进入【固定资产初始化向导】引导系统。

（3）在【约定及说明】对话框中，直接单击 下一步 >> 按钮。

（4）在【启用月份】对话框中，启用月份由系统默认为账套启用月份，为【2009.09】，不可修改，直接单击 下一步 >> 按钮。

（5）在【折旧信息】对话框中，选中【本账套计提折旧】单选框，在【主要折旧方法】列表框中选择【平均年限法（一）】，将【折旧汇总分配周期】设置为 1 个月，选中【当（月初已计提月份 = 可使用月份 − 1）时将剩余折旧全部提足（工作量法除外）】单选框，如图 7-2 所示，单击 下一步 >> 按钮。

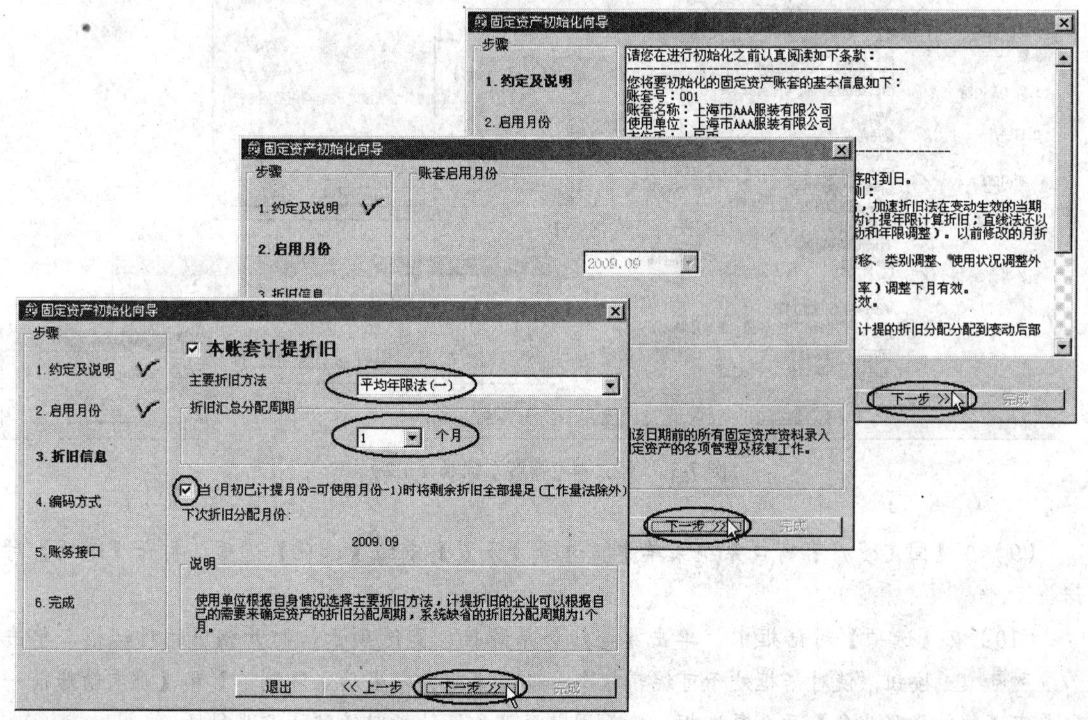

图 7-2　建立固定资产系统账套（1）

（6）在【编码方式】对话框中，选中【自动编码】单选框，单击列表框中的 ▼ 按钮，选择其中的【类别编号 + 部门编号 + 序号】选项，调整序号长度为“2”，单击 下一步 >> 按钮。

（7）在【账务接口】对话框中，选中【与账务系统进行对账】单选框，在【固定资产对账科目】文本框中输入“1501”，在【累计折旧对账科目】文本框中输入“1502”，选中【在对账不平情况下允许固定资产月末结账】单选框，单击 下一步 >> 按钮。

（8）在【完成】对话框中，显示有已设置的固定资产管理系统的账套设置参数，如图 7-3 所示。检查各项设置是否正确，如有错误，单击 << 上一步 按钮，回到原来窗口进行修改。设置完毕，单击 完成 按钮。在系统弹出的提示框中单击 是(Y) 按钮，再单击 确定 按钮，固定资产系统正式启用。

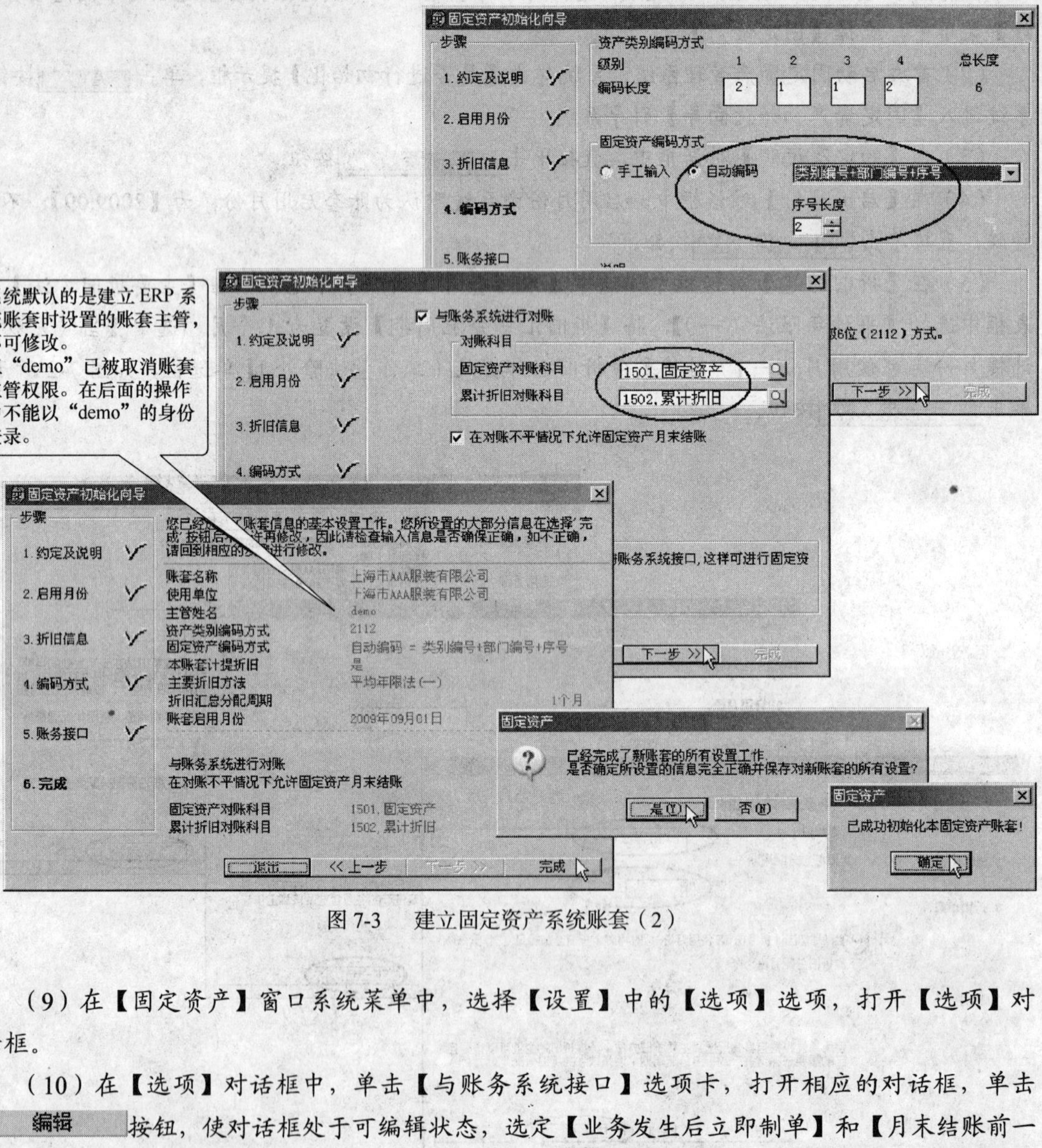

系统默认的是建立 ERP 系统账套时设置的账套主管，不可修改。
但“demo”已被取消账套主管权限。在后面的操作中不能以“demo”的身份登录。

图 7-3　建立固定资产系统账套（2）

（9）在【固定资产】窗口系统菜单中，选择【设置】中的【选项】选项，打开【选项】对话框。

（10）在【选项】对话框中，单击【与账务系统接口】选项卡，打开相应的对话框，单击 编辑 按钮，使对话框处于可编辑状态，选定【业务发生后立即制单】和【月末结账前一定要完成制单登账业务】两个复选框，输入固定资产和累计折旧的默认入账科目。

（11）单击【选项】对话框中的【其他】选项卡，打开相应的对话框，在【已发生资产减少卡片可删除时限】文本框中显示有年限值，系统默认的已发生资产减少卡片可删除时限为 5 年，无须调整，选定窗口下方的【自动连续增加卡片】单选框，如图 7-4 所示。最后单击 确定 按钮。

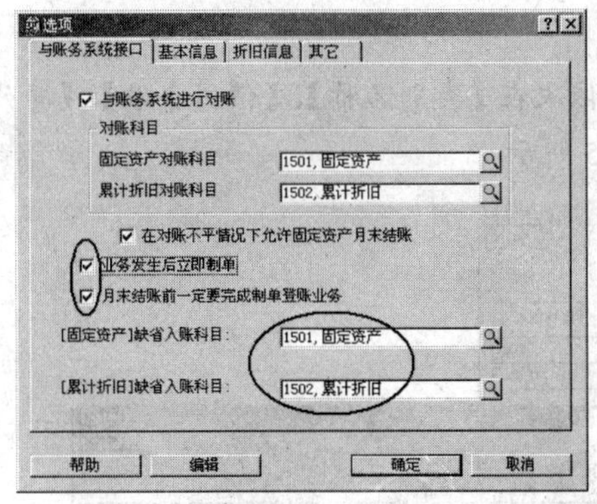

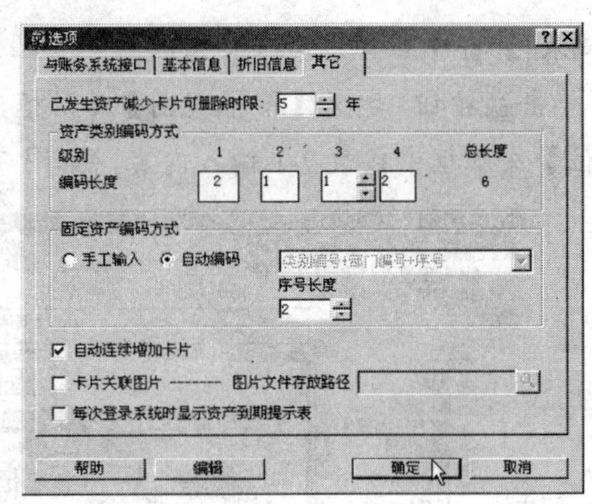

图 7-4　设置固定资产系统选项

注意

● 系统提供了 4 种固定资产编码方式，用户可在“类别编号 + 序号”、“部门编号 + 序号”、“类别编号 + 部门编号 + 序号”和“部门编号 + 类别编号 + 序号”之间进行选择，但在系统初始化设置完成后固定资产编码方式将不能再被修改，所以要谨慎设置。

● 设置默认入账科目是为了提高日常业务处理中凭证填制的工作效率。固定资产系统在制作记账凭证时，会自动按用户所设置的默认入账科目填制凭证中有关的会计科目。如果默认入账科目设置为空时，凭证中的相关科目也为空，届时需由操作员手工填制。

● 在实务中为了对固定资产进行更直观具体的管理，通常需要在固定资产卡片中插入实物图片，在固定资产选项设置中则需选择【卡片关联图片】复选框，并设置相应的图片存放路径。图片文件可以保存为“*.jpg”、“*.bmp”、“*.gif”、“*.dib”等多种图片格式。系统可自动查询用户选择的图片文件存放路径中，对应卡片编号的图片文件，因此固定资产图片名称必须与固定资产编号相对应，如固定资产编号为 0001，则相应的图片就只能是 0001.jpg 、0001.bmp、0001.gif 或 0001.dib 等。

● 在学习阶段选择【在对账不平情况下允许固定资产月末结账】单选框，是为了便于分模块掌握固定资产系统的操作方法。在实务中，通常在对账不平情况下，不允许月末结账。在凭证处理上则必须先在总账系统中对固定资产系统生成的凭证进行审核记账处理，然后才能在固定资产系统进行期末结账。

7.2.2　设置固定资产类别

固定资产类别设置是指在系统中定义固定资产的分类编码和相应的分类名称。固定资产的种类繁多，规格不一，制定科学合理的分类体系是强化固定资产管理和核算的基础。固定资产类别可根据企业自身特点和管理要求设置，也可参考有关固定资产分类与代码的书籍，选择制定适合本企业的资产类别。

【例 7-2】　设置如表 7-1 所示的固定资产类别。

表 7–1　上海市 AAA 公司 01 号固定资产类别

编　码	类 别 名 称	使 用 年 限	净残值率（%）	计 量 单 位
01	房屋及构筑物	20	4	座

操作步骤

（1）在【固定资产】窗口系统菜单中，执行【设置】/【资产类别】命令，打开【固定资产—

[类别编码表]】窗口。

(2)单击增加按钮，打开【单张视图】对话框，依次在【类别名称】、【使用年限】、【净残值率】、【计量单位】文本框中按表 7-1 输入内容，如图 7-5 所示。

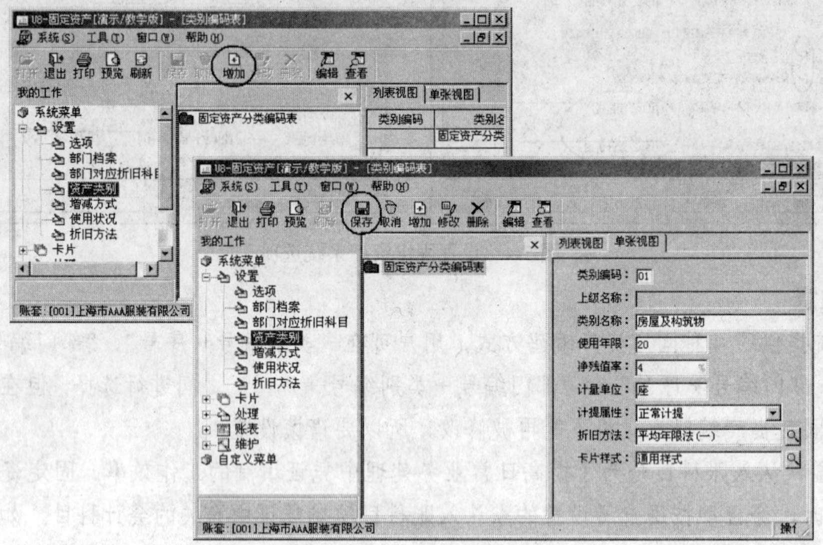

图 7-5 固定资产类别设置

(3)单击保存按钮。按步骤(2)继续输入其他类别，全部类别输入完毕后，单击退出按钮返回。

注意

- 类别编码、类别名称、计提属性、卡片样式不能为空。
- 只有在最初会计期间(如年初、初创账套)可以增加资产类别，月末结账后则不能增加。

7.2.3 设置部门对应折旧科目

部门对应折旧科目是指折旧费用的入账科目。对固定资产计提的折旧必须按一定的标准归入成本或费用，根据不同使用者的具体情况，有按部门归集的，也有按类别归集的。当按部门归集折旧费用时，一般情况下，某一部门内的资产折旧费用将归集到一个比较固定的科目。设置部门对应折旧科目的目的：一是为了在录入固定资产原始卡片时，由系统自动生成部门对应折旧科目的内容，以减少手工录入的工作量；二是为了在生成部门折旧分配表时，由系统自动按部门折旧科目汇总，从而制作记账凭证。

【例 7-3】 设置上海市 AAA 公司部门对应折旧科目。以制造部为例，制造部固定资产对应折旧科目：4105，制造费用。

操作步骤

(1)在【固定资产】窗口系统菜单中，执行【设置】/【部门对应折旧科目】命令，打开【固定资产—[部门编码表]】窗口。

(2)选择【固定资产部门编码目录】列表框中的【制造部】文件夹，然后单击修改按钮。

(3)在打开的【单张视图】对话框中，输入对应折旧科目的编码，或者单击【折旧科目】文本框中的按钮进行选择，如图 7-6 所示。

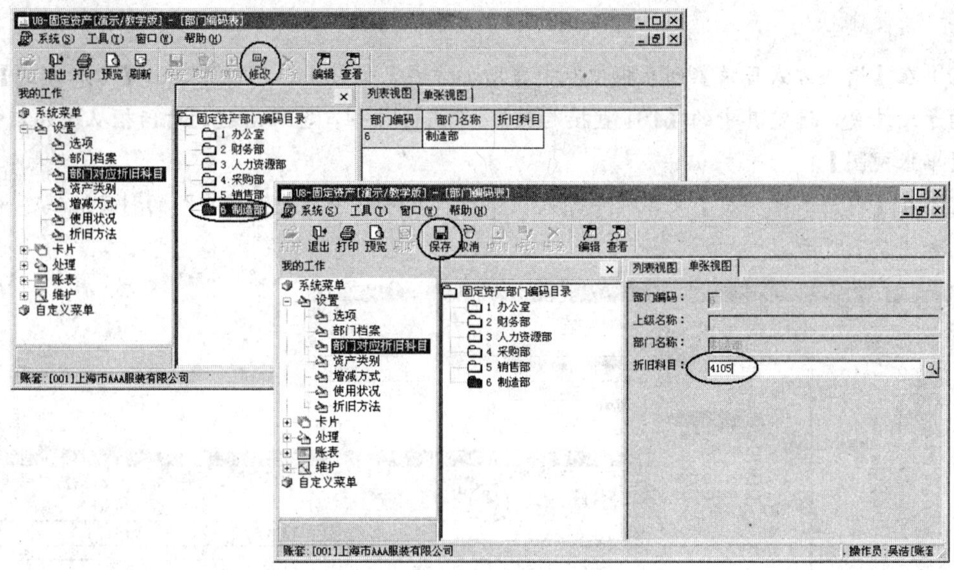

图 7-6　设置部门对应折旧科目

（4）单击保存按钮，在刷新的对话框中可以看到制造部的对应折旧科目已做了设置。

（5）按步骤（2）～（4）的方法设置其他部门的对应折旧科目。

7.2.4　设置增减方式对应入账科目

增减方式对应入账科目是指在发生固定资产增减变化时，在会计分录中与固定资产科目相对应的入账科目。

固定资产增减方式很多，固定资产增加时，资金来源性质的不同，决定了各种固定资产增加方式对应的入账科目也不同，并且即使是相同的增加方式，其对应的会计科目也不一定是唯一的，例如，在直接购入增加固定资产的方式下，可能会涉及银行存款和库存现金两个会计科目；又如在投资者投入增加固定资产的方式下，可能会涉及实收资本和资本公积两个会计科目。由于每种增加方式只能输入一个对应折旧科目，所以通常情况下只选择输入该增加方式下必然有发生额的会计科目。如果一笔固定资产增加业务只涉及该对应科目，则系统会根据增加的固定资产净额自动生成该对应科目的发生额；如果一笔固定资产增加业务涉及两个以上的对应科目，则在系统自动生成凭证后，还需手动输入有关的会计科目并调整科目的发生额。如果单位的固定资产增加业务不多，也可以不设置对应入账科目。

固定资产减少核算涉及的业务包括出售、转让、报废等。固定资产盘亏时，对应的核算科目为“待处理财产损溢”。固定资产报废、投资、捐赠、毁损等，均通过“固定资产清理”科目进行核算。在进行固定资产减少处理时，系统会自动计算该固定资产已发生的累计折旧，并按固定资产净值生成“固定资产清理”的发生额。

【例 7-4】　设置上海市 AAA 公司固定资产增减方式对应入账科目。以直接购入为例，其对应入账科目为“100201，银行存款——中行人民币户”。

操作步骤

（1）在【固定资产】窗口系统菜单中，执行【设置】/【增减方式】命令，打开【增减方式】

对话框。

（2）在【增减方式目录】列表框中双击【增加方式】文件夹，窗口显示出【增加方式】文件夹下的子文件夹，选定其中的【101 直接购入】，单击修改按钮，窗口右边的对话框从【列表视图】转为【单张视图】。

（3）在【对应入账科目】文本框中输入“银行存款——中行人民币户”的科目编码，单击保存按钮，如图 7-7 所示。

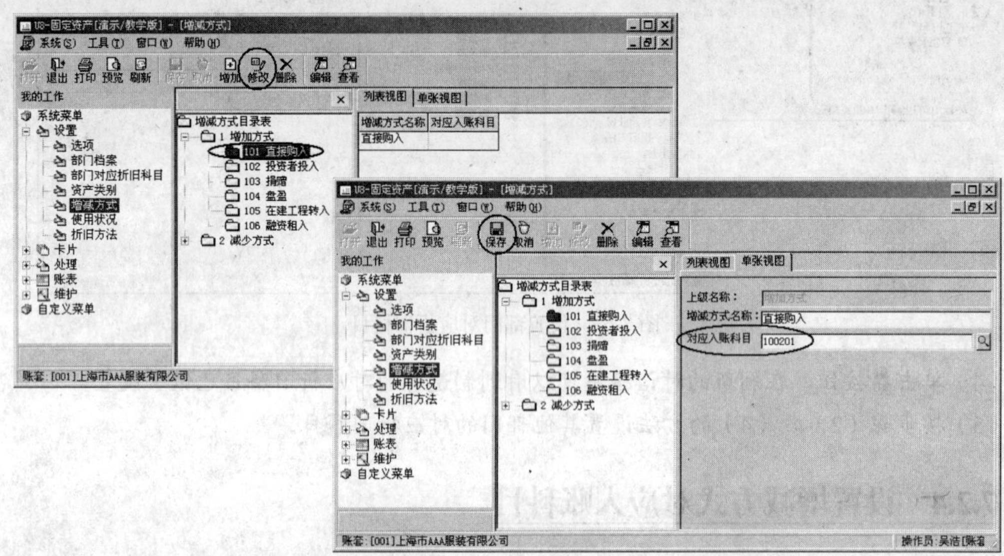

图 7-7　直接购入固定资产对应入账科目设置

7.2.5　录入固定资产原始卡片

进行固定资产管理的一项重要内容是要建立固定资产原始卡片，通过卡片的建立可以详细了解每项资产的由来、价值、折旧、所属部门和存放地点等重要信息。固定资产系统原始卡片的录入主要是将原有的固定资产手工卡片资料录入系统。

【例 7-5】　录入上海市 AAA 公司的固定资产原始卡片。以第一张卡片“办公楼”为例，见表 7-2。

表 7-2　　上海市 AAA 公司办公楼固定资产原始卡片

编码	名称	所在部门	使用年限	开始使用日期	原值（元）	净残值率	累计折旧（元）	对应折旧科目
01101	办公楼	办公室	20	2005-08-01	500 000	4%	96 000	管理费用

操作步骤

（1）在【固定资产】窗口系统菜单中，执行【卡片】/【录入原始卡片】命令，打开【资产类别参照】对话框。

（2）选择需录入原始卡片的【房屋及构筑物】文件夹，单击 确认 按钮，打开【固定资产卡片】窗口。

（3）移动光标，按表 7-2 输入固定资产卡片内容，如图 7-8 所示。一张卡片内容输入完毕后单击保存按钮，在【数据成功保存】提示框中单击 确定 按钮。然后进行下一项固定资产卡片内容的输入。

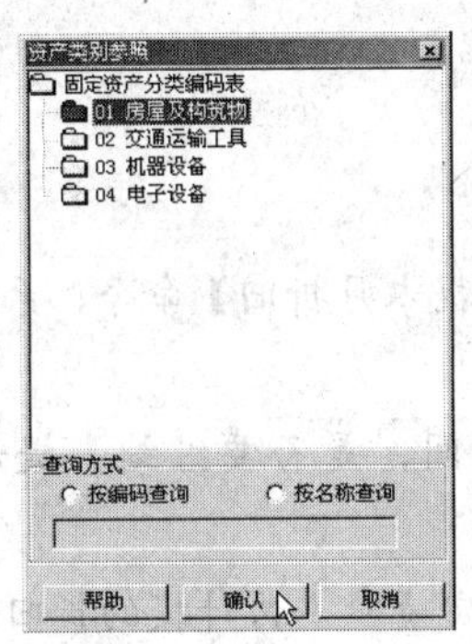

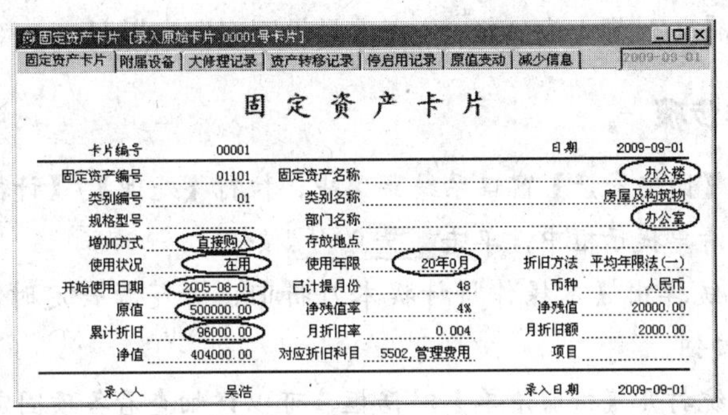

图 7-8　录入固定资产原始卡片

注意

- 由于在固定资产系统初始化设置时对固定资产编码设定了按“类别编码 + 部门编码 + 序号”自动编码，所以在录入固定资产卡片时，【固定资产编号】栏不可编辑，编号由系统自动生成。
- 如果需要修改或删除已录入的卡片，在【固定资产】窗口系统菜单中执行【卡片】中的【卡片管理】命令，在【卡片管理】窗口中进行操作，或者在【账表】中的【固定资产登记簿】中进行操作。如果删除的卡片不是最后一张，则系统将保留该卡片的空号。

7.2.6　与总账系统对账

由于固定资产系统与总账系统既有相对的独立性，同时又要保持在核算上的统一性，因此在输入固定资产卡片后，必须对输入的数据进行对账检查，以验证两者是否平衡。如果用户在固定资产选项设置中规定在对账不平的情况下不允许月末结账，则期初录入数据的错误会直接影响到日后核算业务的进行。

操作步骤

在【固定资产】窗口系统菜单中，执行【处理】/【对账】命令，系统弹出【与账务对账结果】提示框，显示对账结果，如图 7-9 所示。

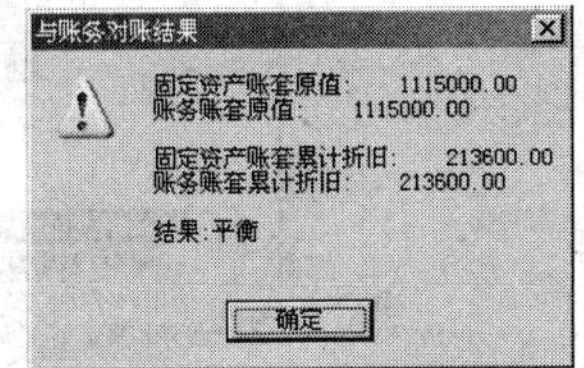

图 7-9　对账

7.3　固定资产业务处理

固定资产日常较少发生增减变化，核算的主要内容是计提固定资产折旧。其中固定资产增加，进行部门间转移以及调整原值，使用年限或折旧方法调整的业务处理可在业务发生时进行，计提减值准备在月末进行，而折旧计提在手工会计和电算化会计中处理的时间有所不同。手工会计通常在月末计提折旧，而电算化会计在对业务处理时，通常应先计提折旧，尤其是在发生固定资产减少业务时，由于减少的固定资产按会计制度的规定，当月仍需计提折旧，所以只有先计提折旧，才能进行固定资产减少的操作。

7.3.1　计提折旧

固定资产折旧是固定资产核算的重要内容。在固定资产系统中，折旧核算是由系统自动计算，自动进行折旧分配，并自动生成记账凭证的。

【例 7-6】 计提上海 AAA 公司本月份固定资产折旧。

操作步骤

（1）在【固定资产】窗口系统菜单中，执行【处理】/【计提本月折旧】命令，系统弹出是否要查看折旧清单提示框中，单击 是(Y) 按钮。

（2）系统弹出【本操作将计提本月折旧，并花费一定时间，是否要继续】提示框，单击 是(Y) 按钮。

（3）系统打开【折旧清单】对话框，可以详细查看各项固定资产本月计提的折旧情况。

（4）在【折旧清单】对话框中，单击 退出 按钮，进入【折旧分配表】对话框。

（5）将折旧分配选定为【按部门分配】，单击 凭证 按钮，打开【填制凭证】对话框。

（6）单击对话框左上角【字】的左边空档处，将凭证定义为转账凭证，如图 7-10 所示。由于系统已自动生成折旧计提的会计分录，无须输入新的内容，因此可直接单击 保存 按钮。凭证被保存后，在凭证的左上角将显示出“已生成”字样。

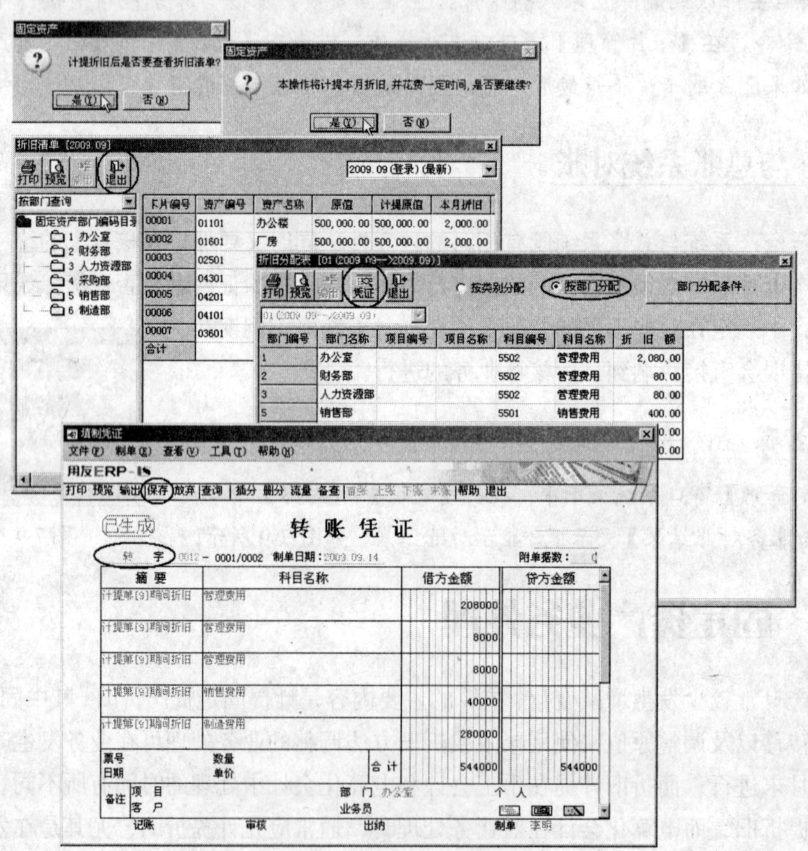

图 7-10 固定资产折旧核算

（7）单击 退出 按钮，在【折旧分配表】对话框中单击 退出 按钮，在弹出的计提折旧完成提示框中单击 确定 按钮。

注意

按照会计制度的有关规定，固定资产在新增当月不计提折旧，减少的固定资产当月仍需计提折旧。因此，固定资产的变动不会改变当月的折旧金额，从下个月开始才按更新的数据计提折旧。

7.3.2　增加固定资产

固定资产增加可分为直接购入、接受捐赠、盘盈、在建工程转入和融资租入等多种方式。在固定资产增加时，首先要填制增加的固定资产卡片，然后再进行凭证处理。

【例 7-7】　经批准购入计算机一台，价税合计 5 000 元，以转账支票（支票号：123456）付讫。该计算机由办公室保管使用，使用年限 5 年，折旧方法为“平均年限法（一）”，净残值率 4%。

借：固定资产　　　　　　　　　5 000

　贷：银行存款　　　　　　　　　5 000

操作步骤

（1）在【固定资产】窗口系统菜单中，执行【卡片】/【资产增加】命令，打开【资产类别参照】对话框。

（2）选择【电子设备】文件夹，单击 确认 按钮，进入【固定资产卡片［新增资产卡片］】窗口。

（3）输入新增的固定资产卡片内容，然后单击 保存 按钮，系统自动打开【填制凭证】窗口。

（4）单击【填制凭证】窗口左上方凭证【字】的左边空档，【字】转为 按钮，单击 按钮，将凭证定义为付款凭证。由于系统已自动生成摘要和会计分录，因此可直接单击 保存 按钮。凭证被保存后，在凭证的左上角将显示出“已生成”字样，如图 7-11 所示。

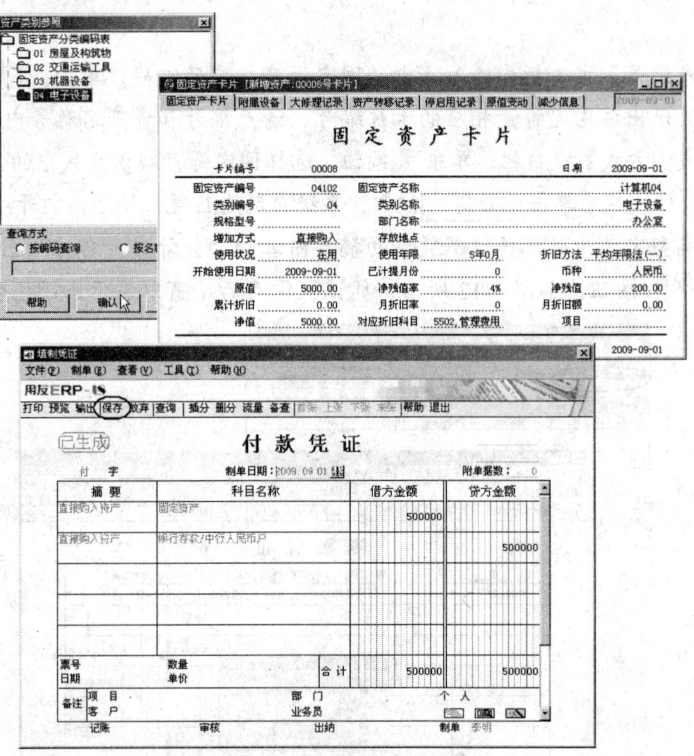

图 7-11　新增固定资产的核算

注意

- 只有在【固定资产系统】的【选项】设置中选择了【业务发生后立即制单】，系统才在新

增固定资产卡片后，自动弹出【填制凭证】窗口。否则必须在【固定资产系统】窗口中选择【批量制单】菜单，在【批量制单】窗口进行凭证处理。

- 只有在【固定资产系统】的【选项】设置中定义了【[固定资产]缺省入账科目】，在【填制凭证】窗口中才会自动生成【固定资产】会计科目名称。
- 只有在【增减方式】中定义了固定资产增减的对应入账科目，在【填制凭证】窗口中才会自动生成与【固定资产】相对应的会计科目名称。
- 录入的固定资产卡片是属于原始卡片录入还是资产增加，关键要看资产的开始使用日期，只有当开始使用月份等于录入月份时，才能按照资产增加录入。

7.3.3 减少固定资产

在企业的日常经营中，不可避免地会由于出售、盘亏、投资转出、捐赠转出、报废、毁损和融资租出等原因发生固定资产的减少。由于固定资产在减少当月仍需计提折旧，所以固定资产减少的核算必须在计提了当月的固定资产折旧以后才能进行。与固定资产增加的核算类似，在固定资产减少时，首先要从固定资产原始卡片中将该资产卡片去除，然后再进行凭证处理。

【例 7-8】 经批准将办公室原有的旧计算机（资产编号：04101）售出，收到现金 500 元。

操作步骤

（1）在【固定资产】窗口系统菜单中，执行【卡片】/【资产减少】命令，打开【资产减少】对话框。

（2）在【资产编号】文本框中输入减少的固定资产相应的编码，单击 增加 按钮，对话框下方列表框中将显示出该固定资产相应的卡片编号、资产编号和资产名称等内容。

（3）双击【减少方式】空白栏，单击🔍按钮，选择固定资产减少方式中的【出售】，输入清理收入和清理费用金额，然后单击 确定 按钮。系统自动进行凭证处理，打开【填制凭证】窗口。

（4）将凭证类型定义为转账凭证，凭证的摘要内容和“会计科目名称”已由系统自动生成，无需修改，单击 保存 按钮，如图 7-12 所示。凭证被保存后，窗口显示出“已生成”字样。

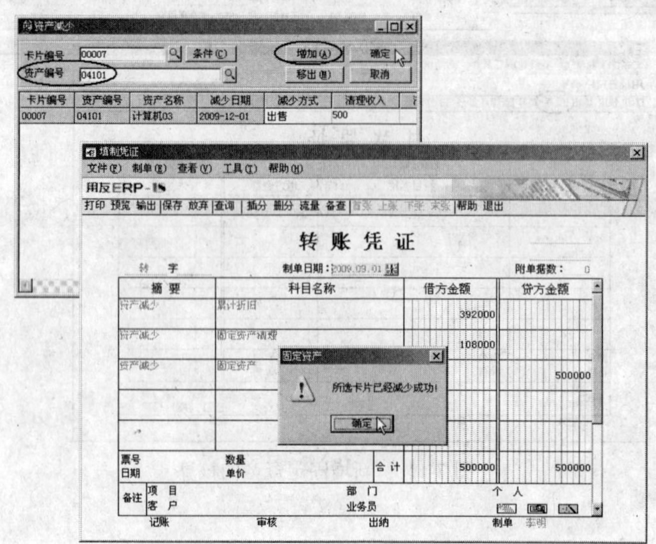

图 7-12 固定资产减少核算

（5）单击退出按钮，系统弹出【所选卡片已成功减少】提示框，单击 确定 按钮。

注意

● 在【资产减少】对话框中输入的清理收入和清理费用金额将被保存在【固定资产卡片】中的【减少信息】档案中。

7.3.4 计提固定资产减值准备

固定资产减值是指固定资产的可收回金额低于其账面价值。企业在期末应当判断固定资产是否存在可能发生减值的迹象，并按照可收回金额低于账面价值的金额计提减值准备。

【例 7-9】 上海市 AAA 公司因毁损计提厂房（资产编号：01601）5 000 元减值准备。会计分录：

借：资产减值损失　　　5 000

　贷：固定资产减值准备　　　5 000

操作步骤

（1）在【固定资产】窗口系统菜单中，执行【卡片】/【变动单】/【计提减值准备】命令，打开【固定资产变动单[新建变动单 00001 号变动单]】对话框。

（2）在【固定资产编号】栏输入厂房的资产编号，按 Enter 键后，系统自动调出厂房的固定资产卡片信息，在【减值准备金额】栏输入减值金额“5000”，在【变动原因】栏输入计提减值准备的原因。然后单击【固定资产】窗口上方的保存按钮。

（3）系统自动生成凭证，将凭证类别修改为转账凭证，重新设置入账的会计科目，然后单击保存按钮。如图 7-13 所示。

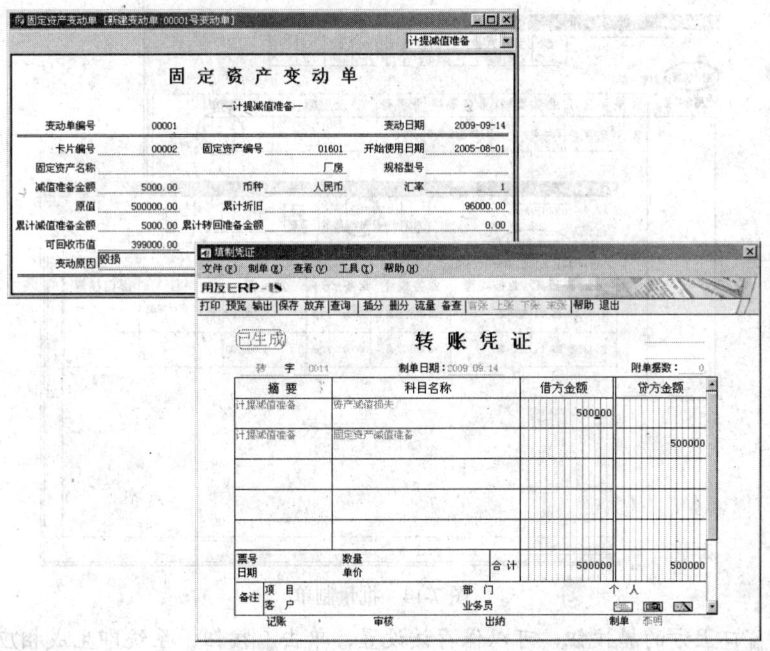

图 7-13　计提固定资产减值准备

在用友 ERP-U8 固定资产系统中，涉及的固定资产变动的业务处理功能较为丰富，包括原值调整、使用年限调整、使用状况变动、折旧方法调整以及资产类别调整等与计提和分配固定资产折旧相关的业务变动。由于现行《企业会计制度》对变动有严格的限制，通常较少发生，且操作方法较为简明，对这些变动的处理方法本书不再一一介绍。

7.3.5 凭证处理

在启用了固定资产系统账套后，属于固定资产系统的受控科目将在固定资产系统中生成凭证。固定资产系统与总账系统之间存在着凭证自动传输关系。由固定资产生成的凭证传输到总账系统后，与其他的记账凭证一样，经过审核后登记账簿，最后汇总成报表数据。

1. 批量制单

固定资产系统在制作凭证时有两种方法。第一种是在业务进行处理时“立即制单”，这需要在进行固定资产选项设置时就选择【业务发生后立即制单】选项；另一种方法是“批量制单”，这种方法通常适用于在固定资产选项设置时没有选择【业务发生后立即制单】选项，或者在系统自动生成凭证时凭证内容不够完整，不宜即时保存的情况。

【例 7-10】 将固定资产系统已完成的业务处理生成相应的凭证。

 **操作步骤**

（1）在【固定资产】窗口系统菜单中，执行【处理】/【批量制单】命令，打开【批量制单】对话框。

（2）双击需要进行凭证制单的业务相应的【制单】栏，打上“Y”标记。

（3）单击【制单设置】标签，输入借贷方会计科目，如图 7-14 所示。

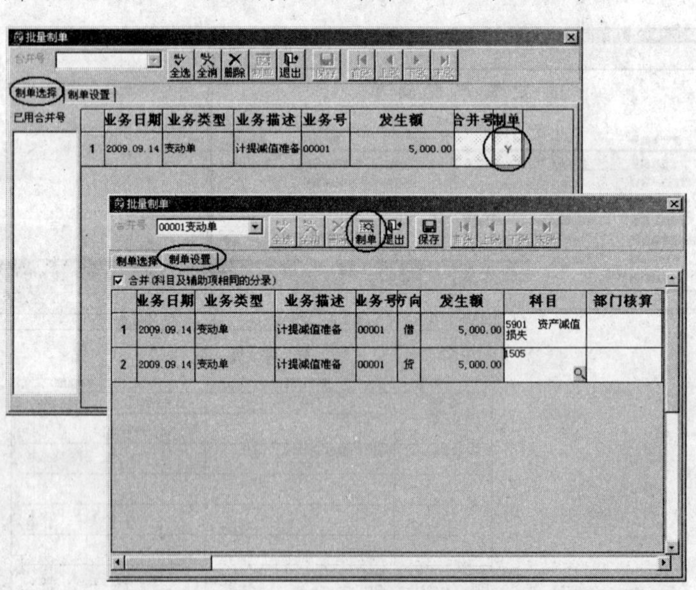

图 7-14 批量制单

（4）单击窗口上方的保存按钮，可以保存该设置，单击制单按钮，系统即生成相应的会计凭证。

2. 凭证作废与删除

固定资产系统生成的凭证可供查询，对于错误的凭证，也可以及时进行作废处理，但如果要

彻底删除错误凭证，则必须先在固定资产系统将该凭证作废后，再在总账系统进行删除处理。

【例 7-11】　删除固定资产系统生成的第 14 号转账凭证。

操作步骤

（1）在【固定资产】窗口系统菜单中，执行【处理】/【凭证查询】命令，打开【凭证查询】对话框，可以查看到固定资产系统自动生成的相关凭证。

（2）单击需删除的凭证所在行，选定后单击 删除 按钮，在弹出的提示框中单击 是(Y) 按钮。如图 7-15 所示。该凭证即被作废，并被从固定资产凭证列表中删除。

（3）退出固定资产系统，然后再登录总账系统，执行【凭证】/【填制凭证】命令，打开【填制凭证】对话框。

（4）找到需要做删除处理的作废凭证，执行【制单】/【整理凭证】命令。

（5）在弹出的对话框中选定时间后，单击 确定 按钮。

（6）在打开的【作废凭证表】对话框中双击需作废的【删除？】栏，打上“Y”标记。单击 确定 按钮后，在弹出的提示框中单击 是(Y) 按钮，该凭证即被删除。如图 7-16 所示。

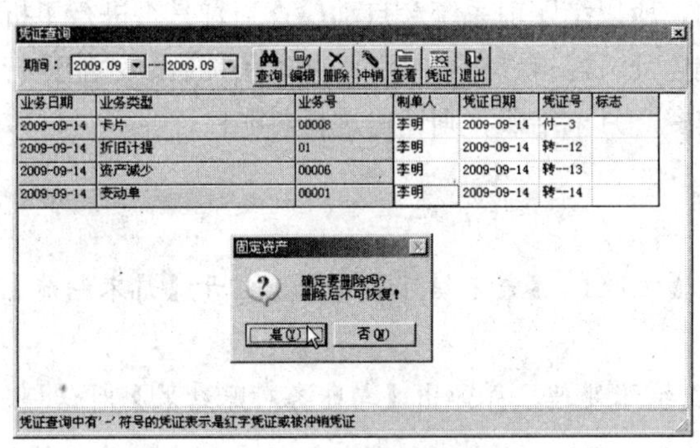

图 7-15　作废固定资产系统生成的凭证

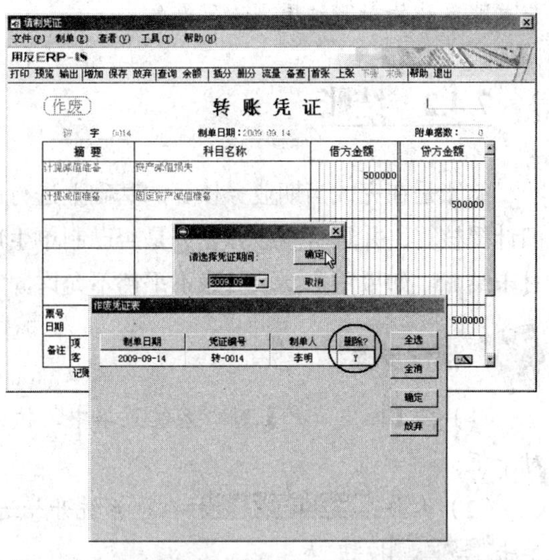

图 7-16　在总账系统删除固定资产系统作废的凭证

7.4 固定资产系统期末处理

固定资产业务的期末处理比较简单，主要进行对账和结账两项工作。如果用户在固定资产系统的选项设置中未选择【在对账不平情况下允许固定资产月末结账】，则必须在实现总账与固定资产系统对账平衡的基础上才能对固定资产系统进行结账。对于使用演示版学习的读者来说，出于学习的需要也可选择【在对账不平情况下允许固定资产月末结账】单选框，在这种设置条件下可以直接对固定资产系统进行月末结账，但这种操作只能在学习中进行，在会计实务中是不允许的。

7.4.1 对账

在使用固定资产系统进行固定资产核算管理的情况下，固定资产和累计折旧科目的核算全部

在固定资产系统中进行，总账系统不再直接填制有固定资产和累计折旧科目的凭证，只对固定资产系统传送的凭证进行审核、记账。固定资产科目的核算是在两个系统中进行的，为了保证两个系统固定资产科目数值的相等，必须在期末结账前进行对账检查。

使用固定资产系统的对账功能，必须在固定资产系统的选项设置中选择【与账务系统对账】选项，并且由于对账是在总账账簿数值与固定资产系统的有关数值之间进行核对，所以在对账前，必须先在总账系统中对有关固定资产科目的凭证进行审核和记账。

操作步骤

在【固定资产】窗口系统菜单中，执行【处理】/【对账】命令，系统开始进行对账，并打开【与账务对账结果】窗口显示对账结果，如图 7-17 所示。单击 确定 按钮。

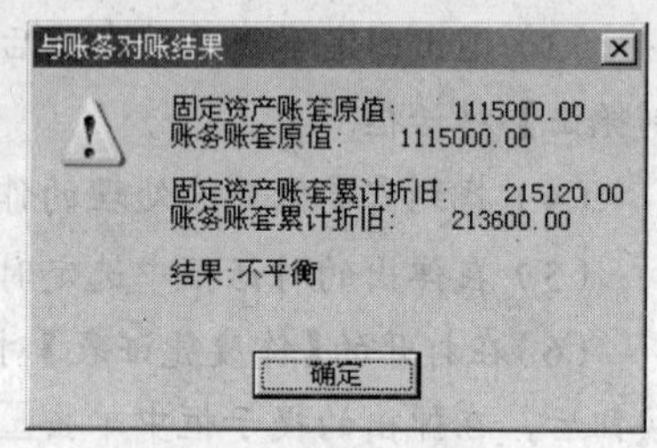

图 7-17　固定资产期末对账

说明

在进行固定资产系统模块练习时，如果没有同时对生成的凭证在总账系统进行凭证的审核和记账；则固定资产系统与总账系统的对账结果是不平衡的。

7.4.2　结账

结账是在完成当期业务核算的基础上进行的，所以结账前系统会自动检查当月是否进行了折旧计提核算，并且所有核算业务是否已制单生成凭证，经检查符合结账的基本条件后，才能进行月末结账。如果用户要求对账不平衡不允许固定资产月末结账，则还需进行对账检查。

操作步骤

（1）在【固定资产】窗口系统菜单中，执行【处理】/【月末结账】命令，打开【月末结账】对话框。

（2）单击 开始结账 按钮，系统开始进行结账处理，并弹出【与账务对账结果】对话框，单击 确定 按钮。

（3）系统弹出【月末结账成功完成】提示框，单击 确定 按钮。

（4）系统弹出结账情况说明提示框，单击 确定 按钮，完成结账，如图 7-18 所示。

注意

- 如果在固定资产选项设置中没有选择【在对账不平情况下允许固定资产月末结账】单选框，并且对账结果不平衡，则不能进行月末结账。
- 月末结账后发现已结账期间有数据错误必须修改，并且总账系统尚未进行月末结账，可通过在【固定资产系统】窗口执行【处理】/【恢复月末结账前状态】命令，将数据恢复。
- 恢复记账前状态必须以要恢复的月份登录，如要恢复到 1 月底，则以 1 月份登录。
- 不能跨年度恢复数据，即年末结转后，则不能恢复年末结转前状态。
- 恢复到某个月月末结账前状态后，固定资产账套内对该结账后所做的所有工作都无痕迹删除。
- 月末结账前和恢复数据前一定要进行数据备份，以防数据丢失。

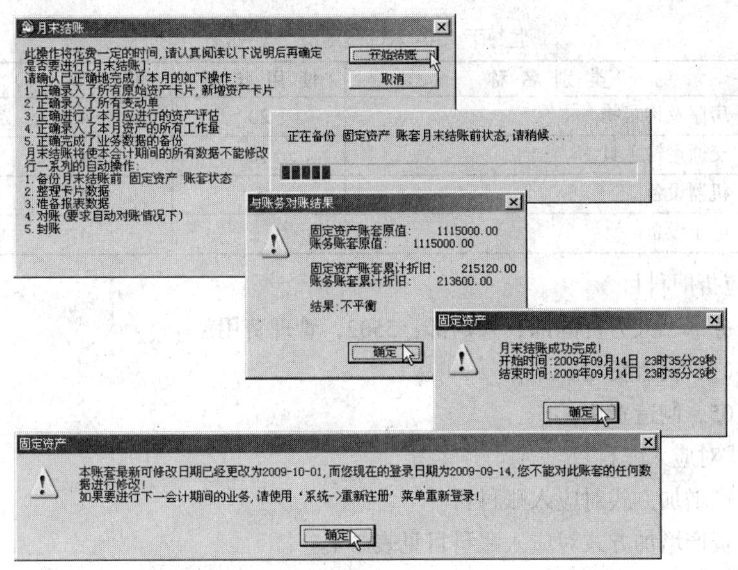

图 7-18　固定资产期末结账

上机实训

实训十二：固定资产系统基础设置

一、实训准备

完成第 6 章“实训十一：应收款系统业务处理”的操作。将计算机系统时间调整为实训账套的操作月份，将“实训十一：应收款系统业务处理”的备份账套数据引入用友 ERP-U8 系统。或按“实训八：应付款系统初始设置”的实训准备要求进行操作准备。

二. 实训内容

1. 设置账套参数
2. 进行固定资产系统基础设置

三、实训资料

1. 固定资产系统账套参数

按平均年限法（一）计提折旧，折旧分配周期为 1 个月，固定资产编码方式：按“类别编码 + 部门编码 + 序号”自动编码，类别编码规则为 2-1-1-2，卡片序号长度为 2；要求与账务系统进行对账，固定资产对账科目：1501 固定资产；累计折旧对账科目：1502 累计折旧；在对账不平情况下允许进行月末结账。

固定资产缺省（默认）入账科目：1501，固定资产；累计折旧默认入账科目：1502，累计折旧。业务发生后要立即制单，月末结账前一定要完成制单登账业务，已注销的卡片 5 年后删除，录入固定资产卡片时自动连续增加卡片。

2. 固定资产类别

某公司的固定资产类别见表 7-3。

表 7-3　　上海市 AAA 公司固定资产类别表

编　码	类别名称	使用年限	净残值率（%）	计量单位
01	房屋及构筑物	20	4	座
02	交通运输工具	10	4	辆
03	机器设备	5	4	台
04	电子设备	5	4	台

3. 部门对应折旧科目

办公室、财务部、人力资源部、采购部：5502，管理费用。

销售部：5501，销售费用。

制造部：4105，制造费用。

4. 增减方式对应入账科目

（1）固定资产增加方式对应入账科目。

该公司固定资产增加方式对应入账科目见表 7-4。

表 7-4　　上海市 AAA 公司固定资产增加方式对应入账科目表

固定资产增加方式	对应入账科目
直接购入	100201，银行存款——中行人民币户
投资者投入	3101，实收资本
捐赠	5301，营业外收入
盘盈	5801，以前年度损益调整
在建工程转入	1603，在建工程
融资租入	2321，长期应付款

（2）固定资产减少方式对应入账科目。

固定资产盘亏对应入账科目为“191102，待处理财产损溢——待处理固定资产损溢”，固定资产出售、投资转出、捐赠转出、报废、毁损等减少方式对应入账科目均为“1701，固定资产清理”。

5. 固定资产原始卡片

该公司的固定资产原始卡片见表 7-5。

表 7-5　　上海市 AAA 公司固定资产原始卡片

编　码	名　称	所在部门	使用年限	开始使用日期	原值（元）	净残值率	累计折旧（元）	对应折旧科目
01101	办公楼	办公室	20	2005-08-01	500 000	4%	96 000	管理费用
01601	厂房	制造部	20	2005-08-01	500 000	4%	96 000	制造费用
02501	货车	销售部	10	2008-02-01	50 000	4%	7 200	销售费用
04301	计算机01	人力资源部	5	2009-02-01	5 000	4%	480	管理费用
04201	计算机02	财务部	5	2009-02-01	5 000	4%	480	管理费用
04101	计算机03	办公室	5	2005-08-01	5 000	4%	3 840	管理费用
03601	缝纫设备	制造部	5	2008-08-01	50 000	4%	9 600	制造费用

补充说明：表 7-5 所列固定资产编码由系统自动生成，不必输入；增加方式均为直接购入；使用状况均为在用。其中缝纫机涉及多台，出于实验操作中简化的考虑，做合并处理。开始使用日期以 2009 年 9 月为标准，根据实际操作月顺延，也可直接使用表 7-5 所示日期，但不能修改累计折旧金额，保证录入的累计折旧额与总账相符。

四、实训步骤

以账套主管的身份注册登录固定资产系统，进行固定资产基础设置。

（1）设置固定资产系统账套。

（2）设置固定资产类别。

（3）设置部门对应折旧科目。

（4）设置增减方式对应入账科目。

（5）录入固定资产原始卡片。

（6）与总账系统对账。

（7）以“admin”的身份登录系统管理备份账套。

实训十三：固定资产系统业务处理

一、实训准备

完成第 7 章“实训十二：固定资产系统基础设置”的操作。将计算机系统时间调整为实训账套的操作月份，将“实训十二：固定资产系统基础设置”的备份账套数据引入用友 ERP-U8 系统。

二、实训内容

1. 日常固定资产业务处理
2. 期末固定资产业务处理

三、实训资料

（1）计提本月的固定资产折旧。会计分录由系统自动生成。

（2）经批准购入计算机一台，价税合计 5 000 元，以转账支票（支票号：123456）付讫，该计算机由办公室保管使用，固定资产名称为“计算机 04”，使用年限 5 年，折旧方法为“平均年限法（一）”，净残值率 4%。

（3）经批准将办公室原有的旧计算机（资产编号：04101）售出，收到现金 500 元。

只需生成将旧计算机账面净值直接转入“固定资产清理”科目的会计分录，500 元的出售收入暂不进行处理。

（4）因毁损计提厂房（资产编号：01601）5 000 元减值准备。

会计分录：

借：固定资产减值损失　　　　5 000

　　贷：固定资产减值准备　　　　5 000

四、实训步骤

以一般操作员的身份注册登录固定资产系统，进行以下日常固定资产业务和期末对账结账的操作。

1. 处理日常固定资产业务

（1）计提折旧。

（2）增加固定资产。

（3）减少固定资产。

（4）计提固定资产减值准备。

2. 期末对账和结账
3. 以“admin”的身份登录系统管理备份账套

第8章 职工薪酬管理

学习目标

知识目标：

- 了解职工薪酬管理的内容和意义
- 了解用友 ERP-U8 工资管理系统的功能
- 掌握工资管理系统基础设置的内容和方法
- 掌握日常职工薪酬业务处理的内容和方法
- 掌握查询和分析职工薪酬数据的方法
- 掌握工资管理系统期末结账的方法

能力目标：

- 能够按业务要求设置工资管理系统账套
- 能够完成工资类别、人员档案、计件工资标准、计件工资方案、工资项目和计算公式等基础设置
- 能够根据业务发生情况进行人员变动调整、工资数据录入、计件工资统计、个人所得税计算、银行代发文件制作，进行工资分摊和费用计提等日常业务处理
- 能够对工资数据进行账表处理和分析
- 能够完成工资管理系统的期末结账

8.1 职工薪酬管理概述

所谓薪酬管理就是企业管理者对企业员工报酬的支付标准、发放水平、要素结构进行确定、分配和调整的过程。职工薪酬管理是企业绩效管理的核心，是企业人力资源管理的重要内容。

8.1.1　薪酬管理的意义和内容

薪酬管理的意义是由薪酬本身的重要性和职能决定的。对企业劳动者来说，薪酬问题无疑是最敏感的问题之一，它关系到企业劳动者的切身利益；对企业的所有者来说，薪酬管理是人力资源管理中一个不可分割的组成部分，在企业管理中占据着重要地位。薪酬管理的意义表现为以下方面。

（1）薪酬管理是实现人力资源合理配置的基本手段。人是各个生产要素中起决定性能动作用的要素，薪酬能够为评价不同劳动者提供的劳动提供衡量的尺度，为“人尽其才，才尽其用”创造条件。

（2）薪酬管理直接决定着劳动效率。现代薪酬管理注重利用工资、奖金、福利等物质报酬从外部激励劳动者，而且注重利用岗位的多样性、工作的挑战性、获取新技巧和事业发展机会等精神报酬从内部激励劳动者，从而使薪酬管理过程成为劳动者的激励过程。

薪酬管理的内容包括确定薪酬管理的目标、选择薪酬政策、制订薪酬计划和调整薪酬结构。薪酬管理的具体设计和实施体现在薪酬的标准、等级、幅度和水平等方面，科学合理的薪酬管理是人力资源管理的基础。由于职工薪酬管理涉及的人员多，薪酬项目复杂，薪酬核算的时限性强，因此，薪酬核算的最大特点就是计算的工作量比较大。但另一方面，由于薪酬分配带有很强的政策性，对大部分职工的薪酬计算方法基本相同，薪酬核算中也存在着大量的简单重复劳动。正因如此，工资管理系统具有明显的自动计算和汇总优势，能够使财务人员的工资核算工作由繁重变为轻松，并且避免了手工计算过程中可能出现的差错，使工资管理系统在实践中得到广泛应用。

8.1.2　工资管理系统简介

用友的工资管理系统拥有比较全面的功能设计，这表现在以下几点。

（1）提供了多个工资类别处理的设置，有利于用户对不同类型的人员工资进行分类计算和管理。

（2）可以自由设置工资项目和计算公式，并可对平时发生的工资变动进行调整。

（3）可以自动计算个人所得税，自动进行扣零处理，生成的工资文件可以直接供银行代发工资。

（4）可以自动计算汇总工资数据，自动完成工资费用的分摊，自动进行转账业务处理。

（5）可以便捷地进行工资数据查询和分析，有利于对职工薪酬的评价比较。

在建立了工资管理系统后，有关工资的核算业务将在工资管理系统中进行。工资管理系统与总账系统在数据上建立有共享关系，工资管理系统的工资分摊结果会通过转账凭证传输给总账系统。如果用户建立有成本核算系统，工资管理系统还会将工资费用分摊的数据传输给成本核算系统。

8.1.3　工资管理系统操作流程

工资管理系统可以设置单个工资类别和多个工资类别，如图 8-1 所示是多个工资类别下进行计件工资核算的操作流程。尤其需要注意的是，如果是多个工资类别，在操作过程中，应分别在各个工资类别中执行以下流程的相应步骤，其中涉及计件工资步骤的只在计件工资类别中进行操作。

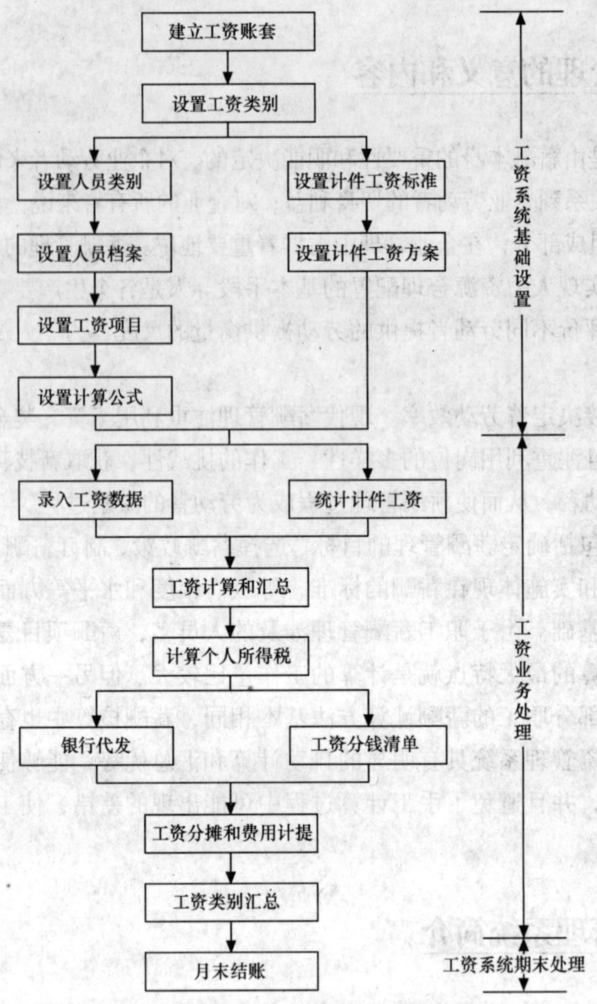

图 8-1 工资管理系统操作流程

8.2 工资管理系统基础设置

工资管理系统的基础设置是指在进行工资业务处理之前必须在系统中完成的功能设置和档案录入，主要包括启用工资管理系统、建立工资账套、设置工资类别、设置人员类别、设置人员档案、设置工资项目和设置工资计算公式等内容。如果需核算计件工资，还必须设置计件工资标准和计件工资方案等内容。

8.2.1 建立工资管理系统账套

工资管理同应收应付等其他业务管理系统一样，也是在一定的业务处理规则条件下进行的，由于规则的可选择性，启用工资管理系统同样必须为系统建立业务处理的基本控制参数，具体包括参数设置、扣税设置、扣零设置和人员编码等四个方面的内容。

【例 8-1】 设置如下工资业务控制参数：工资类别：多个；币别：人民币；核算计件工资；代扣个人所得税；不进行扣零处理；人员编码长度为 4 位。

操作步骤

（1）登录【用友 ERP-U8 门户】，在【我的工作】选项卡中，或【控制台】选项卡中的【财务会计】菜单中，选择【工资管理】，进入【工资管理】系统。

（2）初次登录工资管理系统，系统弹出【当前正在执行的功能还未确认，请先确认!】的提示框，要求用户先进行系统业务控制选项的设置，单击 确定 按钮。

（3）系统进入【建立工资套】引导系统，在左边【参数设置】选项下，在右边对话框中选择工资类别个数【多个】单选框，选择【是否核算计件工资】单选框。然后单击 下一步 按钮，系统进入下一选项【扣税设置】对话框。

（4）在【扣税设置】对话框中选择【是否从工资中代扣个人所得税】单选框，然后单击 下一步 按钮，系统进入下一选项【扣零设置】对话框。

（5）在【扣零设置】对话框中取消【扣零】单选框的选择，然后单击 下一步 按钮，系统进入下一选项【人员编码】对话框。

（6）在【人员编码】对话框中对人员编码进行设置，如图 8-2 所示，然后单击 完成 按钮。

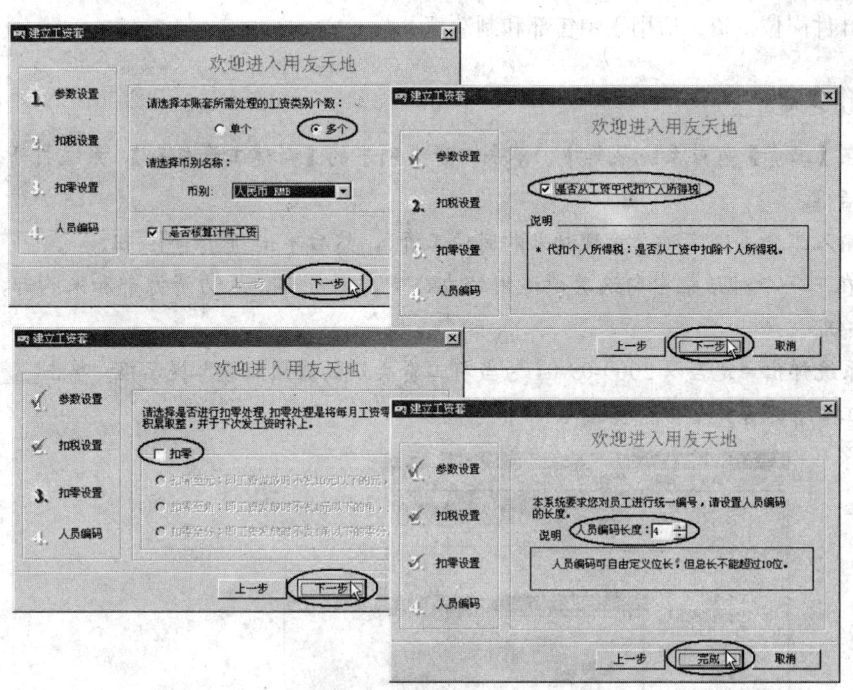

图 8-2　建立工资套

（7）系统会弹出【未建立工资类别】提示框，单击 确定 按钮，系统会计打开【工资管理】对话框，可以继续进行工资类别的设置，这里暂不设置，单击 取消 按钮。

说明

● 工资类别个数：如果用户需要分别对不同人员设置工资项目，工资发放的计算公式也有很大不同，如果一个月内多次发放工资，则应选择多种类别工资，以对不同人员或各期的工资进行分别管理；如果不同类别人员的工资在项目设置和计算公式上具有统一性，则应选择单个工资类别。

● 扣零：是指每次发放工资时将零头扣下，滚动至下次积累取整。这种设置一般适用于以现金发放工资的单位。如果采用银行代发工资的形式，则无需此项设置。

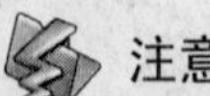 注意

工资账套、工资类别和人员类别是三个容易混淆的概念。工资账套是用来进行工资管理的系统，一个核算账套下只能建立一个工资账套；工资类别是按工资项目的不同而设置的工资数据管理类别，一个工资账套下可设置多个工资类别；人员类别是按工资分配政策或核算中计入会计科目的不同而对人员进行的分类。

8.2.2 设置工资类别

如果企业在薪酬分配方面涉及多个标准，不同的部门或岗位适用不同的工资政策，或者企业在一个月里，工资需多次发放，且各期发放的工资性质也有很大不同，则宜通过建立多个工资类别，对不同性质和标准的工资分别进行管理和计算。

在建立工资账套后，即可接着进行工资类别的设置，在以后的工资管理中，还可随时根据工资业务管理需要，添加新的工资类别。

【例 8-2】 设置两个工资类别：管理和采购岗位工资，适用于办公室、财务部、人力资源部、采购部；计件岗位工资，适用于销售部和制造部。

 **操作步骤**

（1）在【工资】窗口系统菜单中，单击工资类别下的【新建工资类别】，系统打开【新建工资类别】对话框。

（2）输入工资类别名称“管理和采购岗位工资”，然后单击 下一步 > 按钮。

（3）在下一个对话框中勾选其所适用的办公室、财务部、人力资源部和采购部，然后单击 完成 按钮。

（4）系统弹出“是否以 2009-09-01 为当前工资类别的应用日期”提示框，单击 是(Y) 按钮，系统返回工资管理系统窗口。如图 8-3 所示。

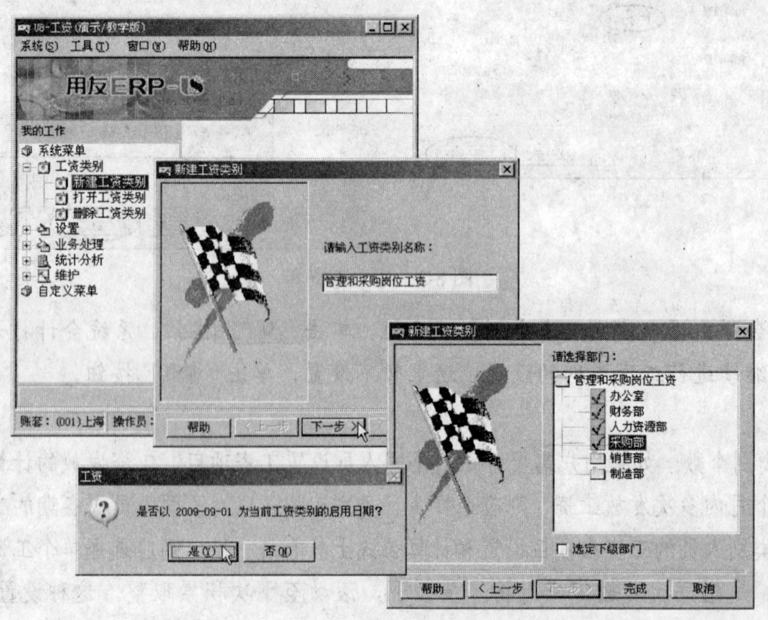

图 8-3　设置工资类别

(5) 单击菜单中工资类别下的【关闭工资类别】，重新单击随后显示出来的【新建工资类别】，继续按步骤（2）～（4）设置“计件岗位工资”类别。

说明

在对工资进行了多类别设置后，需对不同的工资类别分别进行管理，所以在以下的操作中，涉及具体的工资类别时，应先打开相应的工资类别，操作方法是单击系统菜单中工资类别中的【打开工资类别】，选择打开某一工资类别，在该工资类别处于打开的状态下，可以有针对性地对其进行设置和业务处理。但在进行增添新的工资项目等业务操作时，系统则会要求关闭工资类别，只需单击相应的【关闭工资类别】命令即可。

8.2.3　设置人员类别

设置人员类别的目的是便于用户按类别对所属人员进行工资的汇总和计算，并有针对性地对各类人员的工资进行管理，如可以按不同的人员类别分配工资费用，也可以对不同类别人员的工资水平进行比较，为单位制定和修改分配政策提供参考。

【例 8-3】　上海 AAA 公司设置的人员类别分为高层经理、部门主管、普通员工、T 恤 001 生产工人、T 恤 002 生产工人。

操作步骤

(1) 在【工资】窗口系统菜单中，执行【设置】/【人员类别设置】命令，打开【类别设置】对话框。

(2) 在【类别】文本框中输入人员类别，按 Enter 键或单击 增加 按钮，输入的人员类别名称将显示在下面的列表框中，如图 8-4 所示。逐项输入人员类别后，单击 返回 按钮。

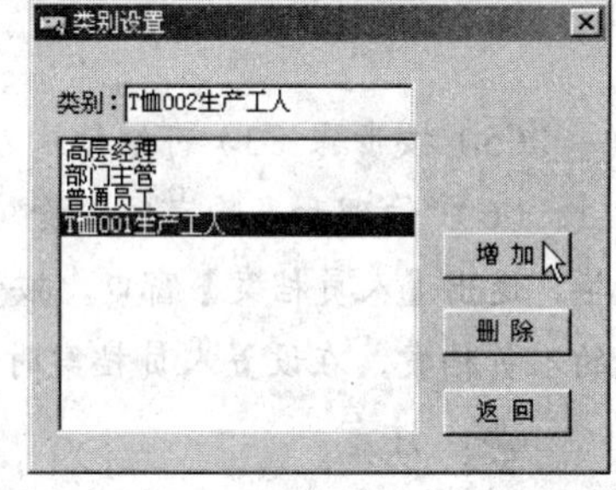

图 8-4　设置人员类别

注意

- 人员类别名称长度不得超过 10 个汉字或 20 个字符。
- 人员类别列表框不允许为空。系统初始默认人员类别框中设有【无类别】项，在删除已设置的人员类别时，最后一个人员类别项将不允许删除。
- 已经使用的人员类别不允许删除。

8.2.4　设置人员档案

工资的管理离不开具体的人员，所以人员档案设置是工资管理系统的必设内容。人员档案设置的内容越全面，越有利于日后对人员工资的管理。

【例 8-4】　设置上海 AAA 公司人员档案。以办公室职员李立为例，见表 8-1。

表 8–1　上海市 AAA 公司职员李立档案

编号	姓名	所属部门	部门编码	人员类别	银行名称	银行账号	进入日期
1001	李立	办公室	1	高层经理	工商银行	10012345001	2009-09-1

操作步骤

（1）在【工资】窗口系统菜单中，执行【工资类别】/【打开工资类别】命令，打开【工资管理】对话框，选择“管理和采购岗位工资”，然后单击 确定 按钮。

（2）在【工资】窗口系统菜单中，执行【设置】/【人员档案】命令，打开【人员档案】窗口。

（3）单击 增加 按钮，打开【人员档案】对话框。

（4）按要求分别输入李立个人档案内容。选中【计税】和【中方人员】两个复选框，取消【核算计件工资】的选择，如图 8-5（a）所示。单击 确认 按钮，输入的人员档案内容将显示在【人员档案】窗口。

（a）

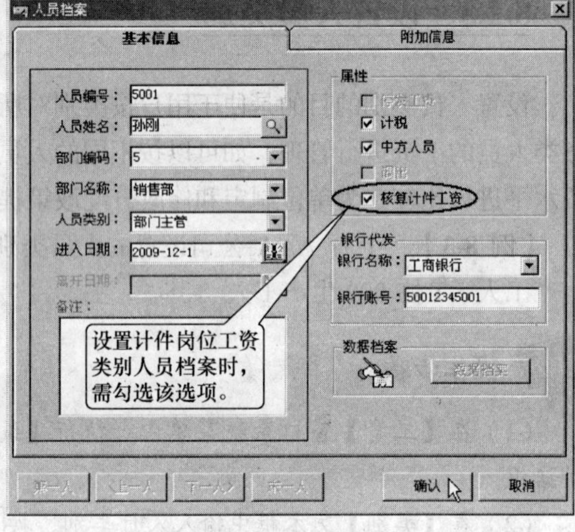

（b）

图 8-5　设置人员档案

（5）按步骤（3）可继续输入其他人员档案内容。

（6）“管理和采购岗位工资”涉及的办公室、财务部、人力资源部和采购部的人员档案输入完毕，退出【人员档案】窗口，按步骤（1）打开“计件岗位工资”类别，继续设置销售部和制造部的人员档案。在设置人员档案时，需选择【核算计件工资】复选框。

注意

- 在【工资管理】窗口系统菜单中，选择【人员附加信息设置】选项，还可对人员档案中的附加信息项目进行选择设置，然后在【人员档案】中单击【附加信息】选项卡，还可输入人员的附加信息内容，但输入的职工档案附加信息在以后编辑工资数据时，是不能作为工资分配依据的，系统只支持按人员的基本信息中设置的部门和人员类别分类标准进行工资分配。
- 【人员类别】与附加信息中的【职务】属性是有区别的，人员类别可以由企业根据需要自由定义，不同的企业对人员类别的划分有不同的选择，如本例中是以工作职务和岗位来分类的，如果用户在工资分配中主要以部门属性为标准，也可以按部门属性将人员类别划分为办公室、财务部和制造部等。

8.2.5　设置工资项目

设置工资项目是为工资计算、汇总和管理服务的，在设置工资项目时，要定义工资项目的名

称、类型、长度、小数位和增减项等参数。在设置工资项目时，不仅要定义日常工资结算单中所列的工资项目，而且要定义工资项目计算和汇总过程中所涉及的项目，如日工资、请假天数等。有一些工资项目是固定不变、不可缺少的，如“应发合计”、“扣款合计”和“实发合计”，系统对这三项做了固定设置，并配有计算公式；有一些项目是常用项目，如基本工资、奖金等，系统提供了参照项目列表，供用户选择设置；如果有系统没有设置的项目，用户还可以自行定义设置。

需要注意的是，如果需自设系统里没有的工资项目，必须先关闭所有工资类别，在添加了所有各类别所需要的相关工资项目后，再在各工资类别中，分别选择工资项目和排序。

【例 8-5】　设置上海市 AAA 公司的工资项目。

操作步骤

（1）在【工资】窗口系统菜单中，执行【工资类别】/【关闭工资类别】命令，关闭所有工资类别。

（2）在【工资】窗口系统菜单中，执行【设置】/【工资项目设置】命令，打开【工资项目设置】对话框。

（3）单击 增加 按钮，在工资项目列表中增加了一个工资项目空白栏，打开【名称参照】下拉框，选取系统已预设的项目，如果需设的项目在【名称参照】下拉框中没有，则在【工资项目名称】空白栏为深蓝色的状态下，直接输入工资项目名称，如图 8-6（a）所示，然后双击【类型】空白栏，单击弹出的▼按钮，选择下拉列表中的【数字】选项。以同样方法输入其他工资项目，如图 8-6（b）所示。

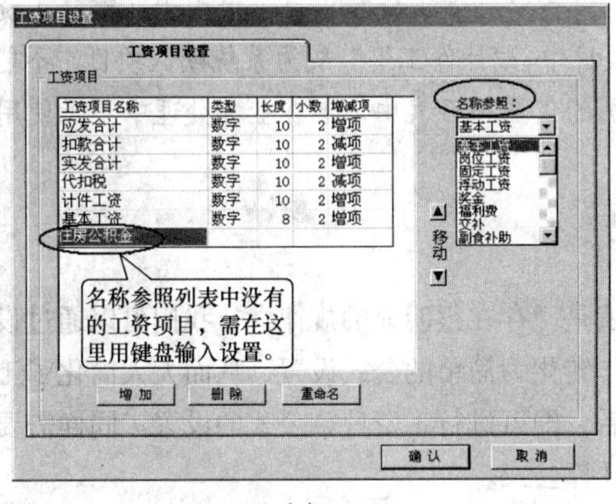

（a）

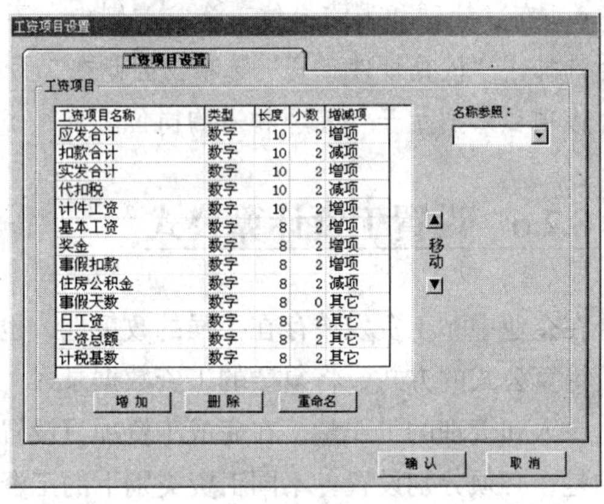

（b）

图 8-6　设置工资项目（1）

（4）将所有工资项目添加完毕，单击对话框下方的 确认 按钮，返回【工资】窗口。

（5）在【工资】窗口系统菜单中，执行【工资类别】/【打开工资类别】命令，在打开的【打开工资类别】对话框中选择“管理和采购岗位工资”类别，单击 确认 按钮返回。

（6）在【工资】窗口系统菜单中，执行【设置】/【工资项目设置】命令，打开【工资项目设置】对话框。

（7）单击 增加 按钮，从【名称参照】下拉框中分别选择和设置相应的工资项目。

（8）工资项目设置完毕后，选定【基本工资】栏，按动▲按钮，将其调整到列表的第一行。以同样方法对其他工资项目按顺序进行调整，如图 8-7 所示。

（9）“管理和采购岗位工资”类别的工资项目设置完毕，单击 确认 按钮返回。

（10）按步骤（6）～（9）继续设置“计件岗位工资”类别的工资项目。

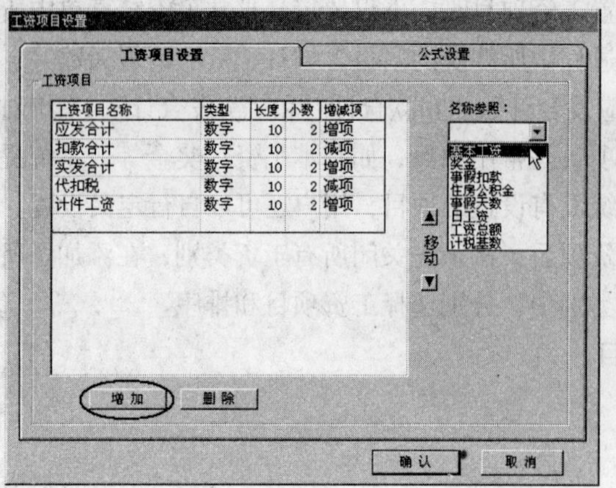

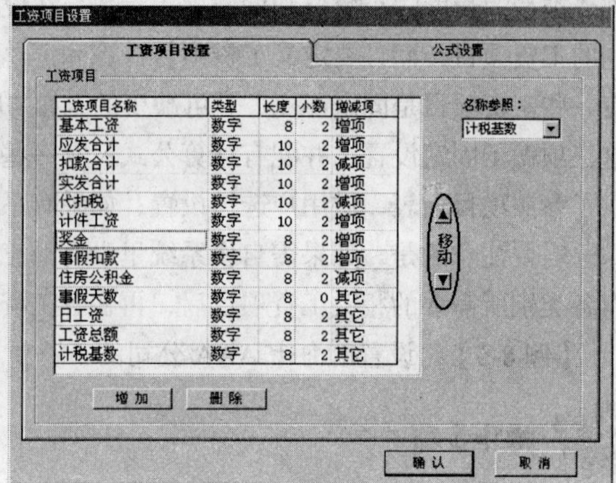

图 8-7　设置工资项目（2）

注意

● 只有在工资管理系统的选项设置中选择了【从工资中代扣个人所得税】，系统才在工资项目中自动生成【代扣税】项目。

● 如果在工资管理系统的选项设置中选择了【扣零处理】，则系统在工资项目中会自动生成【本月扣零】和【上月扣零】两个指定名称的项目。

● 在“管理和采购岗位工资”类别中，不需设置“计件工资”项目，但由于在建立工资账套时选择了“核算计件工资”选项，因此在工资项目中，“计件工资”成为系统默认项目，不能删除。该项目只列示于“管理和采购岗位工资”类别的工资项目表中，但在业务处理中不予使用。

8.2.6　设置工资计算公式

在企业中，工资发放存在很强的政策性，也就是说存在很明显的规律性，我们可以通过设置工资计算公式的方式，将复杂的工资数据录入工作转化为简单的公式设置，从而大大简化了工资数据录入和管理的工作量。在完成工资项目设置后，即可进行工资计算公式的设置。同样需要注意的是，必须分别设置各不同工资类别下的工资计算公式。

【例 8-6】　设置“管理与采购岗位工资”类别下的工资计算公式。以奖金计算公式为例。

奖金 = iff（人员类别 = “高层经理”，1 000，iff（人员类别 = “部门主管”，600，300））

操作步骤

（1）在打开“管理与采购岗位工资”类别后，在【工资项目设置】对话框中单击【公式设置】标签。

（2）单击 增加 按钮，在【工资项目】列表框中增加一行空白栏，单击弹出的▼按钮，在下拉列表中选择【奖金】选项。

（3）单击【函数参照】文本框的▼按钮，在下拉列表中选择【iff(,,)】，该函数被列入【奖金公式定义】文本框中。

（4）将光标放在公式中需输入内容的地方，选择【人员类别】列表框中的【人员类别】选项，再单击【运算符】中的 = 按钮，可以看到相关内容被输入公式。以同样的方法输入公式的其他

内容。输入完毕单击 公式确认 按钮，如图 8-8 所示。

（5）按步骤（2）～（4）设置其他函数公式。

（6）单击▲或▼按钮，调整公式顺序。

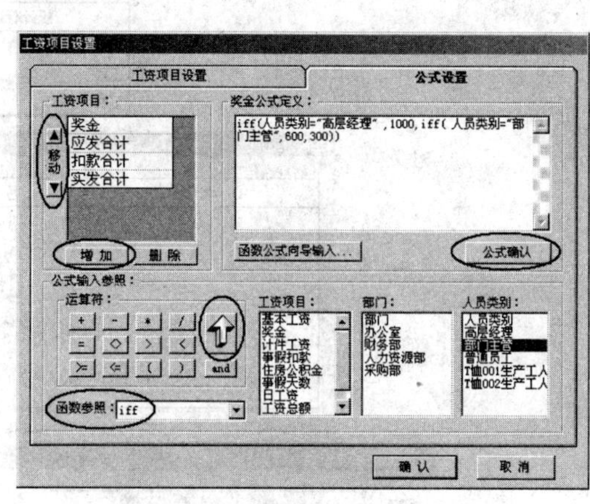

图 8-8　设置工资计算公式

注意

- 公式的输入必须在半角英文标点状态下进行。
- 公式中的数字和符号可利用【运算符】上的按钮输入，单击⇧按钮，可以变换【运算符】上的按钮。也可将光标放在公式中，用键盘上的按键输入。
- 公式输入完毕，必须单击 公式确认 按钮进行公式确认。
- 设置的工资项目计算公式要符合公式逻辑，对于不符合逻辑的公式系统将给予错误提示。
- 应发合计、扣款合计和实发合计公式不用设置。
- 系统是按照【公式设置】对话框中【工资项目】列表框中的排列顺序先后进行工资计算的，因此必须注意公式的排列顺序。先得的数应排在前面。应发合计、扣款合计和实发合计应是最后的 3 个公式，且实发合计应排在最后。

8.2.7　设置计件工资标准

计件工资标准是指在计算计件工资时衡量的具体内容。不同的企业在核算计件工资时标准存在很大差别，通常涉及的标准有产品产量、工时、工序、工种等。在核算计件工资时，首先应明确的是其计件标准。

【例 8-7】　设置上海 AAA 公司计件工资标准。计件工资标准名称：工种；工种分为：01，裁剪；02，缝纫；03，熨整；04，生产管理；05，销售。

操作步骤

（1）在【工资】窗口系统菜单中，执行【工资类别】/【打开工资类别】命令，在打开的【打开工资类别】对话框中选择“计件岗位工资”类别，单击 确认 按钮返回。

（2）在【工资】窗口系统菜单中，执行【设置】/【计件工资标准设置】命令，打开【计件工资标准设置】对话框，系统中已显示的统计标准名称来源于成本管理系统，不可在工资系统修改或删除，但可以不启用。

（3）单击 增加 按钮，在【名称】文本框中输入“工种”，然后单击 保存 按钮。

（4）选中【工种】所在行，单击 档案 按钮，打开【档案—工种】对话框，单击 增加 按钮，打开【档案设置】对话框。

（5）逐项输入工种编码和工种名称，然后返回到【计件工资标准设置】对话框。

（6）双击【工种】的【启用】栏，打上“√”符号，表示启用该项标准。如图 8-9 所示，最后单击 返回 按钮返回。

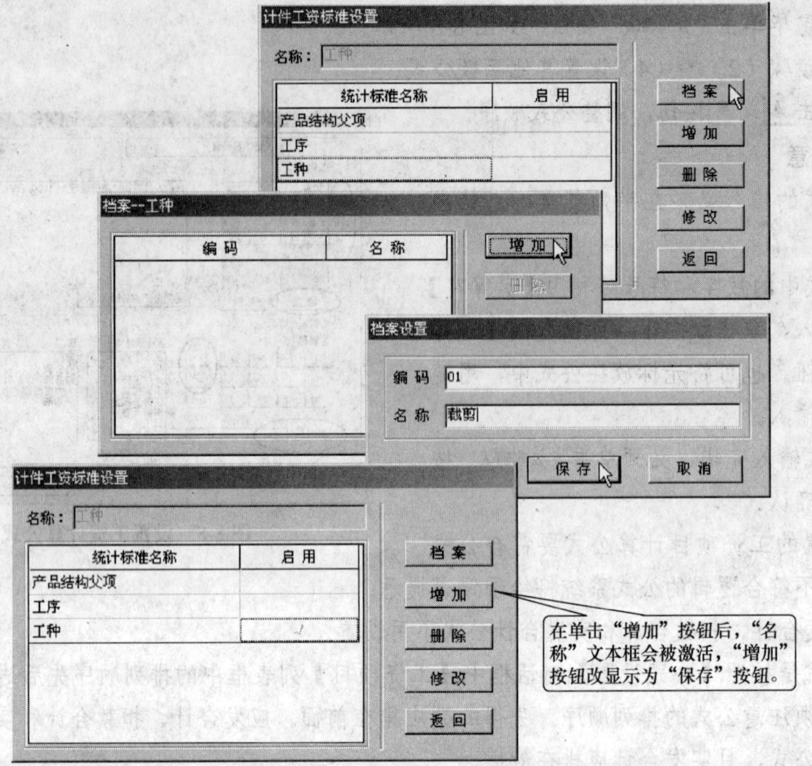

图 8-9　设置计件工资标准

8.2.8　设置计件工资方案

设置计件工资方案就是在明确了计件工资的计件标准后，在系统中设置计件的单位工资报酬。在定义了计件工资的计件标准和计件方案后，以后每期只需输入员工的实际计件数量，即可由系统自动运算出员工的计件工资金额。

【例 8-8】　设置上海 AAA 公司计件工资方案。以表 8-2 为例，适用于"计件岗位工资"类别。

表 8–2　　　　　　　　　上海市 AAA 公司 01 号计件工资方案

方案编号	方案名称	工　种	计件单价
01	裁剪计件 01	裁剪	0.2

操作步骤

（1）在"计件岗位工资"类别处于打开的状态下，再在【工资】窗口系统菜单中，执行【设置】/【计件工资方案设置】命令，打开【设置】对话框。

（2）单击【部门】下拉框按钮，将部门选择为"制造部"，然后单击 增加 按钮，在对话框列表中增加了一行空白行，逐项输入计件工资方案内容。如图 8-10 所示。

（3）设置完毕，单击 保存 按钮，继续以同样方法设置其他计件工资方案内容。

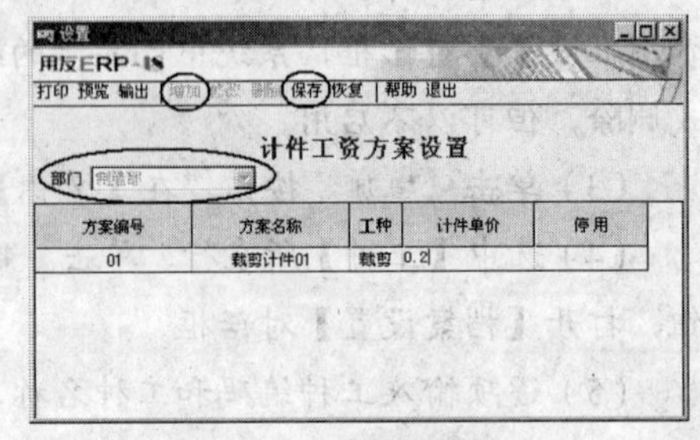

图 8-10　设置计件工资方案

说明

- 用户可以随时修改方案的停用状态，只需双击【停用】栏即可。
- 单击恢复按钮，可以取消当前行的操作；同样，单击修改或删除按钮，可以对选定行进行修改或删除。
- 只有未停用的计件方案才可以在计件工资统计中的录入卡片内显示出来。
- 本功能只有在打开工资类别时可用，关闭工资类别时为不可用状态。单工资类别则一直可用。

8.3 职工薪酬业务处理

工资的日常核算业务主要是对职工工资数据进行计算和调整，按照计算数据发放工资以及进行凭证填制等账务处理，工资日常核算业务的重点是及时根据职工人员变动对人员档案进行调整，根据工资分配政策的变化及时进行工资数据的准确计算，在此基础上利用系统的报表功能对工资分配进行报表分析，为企业制定和调整分配政策提供参考。

8.3.1 人员变动

在日常经营中，时常会发生人员调入调出，或由于某些原因停发工资的情况，在日常工资核算业务处理中，首先要对发生的人员变动及时进行调整。

【例 8-9】 制造部 6013，王平辞职，工资从 2009 年 9 月停发。

操作步骤

（1）在工资管理系统中打开“计件岗位工资”类别，然后在窗口系统菜单中执行【设置】/【人员档案】命令，打开【人员档案】对话框。

（2）在【人员档案】对话框中的人员列表中选定“王平”，单击修改按钮，打开【人员档案】对话框，选择【调出】复选框，【基本信息】标签中的内容即变为灰色，如图 8-11 所示，表明该职工已不在工资发放的范围中，单击确认按钮返回。

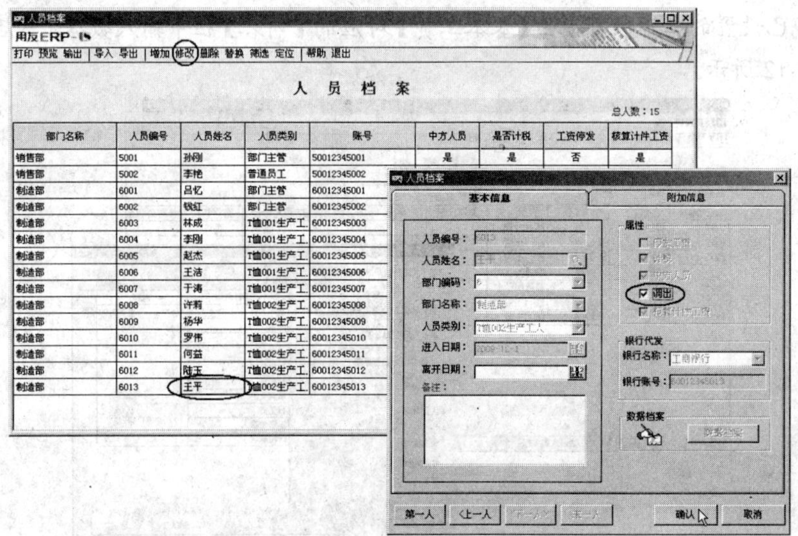

图 8-11 人员变动调整

注意

- 如果打开【人员档案】对话框，原已输入的人员档案无法显示，则需检查【企业门户】/【控制台】/【数据权限控制设置】/【记录级】窗口中是否对操作员进行了【工资权限】控制，而又未在【数据权限设置】中进行具体的授权。取消【工资权限】控制设置即可对该操作员显示人员档案的内容。
- 如果单位的人员较多，可以通过单击定位按钮，进行人员或部门定位。
- 人员档案中的人员编号不能修改，人员被删除后，人员编号不会重新调整。

8.3.2 工资数据录入与变动调整

工资数据可分为固定数据和变动数据两类。固定数据一般较为稳定，数值很少变动，在创建工资账套后，在账套基础设置阶段逐项录入，在日常工作中只有待其发生变化时才重新调整，平时是无需反复输入的，常见的有基本工资、岗位工资等；而变动数据则需每期发放工资时根据实际情况进行调整，如奖金、请假天数、个人所得税等。在变动数据中，有些变动数据的编辑必须通过手工逐项录入完成，如请假天数；有些变动数据则可以成批处理，如奖金；还有一些变动数据则由系统根据既定的公式自动计算生成，如请假扣款、代扣税等。

1. 手动录入工资数据

【例 8-10】 将上海 AAA 公司员工的基本工资和住房公积金录入系统。以李立为例，其基本工资 4 000 元，住房公积金 600 元。

操作步骤

（1）在工资管理系统打开“管理和采购岗位工资”类别，在窗口系统菜单中，执行【业务处理】/【工资变动】命令，打开【工资变动】对话框。

（2）在【工资变动】对话框中显示有职工列表和在工资管理系统初始设置时已定义的工资项目。单击编辑按钮，打开【工资数据录入——页编辑】对话框。

（3）在【工资数据录入——页编辑】对话框左侧显示有职工的个人档案资料，对话框右边列表框中显示有已设置的工资项目，在【基本工资】对应的【内容】栏中输入数据，然后单击确认按钮，如图 8-12 所示。

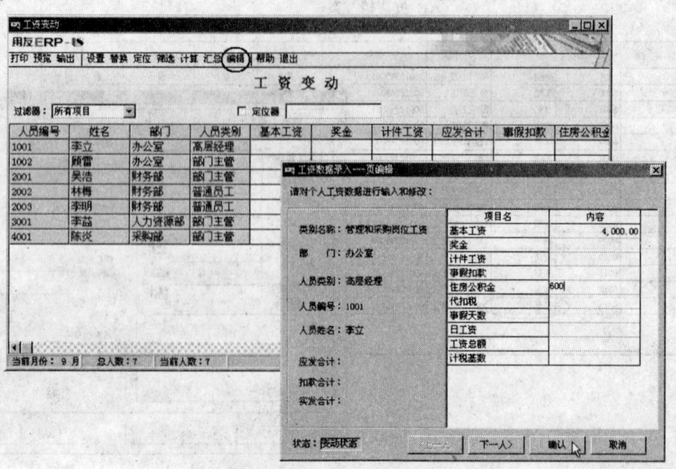

图 8-12 手动录入工资数据

（4）系统自动翻页至下一人，逐项输入各个职工的基本工资和住房公积金数据，输入完毕关闭【工资数据录入——页编辑】对话框。

（5）单击【工资变动】对话框中的退出按钮，在弹出的提示框中单击 是(Y) 按钮，返回到【工资】管理系统对话框。

2. 成批编辑工资数据

【例 8-11】　录入制造部生产工人基本工资和住房公积金，每位员工的基本工资均为 800 元，住房公积金均为 300 元。

操作步骤

（1）在工资管理系统中打开“计件岗位工资”类别，在窗口系统菜单中，执行【业务处理】/【工资变动】命令，打开【工资变动】对话框。

（2）在【工资变动】对话框中单击替换按钮，打开【工资项数据替换】对话框。

（3）单击【将工资项目】下拉框中的▼按钮，在下拉列表中选择【基本工资】，在【替换成】文本框中输入“800”，在【替换条件】编辑框中单击文本框中的▼按钮，将替换条件定义为“人员类别＝T恤 001 生产工人”。

（4）再单击下一行的【且】，将其改为【或】，将第二行替换条件定义为“人员类别＝T恤 002 生产工人”。如图 8-13 所示，然后单击 确认 按钮。

（5）在弹出的提示框中均单击 是(Y) 按钮，制造部生产工人的基本工资数据将显示在工资变动列表中。

（6）再以同样方法定义生产工人的住房公积金数据。

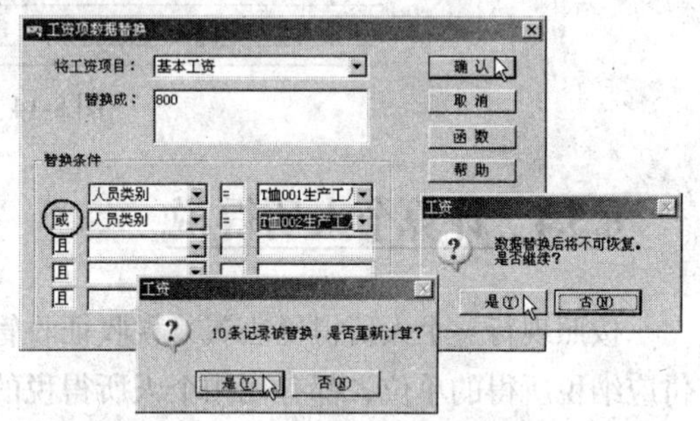

图 8-13　成批编辑工资数据

注意

- 如未输入替换条件，则系统默认替换条件为本工资类别的全部人员。
- 单击【替换条件】中的【且】字框，可以进行【且】和【或】之间的变换。在逻辑定义上“且”的含义是两项条件均须满足，“或”的含义是两项条件只须满足其中一项即可。
- 在修改了某些工资数据、进行了数据替换，或者重新定义了计算公式后，必须对个人工资数据重新计算和汇总，以保证工资数据的正确。汇总的方法是在【工资变动】对话框中录入相关工资数据后，在退出对话框前，单击汇总按钮。

8.3.3　统计计件工资

统计计件工资就是统计在特定的生产经营时期内，员工按照计件工资政策所应取得的工资所得。只有在基础设置中设置了计件工资标准和方案，并且在该人员档案中选择“核算计件工资”复选框，才能在系统中实现统计计件工资功能。

【例 8-12】　录入销售部员工“5001，孙刚”的销售数量 8 000 件，日期为 2009-09-30，适用于“销售提成 01”的计件方案。

操作步骤

（1）在工资管理系统中打开“计件岗位工资”类别，然后在窗口系统菜单中，执行【业务处理】/【计件工资统计】命令，打开【计件工资统计】对话框。

（2）单击【部门】下拉框中的▼按钮，选择“销售部”，然后单击 增加 按钮，打开【计件工资】对话框。

（3）录入人员编码、姓名、日期、数量等信息，录入完毕，单击 保存 按钮，如图 8-14 所示。在弹出的提示框中单击 确定 按钮。该信息将显示于计件工资统计列表中。

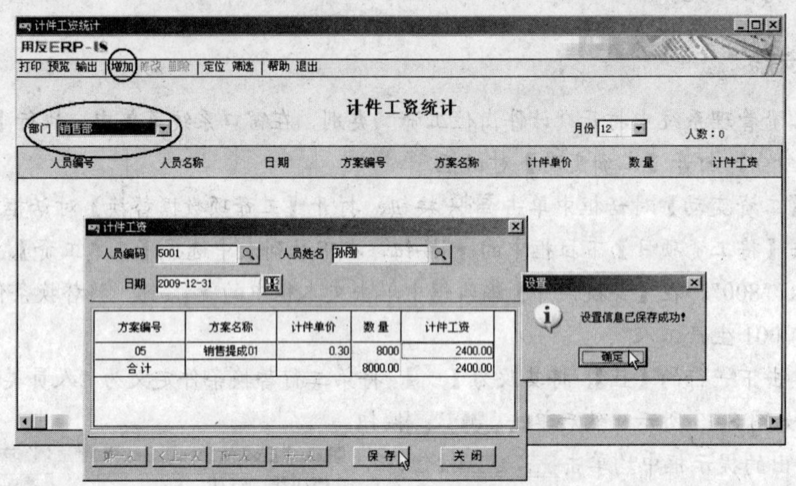

图 8-14　统计计件工资

8.3.4　计算个人所得税

按照现行《个人所得税法》、《税收征收管理法》及其相关实施细则的有关规定，凡向个人支付应纳税所得的单位，都有代扣个人所得税的义务。因此计算、申报和缴纳个人所得税成为工资管理中的一项重要内容，用友的工资管理系统为此设置有自动计算个人所得税的功能，用户只需输入工资数据，并根据职工个人收入的来源构成，在系统中定义好计税基数，系统便会自动计算出每位职工的个人所得税并生成个人所得税申报表。

需要说明的是，系统中的个人所得税计算是为普遍使用的工资所得设置的。在会计实务中，有些用户可能还会遇到向个人发放劳务报酬所得、稿酬所得、特许权使用费所得等其他类型的个人所得的情况，由于各种个人所得的计税方法不同，用户应分清个人所得的归属类型，不能一概用系统中原有的工资所得的计税方法来计算。在个人所得税的计税方法发生改变或税率调整时，用户也应调整系统中的个人所得税的计税设置，使其符合实际的计税要求。

另外，系统中默认的申报个人所得税的收入额为“实发合计”，但事实上，由于不同的用户在工资项目设置上各有不同，实际的应纳税收入额并不一定等于“实发合计”，以上海市 AAA 公司为例，该公司职工的个人应纳税收入额应按工资项目中的“计税基数”计算，即“应纳税收入额 = 计税基数 = 基本工资 + 奖金 + 计件工资 − 事假扣款 − 住房公积金”，其与实发合计的区别在于对“个人欠款”的处理，个人欠款是以个人工资收入偿还个人所欠单位债务的扣款项目，个人欠款不能从个人收入中扣除。也就是说，对有个人欠款扣款的职工来说，其应纳税收入额应该是

"实发合计 + 个人欠款"，因此用户必须根据实际的工资构成在系统中定义应纳税的个人收入额，在此基础上，系统才能准确地进行个人所得税的计算。

【例 8-13】　按计税基数扣减 2 000 元后，按工资所得的规定比率计算个人所得税。

操作步骤

（1）在工资管理系统中打开所需处理的工资类别，然后在【工资】窗口系统菜单中，执行【业务处理】/【扣缴所得税】命令，打开【栏目选择】对话框。

（2）单击【对应工资项目】文本框中的▼按钮，选择下拉列表中的【计税基数】，然后单击确认按钮。在系统弹出的【是否重算数据？】提示框中单击是(Y)按钮。

（3）在打开的【个人所得税】对话框中，显示有系统自动生成的个人所得税扣缴申报表，单击税率按钮，打开【个人所得税申报表——税率表】对话框，可以对计税方法进行编辑调整。

（4）单击确认按钮，系统弹出【是否重新计算个人所得税】提示框，单击是(Y)按钮，如图 8-15 所示。

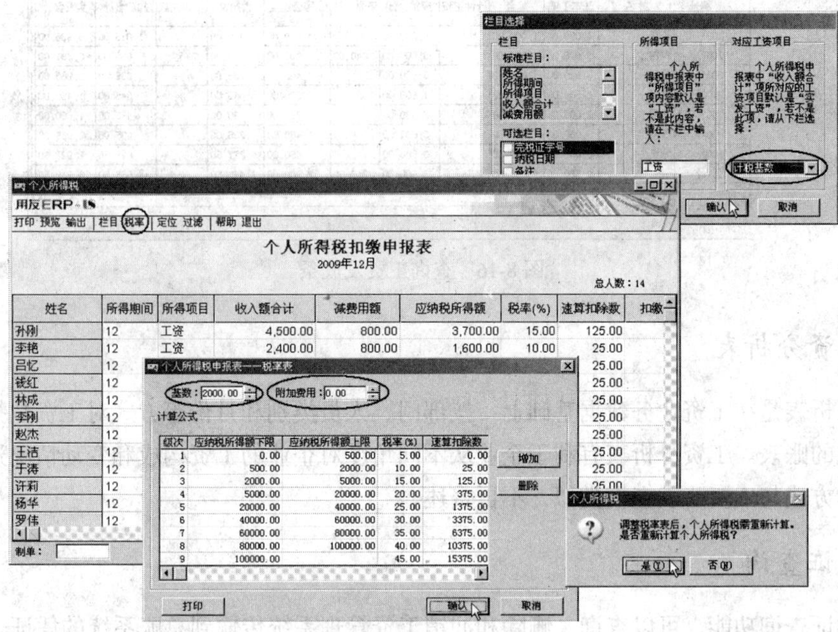

图 8-15　计算个人所得税

8.3.5　查询工资数据

工资管理系统的工资数据查询功能包括工资账表查询、工资分析表查询和凭证查询。

1. 工资账表

工资数据最直接的数据查询方式是账表查询。用友的工资管理系统有多种工资账表形式，能够充分了解企业的工资构成和金额情况。

操作步骤

（1）在工资管理系统中打开所需查询的工资类别，然后在【工资】窗口系统菜单中，执行【统

计分析】/【账表】/【工资表】命令，打开【工资表】对话框。

（2）在工资表列表中选择所需查看的工资表后，单击 查看 按钮，如图 8-16 所示。进行查询条件设置后即可查看到所需的工资数据。

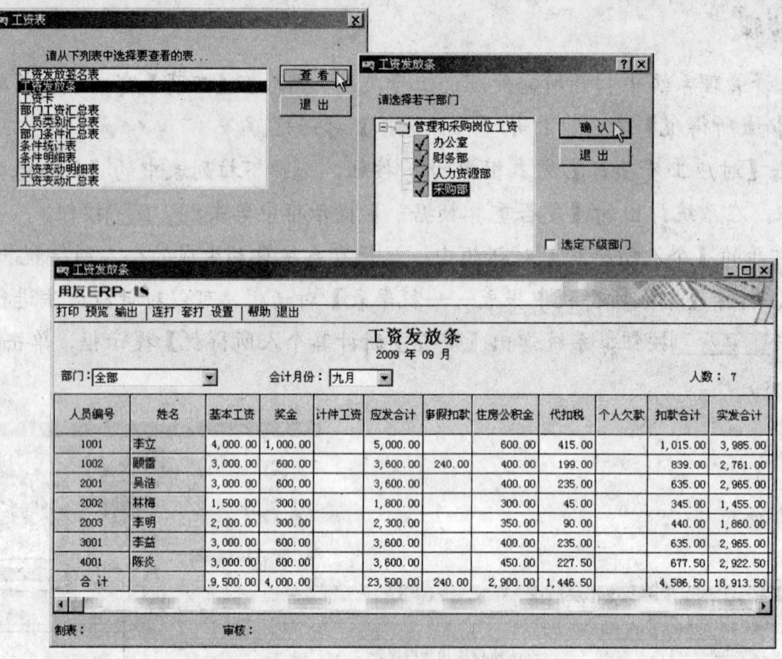

人员编号	姓名	基本工资	奖金	计件工资	应发合计	事假扣款	住房公积金	代扣税	个人欠款	扣款合计	实发合计
1001	李立	4,000.00	1,000.00		5,000.00		600.00	415.00		1,015.00	3,985.00
1002	顾蕾	3,000.00	600.00		3,600.00	240.00	400.00	199.00		839.00	2,761.00
2001	吴浩	3,000.00	600.00		3,600.00		400.00	235.00		635.00	2,965.00
2002	林梅	1,500.00	300.00		1,800.00		300.00	45.00		345.00	1,455.00
2003	李明	2,000.00	300.00		2,300.00		350.00	90.00		440.00	1,860.00
3001	李益	3,000.00	600.00		3,600.00		400.00	235.00		635.00	2,965.00
4001	陈炎	3,000.00	600.00		3,600.00		450.00	227.50		677.50	2,922.50
合 计		.9,500.00	4,000.00		23,500.00	240.00	2,900.00	1,446.50		4,586.50	18,913.50

图 8-16　查询工资发放条

2. 工资分析表

工资分析表是在工资业务数据基础上，按部门、人员类别和月份等方式对工资数据进行比较分析所形成的账表。工资分析表有利于企业从不同角度对企业的工资构成和变动情况进行总体评价。其操作方式与工资账表查询类似，不再赘述。

3. 凭证查询

通过凭证查询功能，可以查询、删除和冲销工资管理系统传输到总账系统的凭证。

操作步骤

（1）在工资管理系统中打开所需查询的工资类别，然后在【工资】窗口系统菜单中，执行【统计分析】/【凭证查询】命令，打开【凭证查询】对话框，如图 8-17 所示。

（2）在凭证列表中选择所需处理的凭证后，单击凭证按钮，可以查询该凭证的具体内容。

（3）单击删除按钮，且该凭证在总账系统未经审核和记账，可以删除该凭证。

（4）单击冲销按钮，可以冲销已经在总账系统进行了审核和记账的凭证。

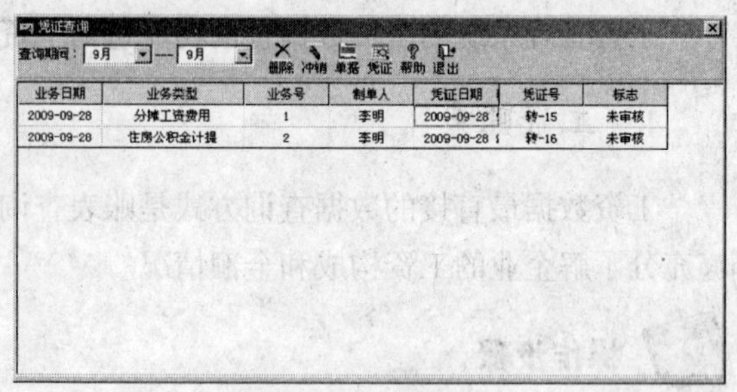

业务日期	业务类型	业务号	制单人	凭证日期	凭证号	标志
2009-09-28	分摊工资费用	1	李明	2009-09-28	转-15	未审核
2009-09-28	住房公积金计提	2	李明	2009-09-28	转-16	未审核

图 8-17　查询凭证

（5）单击 按钮，可以查询该凭证相应的业务单据内容。

8.3.6　发放工资

目前，在实际工作中，工资的发放有现金发放和银行代发两种方式。对采用现金发放方式的用户，用友工资管理系统设置有“工资分钱清单”功能，帮助用户筹划现金提取的票面组合；对采用银行代发方式的用户，用友工资管理系统设置有“银行代发”功能，帮助用户制作符合银行要求的工资发放文件。

1. 工资分钱清单

工资分钱清单是按单位计算的工资发放分钱票面额清单，会计人员根据此表从银行取款并发给各部门。执行此功能必须在个人工资数据输入调整完成之后，如果个人数据在计算后又做了修改，须重新执行本功能，才能保证数据正确。本功能有部门分钱清单、人员分钱清单、工资发放取款单 3 部分。

操作步骤

（1）在工资管理系统中打开所需处理的工资类别，然后在【工资】窗口系统菜单中，执行【业务处理】/【工资分钱清单】命令，打开【工资分钱清单】对话框，系统同时弹出【票面额设置】对话框。

（2）在【票面额设置】对话框中，对工资发放所需票面金额种类进行选择设置，然后单击 确 定 按钮。在【工资分钱清单】对话框中显示出工资分钱的具体金额组合清单，如图 8-18 所示。

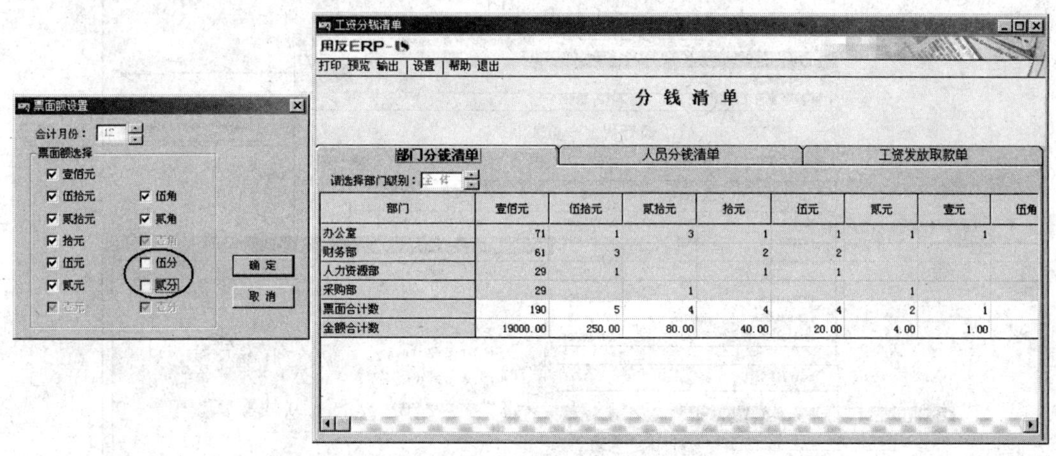

部门	壹佰元	伍拾元	贰拾元	拾元	伍元	贰元	壹元	伍角
办公室	71	1	3	1	1	1	1	
财务部	61	3		2	2			
人力资源部	29	1		1	1			
采购部	29		1			1		
票面合计数	190	5	4	4	4	2	1	
金额合计数	19000.00	250.00	80.00	40.00	20.00	4.00	1.00	

图 8-18　工资分钱清单

2. 银行代发工资

银行代发工资是指通过银行直接将企业职工个人工资从企业账户转入职工银行卡账户。目前许多单位的工资发放都采用了银行代发的方式，这种方式可以有效避免从银行提取巨额现金的风险，也大大减轻了财务部门工资发放的工作量。

银行代发工资业务处理的主要内容是向银行提供规定格式的工资数据文件。银行代发对格式的要求分为文件格式设置和文件方式设置两方面。文件格式设置是指对银行代发一览表栏目的设置及其栏目类型、长度和取值的定义，通常系统默认设置有单位编号、人员编号、账号、金额和录入时间等栏目，用户可根据需要进行增删修改。文件方式设置是指对工资数据文件输出的格式设置，有 TXT、DAT 和 DBF 等 3 种格式选择，并可对数据的显示格式进行定义。

在进行了文件格式设置和文件方式设置后，即可将数据输出到硬盘或通过网络发送给银行代发工资。

操作步骤

(1) 在【工资】窗口系统菜单中，执行【业务处理】/【银行代发】命令，打开【银行文件格式设置】对话框。

(2) 采用系统默认的文件格式，直接单击 确认 按钮。

(3) 在系统弹出的【确认设置的银行文件格式】提示框中单击 是(Y) 按钮。

(4) 在打开的【银行代发】对话框中，显示有银行代发一览表，单击工具栏中的 方式 按钮，打开【文件方式设置】对话框。

(5) 在【常规】选项卡中，系统已将 TXT 设置为默认文件格式，单击【高级】选项卡，还可以对数值格式进行更具体设置，设置完毕，单击 确认 按钮。在【确认当前设置文件格式】提示框中单击 是(Y) 按钮，如图 8-19 所示。

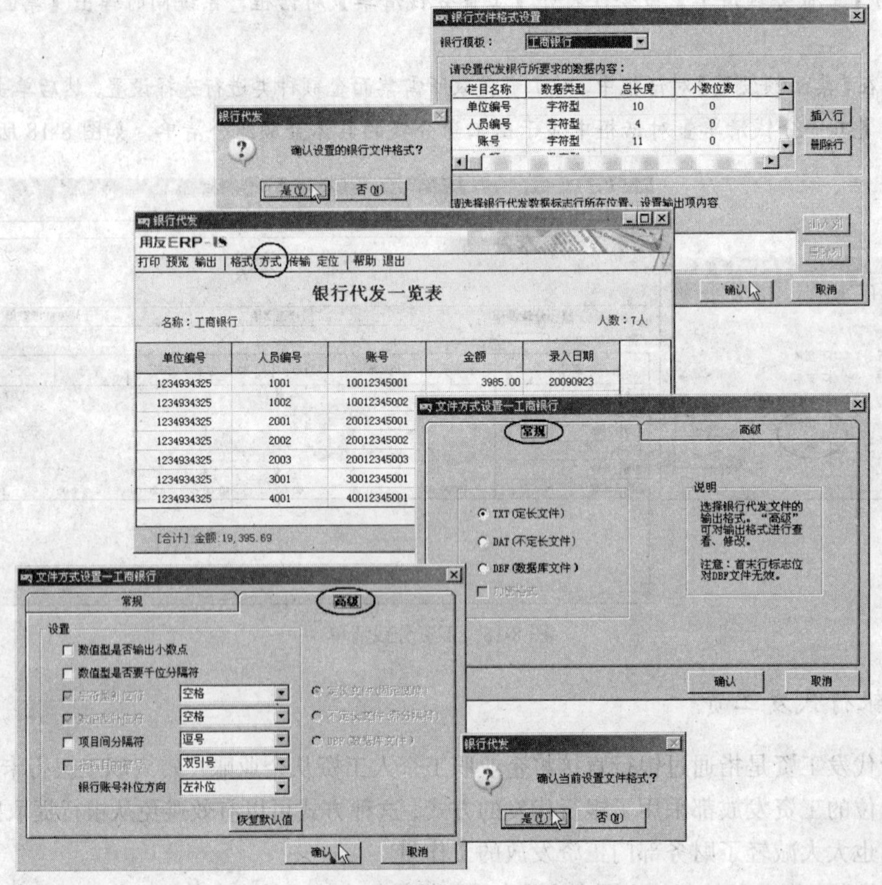

图 8-19 设置银行代发文件格式

（6）在【银行代发】对话框单击 传输 按钮，将文件保存到指定的硬盘路径中。

说明

工资管理系统只对工资业务数据进行相应处理，在工资发放数据生成后，并不能生成相应的工资发放凭证，所以涉及工资发放的会计凭证必须在工资管理系统查询相关数据后，在总账系统通过填制凭证完成。

3. 凭证处理

由于工资发放业务涉及的因素较多，取数难度大，所以涉及工资发放业务的有关记账凭证不能在工资管理系统中生成。当发生工资发放业务时，需通过工资管理系统查询有关工资数据，然后在总账系统中录入记账凭证。

如果工资核算类别涉及多个，需分别查询各工资类别下的工资数据。可以通过工资汇总表、工资发放条等报表查询。在编制工资发放凭证时，涉及的数据通常包括工资总额、实发合计、扣款中涉及住房公积金、代扣税等。根据各工资类别下的工资数据，可以分别编制记账凭证，也可以汇总后编制记账凭证。以下是会计分录，括号内注明的是科目金额所对应的工资项目。

借：应付职工薪酬　　　　　　　　　（工资总额）
　　贷：银行存款—中行人民币户　　　（实发合计）
　　　　应交税费—应交个人所得税　　（代扣税）
　　　　其他应付款　　　　　　　　　（住房公积金）

8.3.7　工资分摊和费用计提

工资分摊是指对当月发生的工资费用进行工资总额的计算，并按工资用途进行工资费用分配。费用计提是指与工资有关的各种经费的计提，具体包括职工福利费、工会经费、职工教育经费的计提和养老保险、医疗保险、失业保险、工伤保险、生育保险等社会保险的计提以及住房公积金的计提。

工资分摊和费用计提的处理分为两个阶段。初次进行工资分摊时，首先要进行分摊类型的设置，即对所有与工资相关的费用均在系统中建立相应的分摊类型名称和分摊比例。而在以后的阶段里，只要计提方法没有发生变化，则可以反复使用初次的设置，由系统自动计算生成相应的会计凭证。

1. 设置工资分摊和费用计提类型

【例 8-14】　在系统中设置如表 8-3 所示的“管理和采购岗位工资”类别工资分摊方式，按工资总额的 100%分摊。

表 8–3　　上海市 AAA 公司工资分摊方式

部门名称	人员类别	项目	借方科目	贷方科目
办公室，财务部，人力资源部，采购部	高层经理	工资总额	5502	2151
办公室，财务部，人力资源部，采购部	部门主管	工资总额	5502	2151
办公室，财务部，人力资源部，采购部	普通员工	工资总额	5502	2151

操作步骤

（1）在工资管理系统中打开所需处理的“管理和采购岗位工资”类别，然后在【工资】窗口系统菜单中，执行【业务处理】/【工资分摊】菜单，打开【工资分摊】对话框。

（2）单击对话框下方的 工资分摊设置... 按钮，打开【分摊类型设置】对话框。

（3）单击对话框上方的 增加 按钮，打开【分摊计提比例设置】对话框，对计提类型名称和分摊计提比例进行设置，然后单击 下一步(N) 按钮，打开【分摊构成设置】对话框。

（4）双击【部门名称】空白栏，再单击随后显示的🔍按钮，打开【部门名称参照】对话框。

（5）勾选“办公室”、“财务部”、“人力资源部”、“采购部”和“销售部”等五个部门，然后单击 确 定 按钮。

（6）继续以同样方法输入其他栏目的内容，如图 8-20 所示。

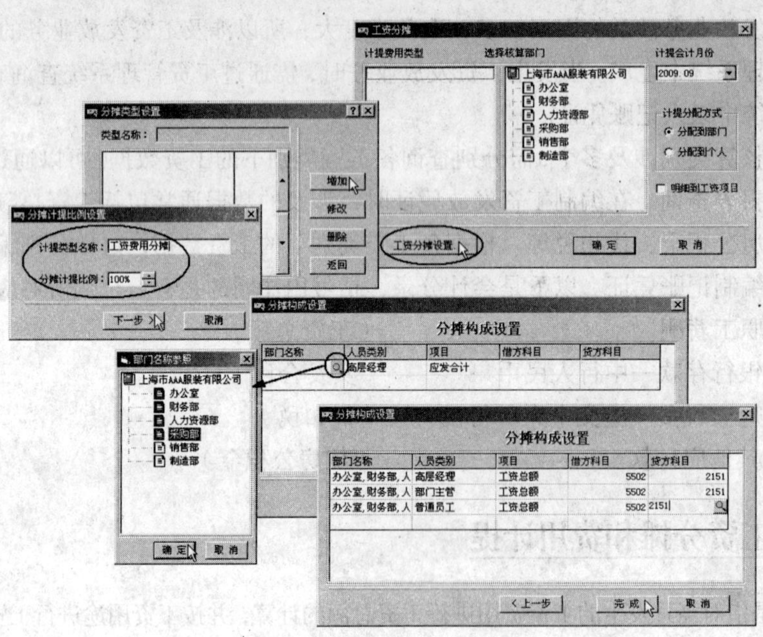

图 8-20　设置工资费用分摊

（7）以与步骤（3）～（6）相同的方法还可分别设置工会经费、职工教育经费、住房公积金等的费用计提。

2. 工资分摊和费用计提

在系统中建立了工资分摊和费用计提的类型后，在以后的各月中，系统可以根据设置自动进行工资的分摊和费用的计提。

【例 8-15】　进行 9 月份“管理和采购岗位工资”类别的工资费用分摊。

操作步骤

（1）在工资管理系统中打开所需处理的“管理和采购岗位工资”类别，然后在【工资】窗口系统菜单中，执行【业务处理】/【工资分摊】命令，打开【工资分摊】对话框。

（2）在【工资分摊】对话框中，选中【计提费用类型】列表框中的“工资费用分摊”，然后选中【选择核算部门】列表框中的“办公室”、“财务部”、“人力资源部”、“采购部”等四个适用于“管理和采购岗位工资”类别的部门，然后单击 确 定 按钮。

（3）在打开的【工资分摊明细】对话框中，在【工资费用分摊】类型下，单击选择【合并科目相同、辅助项相同的分录】复选框，重新输入借方和贷方科目。

（4）单击 **制单** 按钮，制单生成凭证。

（5）双击【填制凭证】窗口左上方【字】的左边空档处，【字】转为🔍按钮，单击🔍按钮，在打开的下拉列表中选择【转账凭证】。

（6）凭证中会计分录的【科目名称】与【金额】已由系统自动填制，检查确定无误后，单击 **保存** 按钮，系统开始生成凭证并传送到总账系统，处理完毕后在【填制凭证】窗口标示出“已生成”字样，如图 8-21 所示。

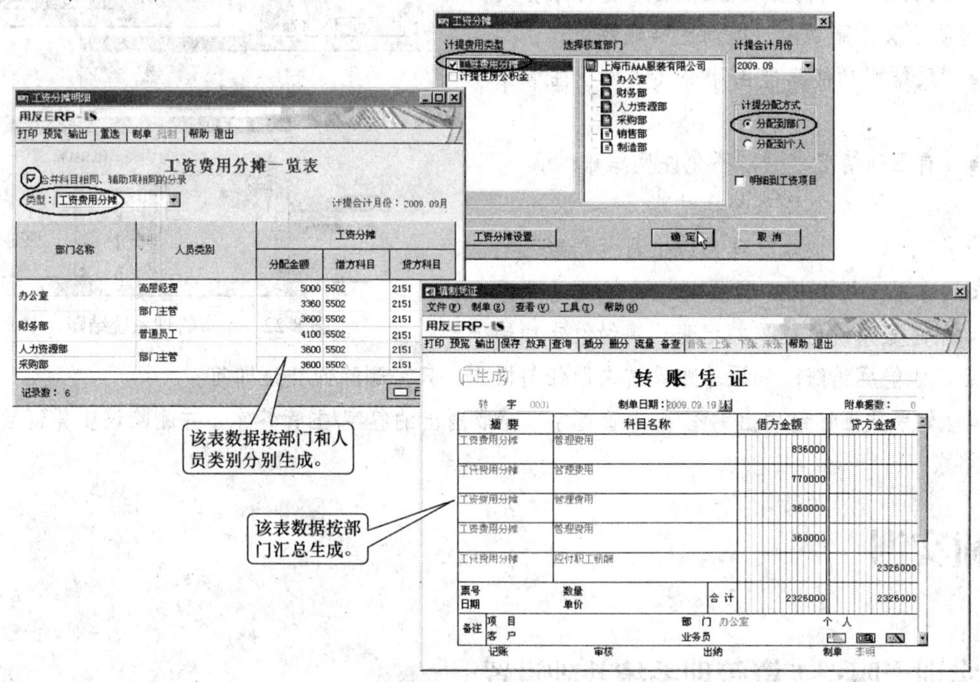

图 8-21　生成工资分摊凭证

8.4　工资管理系统期末处理

期末工资管理系统在完成各项工资薪酬的核算业务后的最后一项工作是结账。结账是工资管理系统每月月末必须进行的工作，通过月末结账，可以将当月的工资数据经过处理结转到下一个月，并自动生成下月的新的工资明细表。

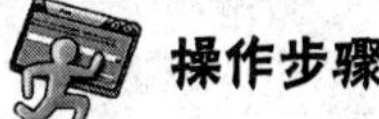

操作步骤

（1）在【工资】窗口系统打开相应的工资类别，执行【业务处理】/【月末处理】命令，打开【月末处理】对话框。

（2）单击 **确认** 按钮，在系统弹出的提示框中单击 **是(Y)** 按钮，打开【选择清零项目】对话框。

（3）根据实际需要选择清零项目，单击 **>** 按钮，将其移至对话框右边的列表框中，选择完毕，单击 **确认** 按钮。

（4）在弹出的【月末处理完毕】提示框中单击 **确定** 按钮，如图 8-22 所示。

注意

- 月末结账只有在当月工资数据处理完毕后才能进行。进行月末处理后，当月数据将不再允许变动。

- 结账时，如果选择进行清零处理，则系统会自动将用户所选项目的数据清为零，所以清零适用于工资中的变动项目。但清零时要谨慎，如果删除了工资中的固定数据，则会增加不必要的工作量。
- 在工资管理系统结账后，若发现还有一些业务或其他事项需要在已结账月进行账务处理，可使用反结账功能，取消已结账标记。
- 反结账功能只能由账套（类别）主管来执行。
- 有下列情况之一，不允许反结账：

  总账系统已结账。

  成本管理系统上月已结账。
- 本月工资分摊、计提凭证传输到总账系统，如果总账系统已制单并记账，需做红字冲销凭证后，才能反结账；如果总账系统未做任何操作，只需删除此凭证即可。
- 如果凭证已经由出纳签字/主管签字，需取消出纳签字/主管签字，并删除该张凭证后，才能反结账。

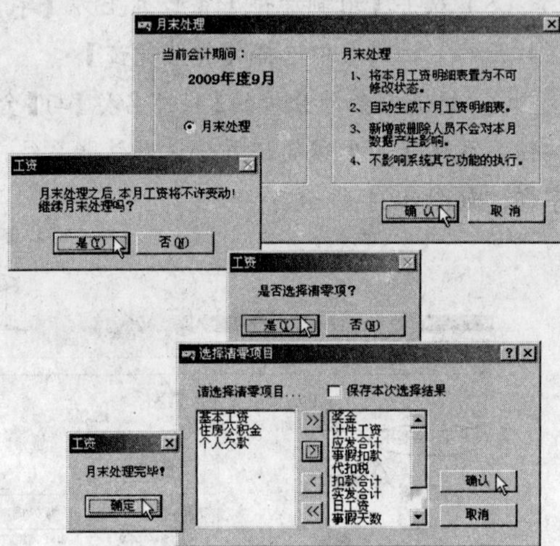

图 8-22 工资管理系统结账

上机实训

实训十四：工资管理系统基础设置

一、实训准备

完成第 7 章“实训十三：固定资产系统业务处理”的操作。将计算机系统时间调整为实训账套的操作月份，将“实训十三：固定资产系统业务处理”的备份账套数据引入用友 ERP-U8 系统。或按“实训八：应付款系统初始设置”的实训准备要求进行操作准备。

二、实训内容

1. 设置账套参数
2. 进行工资管理系统基础设置

三、实训资料

1. 工资管理账套参数

工资类别：多个；币别：人民币；核算计件工资；代扣个人所得税；不进行扣零处理；人员编码长度为 4 位。

2. 工资类别

设置两个工资类别：管理和采购岗位工资，适用于办公室、财务部、人力资源部、采购部；计件岗位工资，适用于销售部和制造部。

3. 人员类别

人员类别分为高层经理、部门主管、普通员工、T 恤 001 生产工人、T 恤 002 生产工人。

4. 人员档案

上海 AAA 公司的人员档案见表 8-4。

表 8–4　上海市 AAA 公司人员档案

编号	姓名	所属部门	部门编码	人员类别	银行账号	基本工资（元）	住房公积金（元）
1001	李立	办公室	1	高层经理	10012345001	4 000	600
1002	顾雷	办公室	1	部门主管	10012345002	3 000	400
2001	吴浩	财务部	2	部门主管	20012345001	3 000	400
2002	林梅	财务部	2	普通员工	20012345002	1 500	300
2003	李明	财务部	2	普通员工	20012345003	2 000	350
3001	李益	人力资源部	3	部门主管	30012345001	3 000	400
4001	陈炎	采购部	4	部门主管	40012345001	3 000	450
5001	孙刚	销售部	5	部门主管	50012345001	2 500	450
5002	李艳	销售部	5	普通员工	50012345002	1 500	300
6001	吕忆	制造部	6	部门主管	60012345001	1 500	400
6002	钱红	制造部	6	部门主管	60012345002	1 500	400
6003	林成	制造部	6	T 恤 001 生产工人	60012345003	800	300
6004	李刚	制造部	6	T 恤 001 生产工人	60012345004	800	300
6005	赵杰	制造部	6	T 恤 001 生产工人	60012345005	800	300
6006	王洁	制造部	6	T 恤 001 生产工人	60012345006	800	300
6007	于涛	制造部	6	T 恤 001 生产工人	60012345007	800	300
6008	许莉	制造部	6	T 恤 002 生产工人	60012345008	800	300
6009	杨华	制造部	6	T 恤 002 生产工人	60012345009	800	300
6010	罗伟	制造部	6	T 恤 002 生产工人	60012345010	800	300
6011	何兰	制造部	6	T 恤 002 生产工人	60012345011	800	300
6012	陆玉	制造部	6	T 恤 002 生产工人	60012345012	800	300
6013	王平	制造部	6	T 恤 002 生产工人	60012345013	800	300

补充说明：以上人员进入工资系统日期均为账套操作月；均为中方人员，均计税，适用“管理和采购岗位工资”的办公室、财务部、人力资源部、采购部人员不核算计件工资，适用“计件岗位工资”的销售部和制造部人员核算计件工资；银行名称均为工商银行。表中的基本工资和住房公积金在录入人员档案时不需输入，在后面工资数据编辑的业务处理中会使用此数据。

5. 工资项目

“管理和采购岗位工资”和“计件岗位工资”的工资项目相同，注意按表 8-5 的顺序排列。

表 8-5　上海市 AAA 公司工资项目表

项目名称	类型	长度	小数位数	工资增减项
基本工资	数字	8	2	增项
奖金	数字	8	2	增项
计件工资	数字	10	2	增项
应发合计	数字	10	2	增项
事假扣款	数字	8	2	减项
住房公积金	数字	8	2	减项
代扣税	数字	10	2	减项
个人欠款	数字	8	2	减项
扣款合计	数字	10	2	减项
实发合计	数字	10	2	增项
日工资	数字	8	2	其他
事假天数	数字	8	0	其他
工资总额	数字	8	2	其他
计税基数	数字	8	2	其他

6. 计算公式（注意公式顺序）

（1）“管理和采购岗位工资”类别的工资计算公式。

奖金 = iff（人员类别 = “高层经理”，1000，iff（人员类别 = “部门主管”，600，300））

日工资 = 基本工资/25

事假扣款 = 事假天数*日工资

计税基数 = 基本工资 + 奖金 − 事假扣款 − 住房公积金

工资总额 = 基本工资 + 奖金 − 事假扣款

（2）“计件岗位工资”类别的工资计算公式。

日工资 = 基本工资/25

事假扣款 = 事假天数 × 日工资

计税基数 = 基本工资 + 计件工资 + 奖金 − 事假扣款 − 住房公积金

工资总额 = 基本工资 + 计件工资 + 奖金 − 事假扣款

（奖金公式的含义是高层经理奖金 1 000 元，部门主管奖金 600 元，普通员工奖金 300 元，适用于管理和采购岗位，即办公室、财务部、人力资源部和采购部。在“管理和采购岗位工资”类别中，计件工资项目是系统默认设置的，不能删除，故保留但不用；在“计件岗位工资”类别中，对销售部和制造部的员工平时不发奖金，仅按计件方式分配工资，但保留奖金项目。）

7. 计件工资标准

“管理和采购岗位工资”类别不核算计件工资，无需设置计件工资标准。

“计件岗位工资”类别下需设置计件工资标准。

（1）统计标准名称：工种

（2）工种档案：01，裁剪；02，缝纫；03，熨整；04，生产管理；05，销售。

8. 计件工资方案

该方案见表 8-6，适用于“计件岗位工资”类别，“管理和采购岗位工资”类别无需设置。

表 8–6　上海市 AAA 公司计件工资方案

适用部门	方案编号	方案名称	工　种	计件单价（元）
制造部	01	裁剪计件 01	裁剪	0.2
制造部	02	缝纫计件 01	缝纫	0.4
制造部	03	熨整计件 01	熨整	0.4
制造部	04	管理计件 01	生产管理	0.2
销售部	05	销售提成 01	销售	0.3

四、实训步骤

以账套主管的身份注册登录工资管理系统，进行工资管理系统基础设置。

（1）设置工资管理系统账套。

（2）设置工资类别。

（3）设置人员类别。

（4）设置人员档案。

（5）设置工资项目。

（6）设置计算公式。

（7）设置计件工资标准。

（8）设置计件工资方案。

（9）录入员工的基本工资和住房公积金数据。

可以使用手工录入工资数据和成批编辑工资数据的方法。

（10）以“admin”的身份登录系统管理备份账套。

实训十五：工资管理系统业务处理

一、实训准备

完成第 8 章“实训十四：工资管理系统基础设置”的操作。将计算机系统时间调整为实训账套的操作月份，将“实训十四：工资管理系统基础设置”的备份账套数据引入用友 ERP-U8 系统。

二、实训内容

1. 日常薪资业务处理

2. 期末薪资业务处理

3. 工资管理系统结账

三、实训资料

1. 日常工资业务

（1）工资人员变动。

制造部“6013，王平”辞职，工资从当前操作月起停发。

（2）考勤情况。

办公室顾雷请假 2 天。

（3）计件统计。

上海 AAA 公司的计件统计见表 8-7。

表 8-7　　上海市 AAA 公司计件统计表

编号及姓名	适用方案名称	数量（件）	编号及姓名	适用方案名称	数量（件）
5001，孙刚	销售提成 01	8 000	6005，王洁	缝纫计件 01	3 000
5002，李艳	销售提成 01	7 000	6006，于涛	熨整计件 01	3 000
6001，吕忆	管理计件 01	6 000	6007，许莉	熨整计件 01	5 000
6002，钱红	管理计件 01	5 000	6008，杨华	裁剪计件 01	2 400
6003，林成	裁剪计件 01	6 000	6009，罗伟	缝纫计件 01	2 600
6003，李刚	缝纫计件 01	3 200	6010，何兰	缝纫计件 01	2 200
6004，赵杰	缝纫计件 01	2 800	6011，陆玉	熨整计件 01	2 800

补充说明：以上人员的统计日期均为当前操作月月底。

（4）代扣个人所得税。

个人所得税按计税基数减 2 000 元后，按工资所得的规定比率计算。

（5）银行代发工资。

*月工资通过银行发放，编制有关 TXT 格式工资发放文件到指定文件夹，文件名为“*月工资发放（***制作）”。查询工资发放数据，在总账系统编制发放工资的记账凭证。

2. 期末工资业务

（1）分摊工资费用。

①“管理和采购岗位工资”类别的工资费用分摊（按工资总额的 100%分摊）见表 8-8。

表 8-8　　上海市 AAA 公司“管理和采购岗位工资”类别的工资费用分摊

部门名称	人员类别	项　目	借方科目	贷方科目
办公室，财务部，人力资源部，采购部	高层经理	工资总额	5502	2151
办公室，财务部，人力资源部，采购部	部门主管	工资总额	5502	2151
办公室，财务部，人力资源部，采购部	普通员工	工资总额	5502	2151

②“计件岗位工资”类别的工资费用分摊（按工资总额的 100%分摊）见表 8-9。

表 8-9　　上海市 AAA 公司“计件岗位工资”类别的工资费用分摊

部门名称	人员类别	项　目	借方科目	贷方科目
销售部	部门主管	工资总额	5501	2151
销售部	普通员工	工资总额	5501	2151
制造部	部门主管	工资总额	4105	2151
制造部	T 恤 001 生产工人	工资总额	41010101	2151
制造部	T 恤 002 生产工人	工资总额	41010102	2151

（2）计提住房公积金。

①“管理和采购岗位工资”类别的住房公积金计提（按住房公积金的 100%计提）见表 8-10。

表 8-10　　上海市 AAA 公司“管理和采购岗位工资”类别的住房公积金计提

部门名称	人员类别	项　目	借方科目	贷方科目
办公室，财务部，人力资源部，采购部	高层经理	住房公积金	5502	2151
办公室，财务部，人力资源部，采购部	部门主管	住房公积金	5502	2151
办公室，财务部，人力资源部，采购部	普通员工	住房公积金	5502	2151

②“计件岗位工资”类别的住房公积金计提（按住房公积金的 100%计提）见表 8-11。

表 8-11　　上海市 AAA 公司“计件岗位工资”类别的住房公积金计提

部门名称	人员类别	项　目	借方科目	贷方科目
销售部	部门主管	住房公积金	5501	2151
销售部	普通员工	住房公积金	5501	2151
制造部	部门主管	住房公积金	4105	2151
制造部	T 恤 001 生产工人	住房公积金	41010101	2151
制造部	T 恤 002 生产工人	住房公积金	41010102	2151

四、实训步骤

以操作员“李明”的身份注册登录工资管理系统，进行以下日常工资业务、期末工资业务和结账的操作。

1. 处理日常工资业务

（1）人员变动调整。

（2）登记考勤情况。

（3）登记计件岗位员工计件数量。

（4）代扣个人所得税。

需分别打开“管理和采购岗位工资”和“计件岗位工资”类别，核算各个类别下员工的代扣个人所得税。在核算个人所得税前必须进行工资计算与汇总的操作处理（在【工资变动】对话框中进行）。

（5）通过银行代发工资。

2. 处理期末工资业务

（1）分摊工资费用。

需分别打开“管理和采购岗位工资”和“计件岗位工资”类别，核算各个类别下员工的工资费用。先设置工资费用分摊类型，再进行工资费用分摊并生成凭证。

（2）计提住房公积金。

需分别打开“管理和采购岗位工资”和“计件岗位工资”类别，计提各个类别下员工的住房公积金。先设置计提住房公积金类型，再进行住房公积金计提并生成凭证。

（3）工资管理系统结账。

3. 以“admin”的身份登录系统管理备份账套

实训十六：综合实训

一、实训准备

安装好用友 ERP-U8.50 软件，将系统时间调整到要求的月份。

二、实训资料

1. 系统管理

系统管理参照“实训一 系统管理”资料。

2. 系统初始化和基础设置

（1）基础档案设置参照“实训二 基础档案设置”资料，但在修改会计科目时做以下修改，见表 8-12。

表 8-12　　上海市 AAA 公司需修改往来科目表

科 目 编 码	中文科目名称	核 算 类 型
1111	应收票据	客户往来（受控系统：应收系统）
1131	应收账款	客户往来（受控系统：应收系统）
1141	预付账款	供应商往来（受控系统：应付系统）
2111	应付票据	供应商往来（受控系统：应付系统）
2121	应付账款	供应商往来（受控系统：应付系统）
2131	预收账款	客户往来（受控系统：应收系统）

（其他会计科目的修改和增设请参照“实训二 基础档案设置”的有关资料。）

（2）总账系统初始化参照“实训三 总账系统初始化”资料。

（3）自动转账凭证定义参照“实训五 总账系统自动转账凭证定义”资料。

（4）应付款系统基础设置参照“实训八 应付款系统基础设置”资料。

（5）应收款系统基础设置参照“实训九 应收款系统基础设置”资料。

（6）固定资产系统基础设置参照“实训十二 固定资产系统基础设置”资料。

（7）工资管理系统基础设置参照“实训十四 工资管理系统基础设置”资料。

3. 日常业务

（1）应付款日常业务参照“实训十 应付款系统业务处理”。

（2）应收款日常业务参照“实训十一 应收款系统业务处理”。

（3）固定资产日常业务参照“实训十三 固定资产系统业务处理”。

（4）工资日常业务参照“实训十五 工资管理系统业务处理”。

（5）日常核算业务。

① 向永新公司购进纽扣 001 共 400 袋，不含税单价 100 元/袋，增值税率 17%，材料已验收入库，货款以转账支票（票号：00001）付讫。

（需输入各原材料数量、单价；需输入银行存款相关结算方式。）

② 销售给国香公司 T 恤 001 共 1 000 件，不含税单价 100 元/件，增值税率 17%，货款对方已通过转账支票付讫。

（需输入结算方式，票号略；需在主营业务收入辅助项对话框中输入数量、单价和部门信息。）

③ 李立出差回来报销差旅费 8 000 元，补付现金 2 000 元。

（编制一张付款凭证，一张转账凭证。）

④ 开出现金支票（票号：）从银行提取现金 3 000 元。

（需编制付款凭证；需输入结算方式和现金支票号。）

⑤ 用现金支付制造部办公费 400 元。

（需输入结算方式。）

⑥ 开出转账支票（票号：00002）通过银行发放工资。

（需通过工资管理系统查询本月工资实发金额，编制相应的记账凭证；需输入结算方式和票号。）

⑦ 经批准将办公室一台旧电脑售出，收到现金 500 元。编制固定资产系统尚未完成的会计分录。

凭证一：

借：库存现金　　　　500

贷：固定资产清理　　500

凭证二：

借：营业外支出　　　580

贷：固定资产清理　　580

⑧ 本月发出材料如表 8-13 所示。

表 8-13　　　　　　　　上海市 AAA 公司本月仓库发出材料汇总表

材料	项目	用于 T 恤 001 生产	用于 T 恤 002 生产	一般性耗用	合计金额（元）
面料 001	数量（米）	6 000			
	单价（元/米）	50			
	金额（元）	300 000			300 000
面料 002	数量（米）		5 000		
	单价（元/米）		50		
	金额（元）		250 000		250 000
辅料 001	数量（套）	6 000			
	单价（元/套）	15			
	金额（元）	90 000			90 000
辅料 002	数量（套）		5 000		
	单价（元/套）		15		
	金额（元）		75 000		75 000
纽扣 001	数量（粒）			40 000	
	单价（元/粒）			1	
	金额（元）			40 000	40 000
缝纫线 001	数量（个）			400	
	单价（元/个）			20	
	金额（元）			8 000	8 000
合计金额（元）		390 000	325 000	48 000	763 000

（需输入原材料的数量和单价。）

⑨ 按产品产量分摊结转本月制造费用。其中 T 恤 001 产量 6 000 件，T 恤 002 产量 5 000 件。

（第一步，先对未审核记账的凭证进行审核；第二步，对审核过的凭证进行记账处理；第三步，查询制造费用总分类账的本月发生额；第四步，按产量比例计算出分摊到 T 恤 001 和 T 恤 002 的金额；第五步，填制相应的记账凭证。）

⑩ 结转本月完工产品生产成本。本月 T 恤 001 产品完工 6 000 件，期末在产品金额为 10 700 元；T 恤 002 产品完工 5 000 件，期末在产品金额为 8 500 元。

（先查询"生产成本/基本生产成本/T 恤 001"和"生产成本/基本生产成本/T 恤 002"明细账，查询明细账簿时注意选择"包含未记账凭证"，取得两种产品生产成本金额，扣除期末在产品生产成本金额后，再分别除以 A、B 产品完工数量，算出单价，然后填制凭证，填制凭证时，需输入库存商品的数量和单价。）

（6）期末自动转账业务。

① 结转本月已销售产品的生产成本。

（通过“销售成本结转”自动生成凭证。）

② 计提本月短期借款利息。

（通过“自定义结转”自动生成凭证。）

③ 核算本月汇兑损益。

（通过“汇兑损益结转”自动生成凭证。）

④ 结转本月损益类账户到本年利润。

（第一步，对上述凭证进行审核；第二步，对上述凭证进行记账；第三步，通过“期间损益结转”自动生成凭证。操作中可通过分别选择收入类账户或成本费用类账户分两次操作生成两张凭证。）

⑤ 按本月实现利润的 25%计提应交所得税。

（第一步，对上述凭证进行审核；第二步，对上述凭证进行记账；第三步，通过“自定义结转”自动生成凭证。）

⑥ 结转所得税费用。

（第一步，对上述凭证进行审核；第二步，对上述凭证进行记账；第三步，通过“期间损益结转”自动生成凭证。）

⑦ 结转净利润。

（第一步，对上述凭证进行审核；第二步，对上述凭证进行记账；第三步，通过“对应结转”自动生成凭证。）

⑧ 按税后利润的 10%计提盈余公积。

（第一步，对上述凭证进行审核；第二步，对上述凭证进行记账；第三步，通过“自定义结转”自动生成凭证。）

⑨ 结转利润分配明细账户。

（第一步，对上述凭证进行审核；第二步，对上述凭证进行记账；第三步，通过“对应结转”自动生成凭证。）

4. 会计报表编制

会计报表编制参照“实训七 UFO 会计报表编制”资料中的资产负债表和利润表。

三、实训步骤

1. 系统管理设置

根据“实训一 系统管理”的实训步骤建立账套，设置操作员及其权限。

2. 系统初始化和基础设置

（1）参照“实训二 基础档案设置”的实训步骤启动相关子系统和设置基础档案。

注意在综合实训中，往来科目受控系统的设置须参照综合实训的资料。

（2）参照“实训三 总账系统初始化”的实训步骤设置总账选项，录入期初余额，并进行对账和试算平衡。

（3）参照“实训五 总账系统自动转账凭证定义”的实训步骤进行自动转账凭证的定义。

（4）参照“实训八 应付款系统基础设置”的实训步骤进行应付款系统选项设置和基础设置。

（5）参照“实训九 应收款系统基础设置”的实训步骤进行应收款系统选项设置和基础设置。

（6）参照“实训十二 固定资产系统基础设置”的实训步骤进行固定资产系统账套设置和基础设置。

（7）参照“实训十四 工资管理系统基础设置”的实训步骤进行工资管理系统的账套设置和基础设置。

3. 日常业务处理

（1）参照“实训十 应付款系统业务处理”的业务资料进行单据和凭证处理。（暂不期末结账）

（2）参照“实训十一 应收款系统业务处理”的业务资料进行单据和凭证处理。（暂不期末结账）

（3）参照“实训十三 固定资产系统业务处理”的业务资料进行实务处理。（暂不期末对账和结账）

（4）参照“实训十五 工资管理系统业务处理”的业务资料进行实务处理。（暂不期末结账）

（5）将上述业务管理系统生成的凭证在总账系统中进行凭证审核和记账。

（6）根据本综合实训资料中的“日常核算资料”进行凭证填制和审核记账。

（7）根据本综合实训资料中的“期末自动转账业务”生成相应的自动转账凭证。

4. 期末业务处理

（1）应收款系统期末结账。

（2）应付款系统期末结账。

（3）固定资产系统期末对账和结账。

（4）工资管理系统期末结账。

（5）总账系统期末结账。

5. 会计报表编制

利用会计报表模板生成资产负债表和利润表。

参 考 文 献

[1] 孙莲香. 财务软件实用教程. 北京：清华大学出版社，2009.
[2] 江苏省会计从业资格考试研究编审组. 初级会计电算化. 北京：经济科学出版社，2008.
[3] 陈艳郁. 会计电算化. 北京：冶金工业出版社，2008
[4] 陈庄，毛华扬. ERP 原理与应用教程. 北京：电子工业出版社，2006.
[5] 陈冰. 会计电算化实务操作. 北京：中国人民大学出版社，2003.
[6] 徐永佳，张群瞻，汤干湘. 会计电算化. 北京：冶金工业出版社，2003.